Hans-Hermann Hertle

Die Berliner Mauer // The Berlin Wall

Monument des Kalten Krieges // Monument of the Cold War

bpb: Bundeszentrale für politische Bildung

Inhalt // Contents

Impressum:

Bonn 2007

Titelbild: Lutz Gagsch

Redaktion/Bildredaktion:
Hans-Hermann Hertle, Gabriele Schnell

Übersetzung: Timothy Jones; Bildunterschriften: Katy Derbyshire

Verantwortlich in der bpb: Thorsten Schilling/Sabine Berthold

Grafische Konzeption und Layout:
space5®design köln, www.space5.de
bube concept gmbh Pulheim, www.bube-concept.de

Druck: Bonifatius Druck, Paderborn

ISBN: 978-3-89331-828-5

Hans-Hermann Hertle
Dr. phil., geboren 1955 in Eisern, Kreis Siegen, wissenschaftlicher Mitarbeiter im Zentrum für Zeithistorische Forschung Potsdam. // PhD, born in Siegen in 1955, research associate at the Centre for Contemporary Historical Research Potsdam.

Zahlreiche Bücher zur Sozial- und Zeitgeschichte sowie Dokumentarfilme, darunter „Als die Mauer fiel – 50 Stunden, die die Welt veränderten", ARD-Fernsehdokumentation 1999 (zusammen mit Gunther Scholz); „Damals in der DDR. Der Alltag im Arbeiter- und Bauernstaat", 2004 (zusammen mit Stefan Wolle); „Chronik des Mauerfalls", 10. Aufl. 2006. // Numerous books on social and contemporary history and documentaries, 0including: "When the Wall came tumbling down", ARD television documentary, 1999 (with Gunther Scholz); "Damals in der DDR. Der Alltag im Arbeiter- und Bauernstaat", 2004 (with Stefan Wolle); "Chronik des Mauerfalls", 10th edition, 2006.

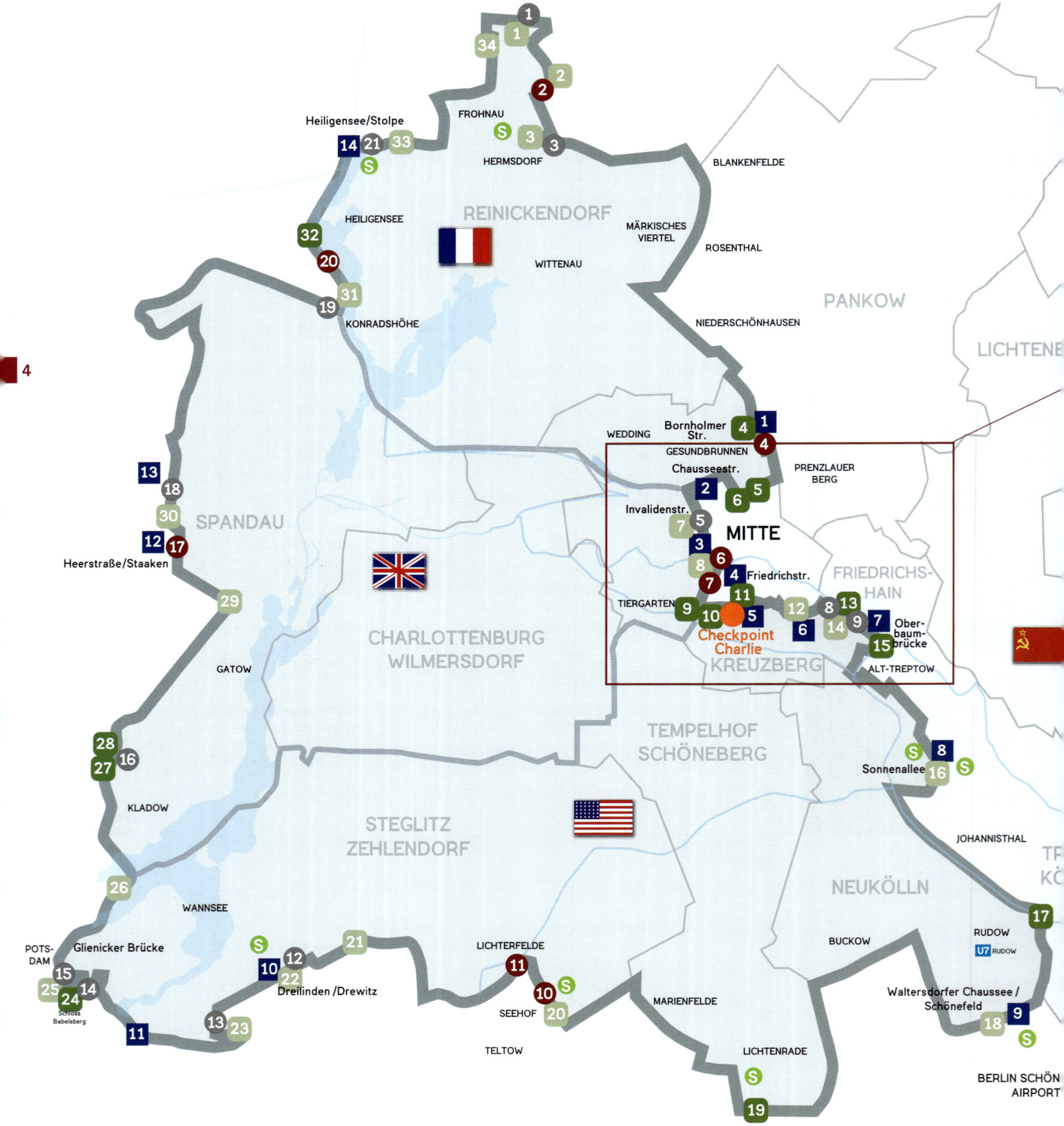

Heiligensee/Stolpe
FROHNAU
HERMSDORF
BLANKENFELDE
REINICKENDORF
HEILIGENSEE
MÄRKISCHES VIERTEL
ROSENTHAL
WITTENAU
PANKOW
KONRADSHÖHE
NIEDERSCHÖNHAUSEN
LICHTENE
WEDDING
Bornholmer Str.
GESUNDBRUNNEN
Chausseestr.
PRENZLAUER BERG
Invalidenstr.
SPANDAU
MITTE
Heerstraße/Staaken
Friedrichstr.
FRIEDRICHS-HAIN
TIERGARTEN
Checkpoint Charlie
Ober-baum-brücke
CHARLOTTENBURG WILMERSDORF
KREUZBERG
ALT-TREPTOW
GATOW
TEMPELHOF SCHÖNEBERG
Sonnenallee
KLADOW
STEGLITZ ZEHLENDORF
JOHANNISTHAL
NEUKÖLLN
WANNSEE
POTS-DAM
Glienicker Brücke
LICHTERFELDE
BUCKOW
RUDOW
U7 RUDOW
Dreilinden /Drewitz
Schloss Babelsberg
SEEHOF
MARIENFELDE
Waltersdorfer Chaussee / Schönefeld
TELTOW
LICHTENRADE
BERLIN SCHÖN AIRPORT

4

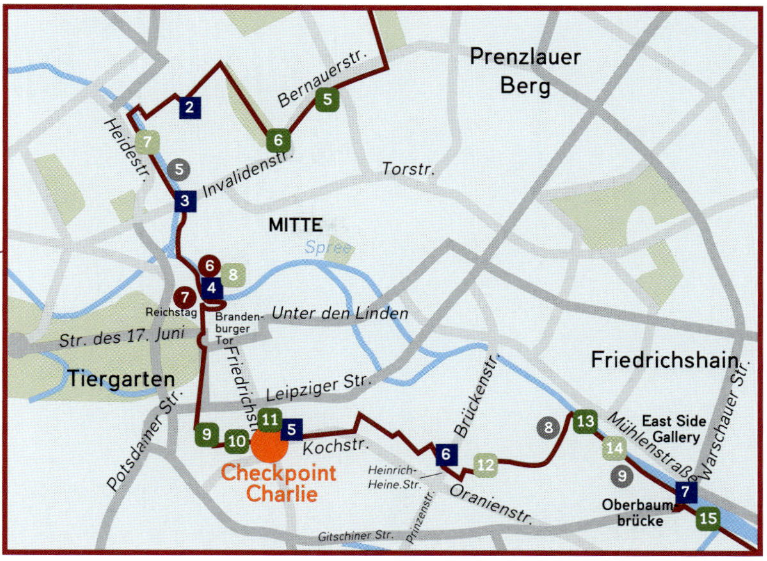

● ● Mauer und Todesstreifen heute und damals //
The Wall and death strip now and then

1 Bergfelde
● 2 Zwischen Frohnau und Glienicke-Nordbahn
3 Frohnau-„Entenschnabel“
● 4 Grenzübergang Bornholmer Straße
5 Invalidenfriedhof
● 6 Berlin-Mitte
● 7 Reichstag
8 Schillingbrücke
9 East Side Gallery
● 10 Teltow-Seehof (Ost)
● 11 Teltow-Seehof (West)
12 Autobahn-Grenzübergang Drewitz
13 Dreilinden
14 Griebnitzsee
15 Glienicker Brücke
16 Groß Glienicke
● 17 Grenzübergang Staaken
18 Staaken /Eisenbahn
19 Spandau
● 20 Niederneuendorf
21 Am Kuckucksruf, Stolpe-Süd

Wie sich der Todesstreifen seit dem Fall der Mauer verändert hat → Auswahl ● in **Kapitel 1** // How the death strip has changed since the Wall fell → Selection ● in **Chapter 1**

■ ■ Mauerreste //
Remnants of the Wall

1 Bergfelde
2 Glienicke Nordbahn
3 Entenschnabel
■ 4 Grenzübergang Bornholmer Straße
■ 5 Bernauer Straße
■ 6 Nordbahnhof
7 Invalidenfriedhof
8 Reichstag /Brandenburger Tor
■ 9 Potsdamer Platz
■ 10 Gropiusbau
■ 11 Grenzübergang Checkpoint Charlie
12 Kommandantenstraße
■ 13 Schillingbrücke
14 East Side Gallery
■ 15 Treptow /Schlesischer Busch
16 Neukölln /Sonnenallee
■ 17 Rudow
18 Schönefeld
■ 19 Mahlow
20 Teltow
21 Kleinmachnow
22 Grenzübergang Drewitz
23 Dreilinden
■ 24 Griebnitzsee
25 Glienicker Brücke
26 Sacrow und Kladow
■ 27 Groß Glienicke
■ 28 Groß Glienicke „Mauerfriedhof“
29 Weinbergshöhe
30 Staaken
31 Spandau
■ 32 Niederneuendorf
33 Stolpe-Süd
34 Hohen Neuendorf

Mauerreste, die heute noch an den Todesstreifen erinnern → Auswahl ■ in **Kapitel 10** //Remains of the Wall still marking the death strip → Selection ■ in **Chapter 10**

■ Grenzübergänge //
Border Crossing Points

1 Bornholmer Straße: West-Berliner, Bundesbürger, DDR-Bürger, Diplomaten // Bornholmer Strasse: West Berliners, FRG citizens, GDR citizens, diplomats
2 Chausseestraße: West-Berliner, DDR-Bürger // Chaussee Strasse: West Berliners, GDR citizens
3 Invalidenstraße: West-Berliner, DDR-Bürger // Invalidenstrasse: West Berliners, GDR citizens
4 Bahnhof Friedrichstr.: West-Berliner, Bundesbürger, DDR-Bürger, Diplomaten, Ausländer, Alliierte Militärangehörige // Friedrichstrasse Railway Station: West Berliners, FRG citizens, GDR citizens, diplomats, foreigners, Allied military personnel
5 Friedrich- /Zimmerstraße (Checkpoint Charlie): Alliierte Militärangehörige, Ausländer, Diplomaten, DDR-Bürger // Friedrichstrasse /Zimmerstrasse ("Checkpoint Charlie"): Allied military personnel, foreigners, diplomats, GDR citizens
6 Heinrich-Heine-Straße: Bundesbürger, DDR-Bürger, Diplomaten // Heinrich-Heine-Strasse: FRG citizens, GDR citizens, diplomats
7 Oberbaumbrücke: West-Berliner, DDR-Bürger // Oberbaum Bridge: West Berliners, FRG citizens
8 Sonnenallee: West-Berliner, DDR-Bürger // Sonnenallee: West Berliners, FRG citizens
9 Waltersdorfer Chaussee: West-Berliner, Transitreisende im Flugverkehr // Waltersdorfer Chaussee: West Berliners, transit travellers by air

Der Auto- bzw. Eisenbahn-Transitverkehr von und nach West-Berlin führt durch die Grenzübergänge // Vehicular and railway traffic to and from West Berlin goes over the border crossings

10 Dreilinden /Drewitz (Autobahn) // Dreilinden / Drewitz (motorway)
11 Wannsee /Griebnitzsee (Eisenbahn) // Wannsee /Griegnitzsee (railway)
12 Heerstraße /Staaken (Fernstraße, bis 1987) // Heerstrasse /Staaken (major road, until 1987)
13 Spandau /Staaken (Eisenbahn) // Spandau /Staaken (railway)
14 Heiligensee /Stolpe (Autobahn, ab 1982) // Heiligensee /Stolpe (motorway, from 1982)

Kapitel 1 // Chapter 1

Wo die Mauer stand

Where the Wall Stood

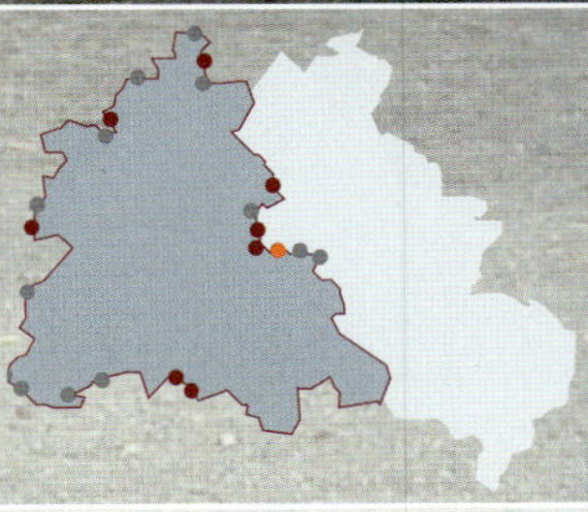

28 Jahre, zwei Monate und 28 Tage…

… trennt die Berliner Mauer Ost und West. Sie zerschneidet die Infrastruktur der Stadt, verläuft mitten durch Gebäude, unterbricht Straßen, Wasserwege und den Schienenverkehr, reißt Familien, Freunde und Liebespaare auseinander, zerstört Hoffnungen – und Leben.

For 28 years, two months and 28 days…

… the Berlin Wall divides East and West. It cuts up the infrastructure of the city, runs straight through buildings, blocks off streets, waterways and rail traffic, tears families, friends and lovers apart, and destroys hopes – and lives.

8

Am Reichstagsgebäude, Ostseite, Blick von Süden. // At the Reichstag building.

Vorherige Seite: Gedenkstätte Berliner Mauer, Bernauer Straße. // Previous page: Berlin Wall Memorial, Bernauer Strasse.

Auf 1.084 Fotos hinterließen die DDR-Grenztruppen eine Gesamttopografie der Berliner Mauer. Dajana Marquardt suchte fünfzehn Jahre nach dem Abriss Standorte der Militär-Fotografen auf und machte Vergleichsfotos. Alle entstandenen Bildpaare finden Sie unter www.chronik-der-mauer.de. // **1,084 photos** taken by the East German border regiments provide a complete topography of the wall. Fifteen years after the wall was torn down, Dajana Marquardt returned to the places where the military took the photos, and took comparative shots. You can view all the pictures at:

WWW.CHRONIK-DER-MAUER.DE

› Grenze › Mauer und Todesstreifen

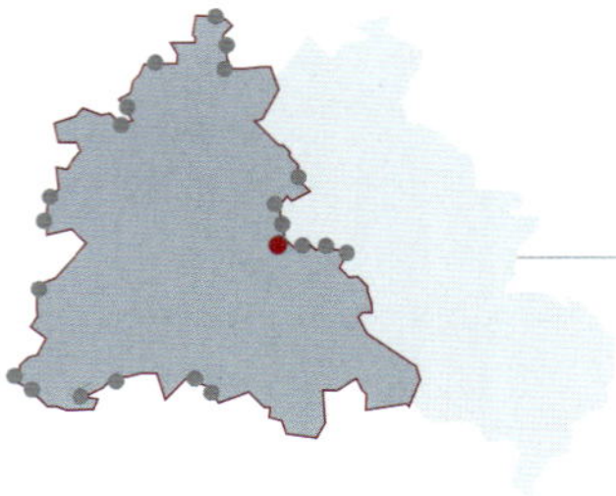

Berlin-Mitte, Gropiusbau/Haus der Ministerien

Berlin-Mitte, Gropiusbau/House of Ministries

A

B

A: Gropiusbau und Preußischer Landtag (heute: Berliner Abgeordnetenhaus). // A: Gropiusbau and Prussian parliament building (now Berlin House of Representatives).
B: Gropiusbau und Haus der Ministerien (heute: Finanzministerium). // B: Gropiusbau and House of Ministries (now Federal Ministry of Finance).

Teltow-Seehof. // Teltow-Seehof.

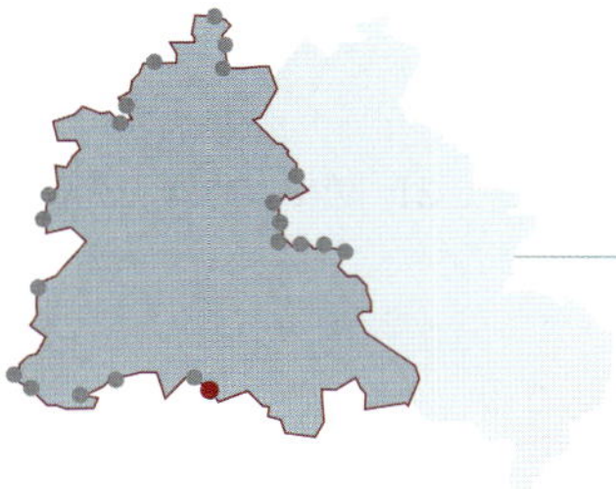

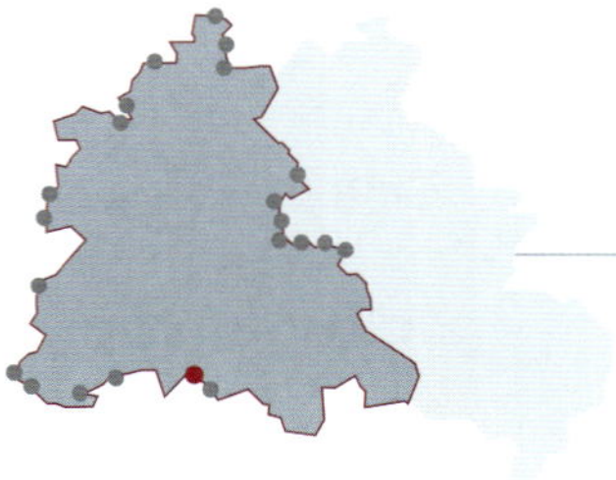

Teltow-Seehof

Teltow-Seehof

A

B

‹ Teltow-Seehof. // Teltow-Seehof.

^ A: Am Griebnitzsee, Potsdam-Babelsberg. //
A: Lake Griebnitz, Potsdam-Babelsberg.
B: Glienicker Brücke, Potsdam. //
B: Glienicke Bridge, Potsdam.

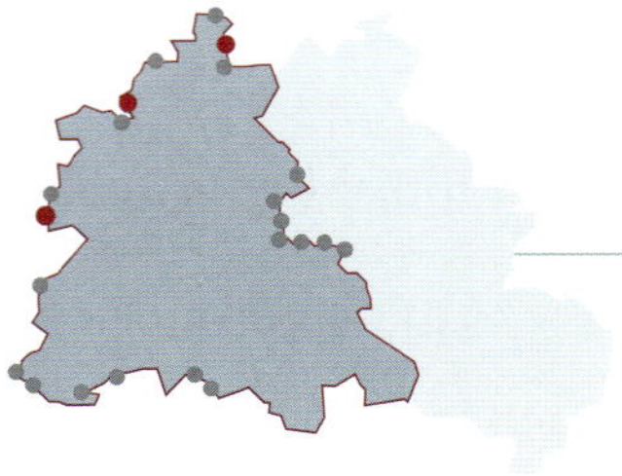

Grenzübergang Staaken/Niederneuendorf/Frohnau

Border Crossing Staaken/Niederneuendorf/Frohnau

A

B

C

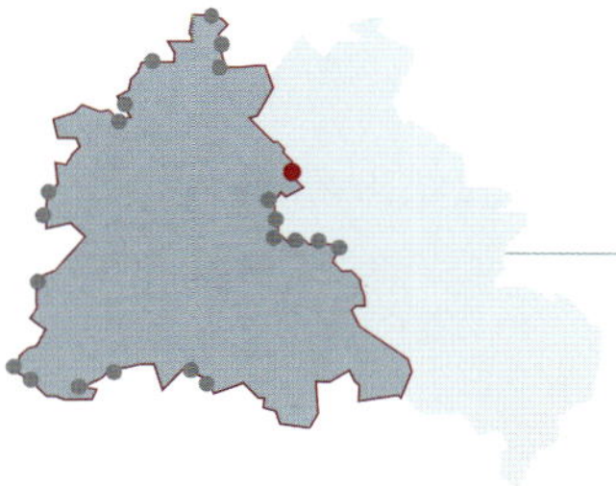

Bornholmer Straße, Bösebrücke

Bornholmer Strasse, Böse Bridge

^ Bornholmer Straße, Bösebrücke. // Bornholmer Strasse, Böse Bridge.

< A: Grenzübergang Staaken. // A: Staaken border crossing.
B: Niederneuendorf. // B: Niederneuendorf.
C: Zwischen Frohnau und der Bieselheide, nördlich von Glienicke. // C: Between Frohnau and Bieselheide, north of Glienicke.

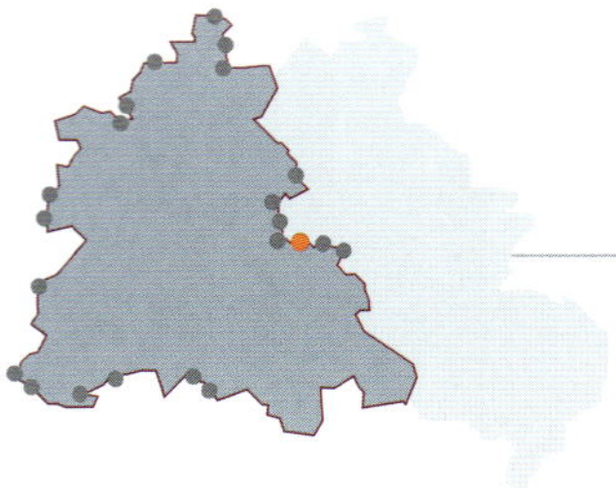

^ Checkpoint Charlie, 2007. // Checkpoint Charlie, 2007.

Checkpoint Charlie in den 1970er-Jahren. // Checkpoint Charlie in the 1970s.

Die Berliner Mauer in Zahlen

Nach Angaben der DDR-Grenztruppen (1989)

Gesamtlänge 156,4 km

davon
- durch Berlin 43,7 km
- durch das Umland 112,7 km

Von der Gesamtlänge führen
- durch bebaute Gebiete 63,8 km
- durch Wald 32,0 km
- durch offenes Gelände 22,7 km
- Wassergrenze (Flüsse und Seen) 38,0 km

- „Grenzmauer-75“ (Höhe 3,60 m) 41,9 km
- Grenzmauer in Plattenbauweise 59,0 km
- Streckmetallgitterzaun als vorderes Sperrelement 68,4 km
- Lichttrasse 161,0 km
- Alarmzäune 113,9 km
- Beobachtungstürme 186
- Führungsstellen 31
- Wachhunde 484

Zwischen 1961 und 1989 registrierte die West-Berliner Polizei:

- 5.075 gelungene Fluchten über Mauer und Todesstreifen, davon 574 Fahnenfluchten
- 1.709 Fälle von Schussabgaben durch Grenzsoldaten, bei denen mindestens 119 Flüchtlinge verletzt wurden
- 456 Geschosseinschläge in West-Berlin, in 14 Fällen erwiderte die West-Berliner Polizei das Feuer
- 37 Sprengstoffanschläge gegen die Mauer

Aktuelle Forschungen belegen mehr als 130 Todesopfer an der Berliner Mauer.

Berlin Wall Statistics

Based on information from the GDR border troops (1989)

Total length of 156.4 km

- 43.7 km through Berlin
- 112.7 km around the outskirts

including

- 63.8 km through built-up areas
- 32 km through woods
- 22.7 km through open terrain
- 38 km water border (rivers and lakes)

- 41.9 km "Border Wall 75" (height 3.60 m)
- 59 km border wall made of prefabricated concrete slabs
- 68.4 km wire mesh fencing as first barrier
- 161 km illuminated strip
- 113.9 km alarm fencing
- 186 watchtowers
- 31 command towers
- 484 guard dogs

Between 1961 and 1989 the West Berlin police registered:

- 5,075 successful escapes through the Wall and death strip, including 574 desertions

- 1,709 cases in which border guards used firearms, with at least 119 escapees injured

- 456 bullet impacts in West Berlin; West Berlin police returned fire in 14 cases

- 37 bomb attacks on the Wall

Recent investigations have certified more than 130 deaths at the Berlin Wall.

Kapitel 2 // Chapter 2

Vor dem Mauerbau

Before the Wall Went Up

Als die Mauer 1961 in Berlin errichtet wird, ist Deutschland bereits 16 Jahre lang ein geteiltes Land.
Zuvor waren mindestens 55 Millionen Menschen, davon 25 Millionen Zivilisten, durch Krieg und Verbrechen der nationalsozialistischen Gewaltherrschaft ums Leben gekommen. Die Kriegsniederlage, die der Nazi-Diktatur im Mai 1945 ein Ende bereitete, war deshalb zugleich eine Befreiung.

When the Wall is built in Berlin in 1961, Germany has already been a divided country for sixteen years.
At least 55 million people, including 25 million civilians, died as a result of the war and the crimes of the Nazi regime. The defeat that put an end to the Nazi dictatorship in May 1945 was therefore also a liberation.

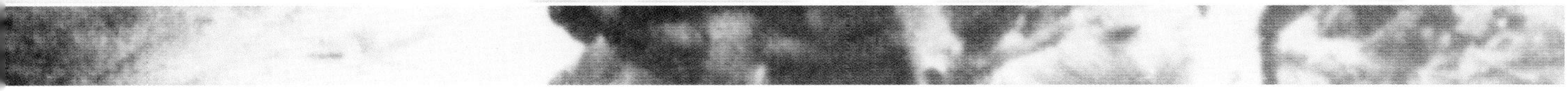

❮ Vorherige Seite: Soldaten hissen 1945 die sowjetische Fahne auf dem Gebäude des Reichstages in Berlin. // Previous page: Soldiers raising the Soviet flag on top of the Reichstag building in 1945 Berlin.

❯ Stalin – Truman – Churchill: Die „Großen Drei" in Potsdam, Juli 1945. Besatzungszonen in Deutschland und Österreich 1945 (rechte Seite). // Stalin – Truman – Churchill: "the Big Three" in Potsdam, July 1945. Occupation zones in Germany and Austria, 1945 (right-hand page).

Deutschland 1945: Kriegsende und Besetzung

Das Deutsche Reich wird 1945 von den Siegermächten des Zweiten Weltkrieges besetzt und in eine sowjetische, amerikanische, britische und französische Zone geteilt. Die bisherige Hauptstadt Berlin wird ebenfalls in vier Sektoren gegliedert.

Die Siegermächte bestimmen die neue politische, wirtschaftliche und soziale Ordnung in den vier Zonen. Ihre wichtigsten Ziele sind Entmilitarisierung, Entnazifizierung, Dezentralisierung und Demokratisierung. Auf der Potsdamer Konferenz im Sommer 1945 wird aber auch festgelegt: Die wirtschaftliche Einheit Deutschlands soll bewahrt werden, die politische Wiedervereinigung soll bald folgen.

Doch die Anti-Hitler-Koalition zerbricht schnell. Die Sowjetunion baut ihre militärisch errungenen Machtpositionen gewaltsam aus. In den mittelosteuropäischen Ländern errichtet sie mit den von ihr gesteuerten kommunistischen Parteien neue Diktaturen.

Die USA belassen in Europa und Asien Truppen, um die imperiale Machtpolitik der Sowjetunion einzudämmen. Allen freien Völkern, die vom Kommunismus bedroht werden, sichern die USA ihre Unterstützung zu.

Der Kalte Krieg beginnt: Zwei unvereinbare Weltanschauungen ringen weltweit um Macht und Einfluss. Ein Hauptschauplatz dieses Kalten Krieges ist das geteilte Deutschland.

Germany in 1945: The end of the war and occupation

In 1945, the German Reich is occupied by the Allies and divided into a Soviet, an American, a British and a French zone. Berlin, to that date the capital, is also divided up into four sectors.

The Four Powers determine the new political, economic and social orders in their respective zones. Their major objectives are demilitarisation, de-Nazification and democratisation. At the Potsdam Conference in the summer of 1945, however, it is also decided that the economic unity of Germany is to be preserved and that its political reunification is soon to follow.

But the anti-Hitler coalition soon splits up. The Soviet Union extends the power bases it has gained during the war by means of force. In the Central European countries, it sets up new dictatorships under the communist parties it controls.

The USA leaves troops in Europe and Asia to stem the Soviet Union's imperialist power politics. It guarantees its support to all free peoples threatened by communism.

The Cold War begins. Two irreconcilable ideologies struggle for global power and influence. And one main arena of this Cold War is the divided Germany.

Von Stettin an der Ostsee bis nach Triest am Adriatischen Meer ist längs durch den Kontinent ein eiserner Vorhang gefallen. Hinter dieser Linie liegen die Hauptstädte der alten, geschichtlichen Staaten Mittel- und Osteuropas: Warschau, Berlin, Prag, Wien, Budapest, Belgrad, Bukarest und Sofia, alles berühmte Städte. Und die Völker um sie herum leben in dem, was ich die sowjetische Sphäre nennen muss. Sie alle unterliegen, in der einen oder anderen Form, nicht nur sowjetischem Einfluss, sondern zu einem sehr hohen und in vielen Fällen steigenden Maße auch der Kontrolle Moskaus.

Winston Churchill in Fulton / USA, 5. März 1946

From Stettin in the Baltic to Trieste in the Adriatic, an iron curtain has descended across the Continent. Behind that line lie all the capitals of the ancient states of Central and Eastern Europe. Warsaw, Berlin, Prague, Vienna, Budapest, Belgrade, Bucharest and Sofia, all these famous cities and the populations around them lie in what I must call the Soviet sphere, and all are subject in one form or another, not only to Soviet influence but to a very high and, in many cases, increasing measure of control from Moscow.

Winston Churchill in Fulton, USA, 5 March 1946

Proklamation der Deutschen Demokratischen Republik am 7. Oktober 1949 (am Mikrofon: Wilhelm Pieck, Präsident der DDR). // Proclaiming the German Democratic Republic, 7 October 1949 (the speaker is Wilhelm Pieck, President of the GDR).

Gründung zweier deutscher Staaten 1949

In den drei Westzonen und den Westsektoren Berlins verordnen die Besatzungsmächte USA, Großbritannien und Frankreich den Westdeutschen und West-Berlinern eine Demokratie nach westlichem Muster: Auf der Grundlage einer privatwirtschaftlichen Eigentumsordnung entsteht 1949 ein demokratischer Verfassungsstaat mit Mehrparteiensystem, Gewaltenteilung, pluraler Institutionenordnung und freien Wahlen: die Bundesrepublik Deutschland – ein Bollwerk gegen den Kommunismus.

In der Sowjetischen Besatzungszone und im sowjetisch besetzten Sektor Berlins wird unter sowjetischer Kontrolle auf der Basis einer verstaatlichten Wirtschaft eine kommunistische Einparteienherrschaft etabliert. Die allein regierende SED schaltet die bürgerlichen Parteien sowie die Gewerkschaften gleich und unterdrückt jede politische Opposition. Freie Wahlen werden nicht abgehalten. Am 7. Oktober 1949 wird auf dem Gebiet der sowjetischen Besatzungszone die „Deutsche Demokratische Republik" proklamiert – ein militärischer Vorposten der Sowjetunion in Mitteleuropa.

Die Bundesregierung erhebt nach der doppelten Staatsgründung einen Alleinvertretungsanspruch für alle Deutschen; da die DDR-Regierung nicht aus freien Wahlen hervorgegangen ist, erkennt sie die DDR als Staat nicht an. Nehmen dritte Staaten diplomatische Beziehungen zur DDR auf, reagiert die Bundesregierung darauf mit Gegenmaßnahmen bis hin zum Abbruch der diplomatischen Beziehungen. Damit gelingt es der Bundesrepublik, die DDR bis zum Ende der 1960er-Jahre außenpolitisch zu isolieren. Die DDR selbst hält zunächst ebenfalls am Ziel der deutschen Einheit fest, aber nur unter sozialistischem Vorzeichen: Eine Wiedervereinigung durch eine freie, allgemeine und gleiche Wahl lehnen die SED-Machthaber ab.

The founding of two German states in 1949

In the three western zones and the western sectors of Berlin, the occupying powers of the USA, Great Britain and France prescribe a form of democracy on the western model for the West Germans and West Berliners. In 1949, a democratic constitutional state with a multiparty system, separation of powers, pluralistic institutions and free elections is set up on the basis of a system of private enterprise and ownership: the Federal Republic of Germany (FRG) – a bulwark against communism.

In the Soviet occupation zone and in the Soviet sector of Berlin, a communist one-party system on the basis of a state-run economy is established under Soviet control. The sole ruling Socialist Unity Party (SED) brings the bourgeois parties and unions into line and suppresses any political opposition. Free elections are not held. On 7 October 1949, the "German Democratic Republic" (GDR) is proclaimed on the territory of the Soviet occupation zone – a military outpost of the Soviet Union in Central Europe.

After the two states have been founded, the West German government claims to be the sole representative of all Germans; it does not recognise the GDR as a state, since the GDR government has not been chosen in free elections. If other states enter into diplomatic relations with the GDR, the West German government reacts with counter-measures, sometimes even breaking off diplomatic ties. In this way, West Germany succeeds in politically isolating the GDR until the end of the 1960s. The GDR itself at first also has the objective of German unity, but only under a socialist flag: the SED rulers reject reunification by means of a free, universal and equal vote.

Rebuilding in the GDR is hampered by the fact that the Soviet Union seizes large amounts of industrial equipment and de-

❯ Unterzeichnung des Grundgesetzes der Bundesrepublik Deutschland am 23. Mai 1949 in Bonn (links neben dem Doppelmikrofon: Prof. Dr. Theodor Heuss, der spätere erste Bundespräsident). // Signing the Basic Law of the Federal Republic of Germany, Bonn, 23 May 1949 (to the left of the microphones: Prof. Theodor Heuss, who later became the first Federal President).

Umfangreiche Demontagen und hohe Reparationsforderungen der Sowjetunion verlangsamen den Wiederaufbau in der DDR. Die sozialistische Planwirtschaft erweist sich zudem als ineffizient. Die wirtschaftliche Kluft zwischen der DDR und der Bundesrepublik wird in den 1950er-Jahren immer tiefer.

Viele Bewohner der DDR entscheiden sich zur Flucht aus der DDR: aus wirtschaftlichen, politischen und familiären Gründen.

Flucht aus der DDR

Dreieinhalb Millionen Menschen flüchten zwischen 1945 und 1961 aus der Sowjetischen Besatzungszone und späteren DDR in die Bundesrepublik. Sie fliehen, weil sie Verwandte im Westen haben, weil ihnen Grund und Boden weggenommen wird, weil sie als Christen benachteiligt und verfolgt werden, weil die Versorgung schlecht ist, weil die politische Freiheit stirbt.

Beschlüsse der SED zum beschleunigten Aufbau des Sozialismus, Rentenkürzungen, Preiserhöhungen für Lebensmittel und schließlich die Erhöhung der Arbeitsnormen lösen den Volksaufstand vom 17. Juni 1953 aus, der in Forderungen nach freien Wahlen und Wiedervereinigung kulminiert. Sowjetische Soldaten und Panzer eilen dem SED-Regime zu Hilfe und schlagen den Aufstand nieder. Nach dem 17. Juni 1953 verstärkt sich die Fluchtbewegung aus der DDR dramatisch; in den Folgejahren schwillt sie mit jeder Repressionsmaßnahme und jedem politischen Ereignis, das die Spaltung Deutschlands vertieft, erneut an: 1955 nach der Unterzeichnung des Warschauer Pakts, 1956 nach der Gründung der Nationalen Volksarmee, 1957 mit der Verschärfung des Kampfes gegen die Kirchen, 1960 mit der Zwangskollektivierung der Landwirtschaft.

Das SED-Regime reagiert auf diese „Abstimmung mit den Füßen" zunehmend härter: Bereits am 26. Mai 1952 sperren militärische Einheiten die Grenze zur Bundesrepublik mit Stacheldraht ab. Gleichzeitig werden in Berlin zahlreiche Straßen zwischen Ost und West und die direkten Fernsprechverbindungen gesperrt. Wegen des alliierten Status der Stadt läuft der Verkehr über die verbleibenden 81 Sektorenübergänge trotz der wirtschaftlichen und politischen Teilung weiter – und auch die Flucht über Ost- nach West-Berlin.

mands high war reparations. The socialist planned economy turns out to be inefficient. The economic gap between the GDR and West Germany becomes deeper and deeper in the 1950s.

Many residents of the GDR decide to flee from East Germany for financial, political and family reasons.

Escape from the GDR

Between 1945 and 1961, three and a half million people flee from the Soviet occupation zone and the later GDR to West Germany. They flee because they have relatives in the West, because their property has been taken away from them, because they are discriminated against and persecuted as Christians, because the supply of food and other commodities is deficient, and because political freedom is dying.

SED resolutions on speeding up the establishment of socialism, pension cuts, increased prices for food and finally the raising of the stipulated work rates trigger the national uprising of 17 June 1953, which culminates in demands for free elections and reunification. Soviet soldiers and tanks rush to the aid of the SED regime and put down the rebellion. After 17 June 1953, the number of people fleeing the GDR increases dramatically; in the ensuing years, it swells again with every repressive measure and every political event that deepens the division of Germany: in 1955 after the signing of the Warsaw Pact; in 1957 when the campaign against the churches intensifies; in 1960 with the forced collectivisation of agriculture.

The SED's reaction to people's "voting with their feet" grows increasingly harsh: as early as 26 May 1952, military units block off the border to West Germany with barbed wire. At the same time, many streets between East and West Berlin and direct telephone communications are cut off. Because of the Allied status of the city, traffic continues to run via the remaining 81 sector crossing points despite the economic and political division – and the escapes via East Berlin to West Berlin continue too.

^ Berliner Sektorenübergang Brunnenstraße: Das Leben pulsiert bis 1961 über die Grenzen hinweg. Eine halbe Million Berliner passieren täglich die Sektorengrenze in beide Richtungen (Blick aus Ost-Berlin Richtung Westen, vor August 1961). // Sector crossing point on Brunnenstrasse: up to 1961, people largely ignore the borders in everyday life. Half a million Berliners cross sectors in both directions every day (view to the west from East Berlin, before August 1961).

> DDR-Flüchtlinge im West-Berliner Notaufnahmelager Marienfelde, April 1960. // East German refugees in the West Berlin emergency camp at Marienfelde.

WWW.CHRONIK-DER-MAUER.DE

> Chronik > 1961 > April/Mai

THE WASHDAY MIRACLE
0234
PRICE MARKING

Im Dezember 1957 verschärft die SED-Führung die Strafgesetze: Das Verlassen der DDR wird als „Republikflucht“ strafrechtlich verfolgt und mit Haftstrafen bis zu drei Jahren geahndet; schon Vorbereitung und Versuch werden mit Gefängnisstrafen bedroht.

Im Sommer 1961 schwillt der Flüchtlingsstrom über Berlin dramatisch an. Die DDR-Propaganda wirft dem Westen Abwerbung und Menschenhandel vor, intern kennt man jedoch die wirklichen Fluchtmotive: Ablehnung der politischen Entwicklung in der DDR, bessere Lebenschancen im Westen.

In December 1957, the SED leadership tightens the penal law: leaving the GDR is prosecuted as “illegal emigration” (“Republikflucht”) and punished by up to three years’ imprisonment; even preparing and attempting such an escape carries a prison sentence.

In the summer of 1961 the stream of refugees through Berlin swells dramatically. GDR propaganda accuses the West of wooing people away and of human trafficking. But the East German leadership really knows the true motives for fleeing the country: rejection of the political developments in the GDR and better chances of survival in the West.

24-jähriger Maschinenschlosser aus Thüringen, ledig, 14. Juli 1961
Ich habe zu Angehörigen der sowjetischen Besatzungsmacht gesagt, sie sollten machen, dass sie nach Hause gehen und sollten Ulbricht gleich mitnehmen. Das hat einer von der SED gehört, welcher mir drohte, ich würde bald keine Gelegenheit mehr haben, solche Äußerungen in der Öffentlichkeit zu machen. Da habe ich es vorgezogen, aus der Zone zu verschwinden.

24-year-old machine fitter from Thuringia, single, 14 July 1961
I told some members of the Soviet occupation force that they should go home and take Ulbricht with them. Someone from the SED heard me say it and threatened that soon I wouldn’t have the chance to say things like that in public. So I preferred to disappear from the Zone.

35-jähriger Traktorist aus dem Kreis Anklam, verheiratet, Kinder, 18. Juli 1961
Ich konnte dem Druck, der auf mich ausgeübt wurde, um in die SED und Kampfgruppe einzutreten, nicht mehr standhalten. Die schlechten Verdienstmöglichkeiten in der LPG und die schlechte Lebensmittelversorgung haben auch mit dazu beigetragen. Und dann habe ich mir Gedanken über die Erziehung meiner Kinder gemacht; ich bin bestrebt, sie im christlichen Glauben zu erziehen. Und das war durch die Schule und den Kindergarten kaum möglich.

35-year-old tractor driver from the Anklam district, married, with children, 18 July 1961
I couldn’t bear the pressure put on me to join the SED and Combat Group any more. The bad pay on the collective farm and the poor food supply also had something to do with it. And I also thought about bringing up my children; I try to raise them in the Christian faith. And the school and kindergarten made that almost impossible.

› Propaganda-Parole in Ost-Berlin, 1960. // Propaganda in East Berlin, 1960 (“West Berlin must be made a free demilitarised city!”).

‹ Flüchtlingsberichte, Juli 1961. // Accounts of refugees, July 1961.

FLUCHTBEWEGUNG AUS DER DDR UND DEM OSTSEKTOR VON BERLIN 1949–1961 // REFUGEE MOVEMENT FROM THE GDR AND THE EASTERN SECTOR OF BERLIN 1949–1961

Jahr Year	Personen People	Jugendliche unter 25 Jahre (in Prozent) Young people under 25 (in Percent)
1949	129.245	-
1950	197.788	-
1951	165.648	-
1952	182.393	-
1953	331.390	48,7
1954	184.198	49,1
1955	252.870	49,1
1956	279.189	49,0
1957	261.622	52,2
1958	204.092	48,2
1959	143.917	48,3
1960	199.188	48,8
1961	207.026	49,2

Chruschtschow-Ultimatum und Berlin-Krise 1958 bis 1961

Der Sowjetunion gilt das freie West-Berlin als ein „Splitter", der aus dem Herzen des „sozialistischen Europas" entfernt werden muss.

Am 27. November 1958 stellt der sowjetische Partei- und Staatsführer Nikita Chruschtschow ein Ultimatum auf: Falls die Westmächte nicht innerhalb von sechs Monaten in Verhandlungen über einen Friedensvertrag und die Umwandlung West-Berlins in eine „Freie Stadt" träten, werde die Sowjetunion einen einseitigen Friedensvertrag mit der DDR abschließen. Sie werde darin alle sowjetischen Rechte und Verantwortungen gegenüber Berlin an die DDR-Regierung abtreten – insbesondere die Kontrolle der Verbindungswege zur Bundesrepublik zu Lande, auf dem Wasser und in der Luft.

Das Ultimatum läuft darauf hinaus, den Viermächte-Status der Stadt aufzukündigen, die Westmächte aus West-Berlin zu vertreiben – und die Fluchtbewegung zu unterbinden. Doch die Vereinigten Staaten, Großbritannien und Frankreich geben dem Druck nicht nach.

Zur Enttäuschung der SED-Führung setzt Chruschtschow sein Ultimatum mehrfach aus. Der sowjetische Parteiführer scheint

The Khrushchev ultimatum and the Berlin crisis 1958 – 1961

The Soviet Union sees free West Berlin as a "splinter" that must be removed from the heart of "socialist Europe".

On 27 November 1958, the Soviet communist party and state leader Nikita Khrushchev issues an ultimatum: if the Western Powers do not enter into negotiations on a peace accord and the transformation of West Berlin into a "free city" within six months, the Soviet Union will sign a unilateral peace agreement with the GDR, in which it hands over all Soviet rights and responsibilities with regard to Berlin to the GDR government – in particular, the control over the connecting routes to West Germany by land, water and air.

The ultimatum is tantamount to revoking the four-power status of Berlin, driving the Western Powers from West Berlin – and preventing people from fleeing. But the United States, Great Britain and France do not give in to the pressure.

To the disappointment of the SED leadership, Khrushchev postpones his ultimatum several times. The Soviet leader seems to shrink back from the announced confrontation and its incalculable consequences, which include the risk of an atomic war with the United States.

vor der angekündigten Konfrontation und ihren unwägbaren Folgen zurückzuschrecken, die das Risiko eines Atomkrieges mit den Vereinigten Staaten bergen.

Nikita Chruschtschow und Walter Ulbricht auf dem V. SED-Parteitag in Ost-Berlin, Juli 1958. // Nikita Khrushchev and Walter Ulbricht at the Fifth Socialist Unity Party Congress in East Berlin ("Socialism is victorious").

Im Frühjahr 1961 verschlechtert sich die wirtschaftliche Lage der DDR rapide, die Versorgungsprobleme nehmen zu – und der Strom der Flüchtlinge wird stärker. Die DDR steht vor dem wirtschaftlichen und politischen Zusammenbruch. Ulbricht drängt auf einschneidende Maßnahmen, Chruschtschow jedoch mahnt immer noch zur Zurückhaltung. Entscheidungen sollen erst nach seinem Gipfeltreffen mit dem amerikanischen Präsidenten John F. Kennedy am 3. und 4. Juni 1961 in Wien getroffen werden.

Der sowjetisch-amerikanische Gipfel nimmt einen frostigen Verlauf. Chruschtschow wiederholt sein Ultimatum, setzt eine neue Frist bis zum Jahresende 1961. Kennedy weist das Ultimatum zurück, warnt vor einem bevorstehenden „kalten Winter". Sogar von Krieg ist die Rede.

Der amerikanische Präsident reagiert auf die Drohungen entschieden: Er kündigt eine massive Erhöhung der Rüstungsausgaben und die Entsendung von sechs weiteren US-Divisionen nach Europa an.

Dies und die akute Gefährdung der Existenz der DDR im Sommer 1961 veranlassen Chruschtschow, von seinen weitergehenden Zielen Abstand zu nehmen und stattdessen der Abriegelung der Sektorengrenze in Berlin zuzustimmen.

Im Juli 1961 leitet die SED-Führung unter größter Geheimhaltung konkrete militärische und technische Vorbereitungen zur Grenzschließung ein. Weniger als einhundert Funktionäre aus dem Partei-, Staats- und Militärapparat sind bis zum Abend des 12. August 1961 in die Pläne eingeweiht.

In the spring of 1961, the economic situation in the GDR rapidly goes downhill, the problems with supply increase – and the stream of refugees grows. The GDR faces an imminent economic and political collapse. Ulbricht presses for radical measures; Khrushchev, however, continues to call for restraint. He says that no decisions should be taken before his summit meeting with the American president John F. Kennedy on 3 and 4 June 1961 in Vienna.

The Soviet-US summit is a frosty affair. Khrushchev repeats his ultimatum, setting a new deadline for the end of 1961. Kennedy rejects the ultimatum and warns of a "cold winter" to come. Even war is mentioned. The American president reacts firmly to the threats: he announces a massive rise in defence spending and the despatch of six more US divisions to Europe.

This, and the acute threat to the existence of the GDR in the summer of 1961, causes Khrushchev to step back from his ultimate goals and to agree instead to sealing off the sector border in Berlin.

In July 1961, in the greatest secrecy, the SED leadership begins with concrete military and technical preparations for closing off the border. By the evening of 12 August 1961, fewer than one hundred officials from the party, state and military apparatus have been let in on the plans.

Die DDR, Deutschland, ist das Land, in dem sich entscheiden muss, dass der Marxismus-Leninismus richtig ist, dass der Kommunismus auch für Industriestaaten die höhere, bessere Gesellschaftsordnung ist. (...) Wenn der Sozialismus in der DDR nicht siegt, wenn der Kommunismus sich hier nicht als überlegen und lebensfähig erweist, dann haben wir nicht gesiegt.
Anastas Mikojan, stellvertretender sowjetischer Ministerpräsident, Juni 1961

The GDR, Germany, is the country where it must be determined that Marxism-Leninism is right, and that communism is the higher, better social order for industrial nations as well. (...) If socialism does not prevail in the GDR, if communism does not show itself to be superior and viable here, then we have not won.
Anastas Mikoyan, Soviet First Deputy Premier, June 1961

„Niemand hat die Absicht, eine Mauer zu errichten."

Walter Ulbricht, internationale Pressekonferenz in Ost-Berlin, 15. Juni 1961

"No one has the intention of building a wall."

Walter Ulbricht, international press conference in East Berlin, 15 June 1961

FLUCHTBEWEGUNG AUS DER DDR UND DEM OSTSEKTOR VON BERLIN IM JAHR 1961 // REFUGEE MOVEMENT FROM THE GDR AND THE EASTERN SECTOR OF BERLIN 1961

Monat Month	Personen People	Jugendliche unter 25 J. (in Prozent) Young people under 25 (in Percent)
Januar // January	16.697	47,8
Februar // February	13.576	49,5
März // March	16.094	50,6
April // April	19.803	49,4
Mai // May	17.791	50,0
Juni // June	19.198	50,2
Juli // July	30.415	51,4
August // August	47.433	48,2
Gesamt // all	**181.007**	**49,6**

Nikita Chruschtschow und John F. Kennedy in Wien, 3. Juni 1961. // Nikita Khrushchev and John F. Kennedy in Vienna, 3 June 1961.

WWW.CHRONIK-DER-MAUER.DE
> Chronik > 1961 > Juni > 4

Es gab nur zwei Arten von Gegenmaßnahmen: die Lufttransportsperre oder die Mauer. Die erstgenannte hätte uns in einen ernsten Konflikt mit den Vereinigten Staaten gebracht, der möglicherweise zum Krieg geführt hätte. Das konnte und wollte ich nicht riskieren. Also blieb nur die Mauer übrig. Ich möchte Ihnen auch nicht verhehlen, dass ich es gewesen bin, der letzten Endes den Befehl dazu gegeben hat.

Nikita Chruschtschow zu Hans Kroll, Botschafter der Bundesrepublik in Moskau, November 1961

There were only two sorts of countermeasure: an air transport blockade or the Wall. The former would have involved us in a serious conflict with the United States that might have led to war. That is something I could not and did not want to risk. So that left the Wall. And I do not want to conceal the fact from you that I was the person who in the end gave the order to build it.

Nikita Khrushchev to Hans Kroll, West German Ambassador in Moscow, November 1961

Kapitel 3 // Chapter 3

Der Bau der Mauer

Building the Wall

In der Nacht zum Sonntag, dem 13. August 1961, erteilt SED-Chef Walter Ulbricht den Befehl zur Abriegelung der Sektorengrenze. Die Einsatzleitung obliegt Politbüro-Mitglied Erich Honecker. Die Bevölkerung, so hofft man, ist abgelenkt durch das Wochenende.

During the night preceding Sunday, 13 August 1961, SED leader Walter Ulbricht gives the order to seal off the zone border. Erich Honecker, a member of the Politbüro, is in charge of the operation. It is hoped that the people will be distracted over the weekend.

❮ Vorherige Seite: West-Berliner an der Mauer zwischen Kreuzberg und Berlin-Mitte, 2. August-Hälfte 1961. // Previous page: West Berliners by the wall between Kreuzberg and Berlin-Mitte, late August 1961.

❯ Beginn der gewaltsamen Abriegelung Ost-Berlins von West-Berlin, 13. August 1961: Der Westen schaut untätig zu – Gegenmaßnahmen sind nicht vorbereitet. // Beginning the forced division of East Berlin from West Berlin, 13 August 1961: the West watches on passively – no countermeasures have been prepared.

Mehr als 10.000 Volks- und Grenzpolizisten, unterstützt von einigen Tausend Kampfgruppen-Mitgliedern, reißen am frühen Morgen mitten in Berlin das Straßenpflaster auf, errichten aus Asphaltstücken und Pflastersteinen Barrikaden, rammen Betonpfähle ein und ziehen Stacheldrahtverhaue. Mit Ausnahme von 13 Kontrollpunkten riegeln sie alle Sektorenübergänge ab.

Der Durchgangsverkehr der S- und U-Bahnlinien wird dauerhaft unterbrochen, der Intersektorenverkehr auf je einen S- und U-Bahnsteig im Bahnhof Friedrichstraße reduziert, dreizehn U- und S-Bahnhöfe werden für Ost-Berliner geschlossen.

Im Hintergrund steht die Nationale Volksarmee mit mehr als 7.000 Soldaten und mehreren Hundert Panzern bereit, um Durchbrüche zu den Sektorengrenzen zu verhindern. Sowjetische Truppen bilden rund um Berlin eine dritte Sicherungsstaffel.

Fassungslos stehen sich die West-Berliner auf der einen, die Ost-Berliner und Bewohner des Umlandes auf der anderen Seite am Stacheldraht gegenüber. Auf der Ostseite halten Kampfgruppen und Volkspolizei die Umstehenden mit Maschinengewehren in Schach; wer protestiert, wird festgenommen. Auf der Westseite schirmt West-Berliner Polizei die Grenzanlagen vor den erregten Bürgern ab.

More than 10,000 armed personnel from the People's Police and the border police, assisted by several thousand Combat Group members, rip up streets in the middle of Berlin, pile up pieces of asphalt and paving stones to form barricades, drive concrete posts into the ground and erect barbed-wire barriers. They seal off all sector crossing points with the exception of 13.

Through traffic by overground and underground rail is permanently cut off, inter-sector traffic is reduced to one train and one underground platform in Friedrichstrasse railway station and 13 of the 33 stations in East Berlin are shut down.

The National People's Army is on standby with more than 7,000 soldiers and several hundred tanks, ready to prevent anyone from breaking through the sector borders. Soviet troops deployed around Berlin form a third line of security.

The West Berliners stand on one side of the barbed wire and the East Berliners and people living outside the city limits on the other, all of them stunned by events. The bystanders on the eastern side are held in check with machine guns by Combat Groups and People's Police; anyone who protests is arrested. On the western side, the West Berlin police guard the border barriers against distraught citizens.

Am 13. August habe ich Tränen gesehen bei Männern, die ich noch nie hatte weinen sehen. Der Schlag traf hart und furchtbar. Die Reaktion war nicht etwa die Weckung eines unmittelbaren Widerstandswillens, sondern regelrechte Depression.
Ost-Berliner Arzt, am 14. August 1961 geflohen

On 13 August I saw tears in the eyes of men whom I had never seen cry before. The blow was hard and terrible. The reaction was not the awakening of any immediate will to resist, but sheer depression.
A doctor from East Berlin who fled on 14 August 1961

> Ost-Berliner am Stacheldraht. // East Berliners by the barbed wire.

Die Frage war sehr einfach: War es angebracht, dem Bau der Mauer mit Gewalt entgegenzutreten? Die Antwort war negativ. Ich glaube, dass es technisch möglich gewesen wäre. Aber ich bezweifle, dass man politisch eine solche Position hätte halten können.
Pierre Messmer, 1961 französischer Verteidigungsminister

The question was very simple: was it advisable to oppose the building of the Wall with force? The answer was negative. I think it would have been technically possible. But I doubt that we would have been able to maintain such a position politically.
Pierre Messmer, French Defence Minister in 1961

„Verlässliche Bewachung und wirksame Kontrolle der Grenze"

Zur Unterbindung der feindlichen Tätigkeit der revanchistischen und militaristischen Kräfte Westdeutschlands und Westberlins wird eine solche Kontrolle an den Grenzen der DDR einschließlich der Grenze zu den Westsektoren von Groß-Berlin eingeführt, wie sie an den Grenzen jedes souveränen Staates üblich ist. Es ist an den Westberliner Grenzen eine verlässliche Bewachung und eine wirksame Kontrolle zu gewährleisten, um der Wühltätigkeit den Weg zu verlegen. Diese Grenzen dürfen von Bürgern der DDR nur noch mit besonderer Genehmigung passiert werden.
Beschluss des DDR-Ministerrates, 12. August 1961

"Reliable surveillance and effective control of the border"

To put a stop to the hostile activities of the revanchist and militarist forces of West Germany and West Berlin, a control system is being introduced on the border of the GDR, including the border to the western sectors of Greater Berlin, as is the case on the borders of every sovereign state. Reliable surveillance and effective control must be ensured on the West Berlin borders to curb subversive activities. As of now, these borders may only be crossed by GDR citizens with special permission.
Decision by the GDR Council of Ministers, 12 August 1961

„Sperrwand eines Konzentrationslagers"
"The barrier of a concentration camp"

Der Senat von Berlin erhebt vor aller Welt Anklage gegen die widerrechtlichen und unmenschlichen Maßnahmen der Spalter Deutschlands, der Bedrücker Ost-Berlins und der Bedroher West-Berlins. Die Abriegelung der Zone und des Sowjetsektors von West-Berlin bedeutet, dass mitten durch Berlin die Sperrwand eines Konzentrationslagers gezogen wird. Senat und Bevölkerung von Berlin erwarten, dass die Westmächte energische Schritte bei der sowjetischen Regierung unternehmen werden.
Kommuniqué des Senats von Berlin, 13. August 1961

The Berlin Senate condemns the unlawful and inhuman measures taken by the splitters of Germany, the oppressors of East Berlin and the menacers from West Berlin. Sealing off the Zone and the Soviet sector from West Berlin means that the barrier of a concentration camp has been set up through the middle of Berlin. The Senate and the people of Berlin expect the Western Powers to take decisive steps with regard to the Soviet government.
Communiqué issued by the Senate of Berlin, 13 August 1961

Aufmarsch von NVA-Panzern sowjetischen Typs (T-34) an der Warschauer Brücke, 13. August 1961. // Soviet-made East German army tanks (T-34) advancing towards Warschauer Bridge.

Ost-Berliner Kind hinter Stacheldraht, September 1961. // East Berlin child behind barbed wire, September 1961.

Das Problem war, dass es sehr leicht war, mit einem Atomkrieg zu drohen, solange man die Konsequenzen nicht bedachte. Und es war sehr schwierig, Ernstfallpläne aufzustellen, die ein rationales, vorhersehbares Ergebnis enthielten. Man konnte einen Plan für einen militärischen Vormarsch über die Autobahn entwerfen, aber man hätte sehr schnell die Grenzen seiner Möglichkeiten erreicht, und dann hätte man die Verantwortung für eine Eskalation tragen müssen.
Henry Kissinger,
1961 Berater des Nationalen Sicherheitsrates der USA

The problem was that it was all very well to make nuclear threats until you examine what the consequences will be. And it was very difficult to come up with contingency plans in which there was a rational outcome that was foreseeable. You could make a plan for a military move on the Autobahn but you would very quickly reach the limit of your capabilities and then you would have the onus and the responsibility for escalation.
Henry Kissinger,
Advisor to the US National Security Council in 1961

Am 14. August 1961 wird das Brandenburger Tor als Sektorenübergang für West-Berliner geschlossen: wegen anhaltender Proteste größerer Menschenansammlungen und: „vorübergehend", wie es heißt.

Am 23. August 1961 wird die Zahl der Sektorenübergänge auf sieben reduziert. West-Berliner benötigen von diesem Tag an für den Besuch Ost-Berlins einen Passierschein, den es jedoch ab dem 25. August nicht mehr gibt: Die Passierschein-Ausgabestellen der DDR auf den Westberliner S-Bahnhöfen Zoo und Westkreuz werden auf westalliierte Anordnung im Einvernehmen mit dem Senat geschlossen – aus statusrechtlichen Gründen. Bis zum ersten Passierscheinabkommen von 1963 bedeutet dies für West-Berliner das Ende der Besuchsmöglichkeiten von Ost-Berlin.

On 14 August 1961 the Brandenburg Gate is closed as a sector crossing point for West Berliners – owing to continuous protests by large crowds of people and allegedly "temporarily".

On 23 August 1961 the number of sector crossing points is reduced to seven. From this day on, West Berliners need a pass to visit East Berlin. But from 23 August 1961, this pass is no longer available, because the GDR issuing offices at the West Berlin train stations Zoo and Westkreuz have been shut on the order of the Western Allies in agreement with the Senate. This means that West Berliners are not able to visit East Berlin until the first agreement on passes is signed in 1963.

SED-Kampfgruppen am Brandenburger Tor, 14. August 1961. // SED Combat Groups at the Brandenburg Gate, 14 August 1961.

^ Conrad Schumann, 15. August 1961: Mehr als 2.500 Grenzpolizisten und NVA-Soldaten flüchten zwischen Mauerbau und Mauerfall aus der DDR. // Conrad Schumann, 15 August 1961: more than 2,500 East German border guards and soldiers escape the country between the construction and the fall of the wall.

Sprung in die Freiheit

Der 19-jährige Grenzpolizist Conrad Schumann ist gelernter Schäfer und stammt aus Zschochau in Sachsen. In den frühen Morgenstunden des 12. August 1961 wird seine Einheit von Dresden an die Berliner Sektorengrenze verlegt. Seine Dienstbezüge erhöhen sich um 30 Ost-Mark „Gefahrenzulage“ auf insgesamt 370 Ost-Mark.

Am Nachmittag des 15. August 1961 flüchtet er als erster Grenzpolizist an der Bernauer/Ecke Ruppiner Straße mit einem beherzten Sprung über den Stacheldrahtverhau in den Westen. Das Foto geht um die Welt mit der Botschaft: Der DDR laufen die eigenen Truppen weg.

Ausschlaggebend für seine Flucht, erzählt er später, sei folgendes Erlebnis gewesen: „Als Grenzpolizist konnte ich beobachten, wie ein kleines Mädchen, das seine Großmutter im Ostteil Berlins besuchte, von den Grenzsoldaten zurückgehalten wurde und nicht mehr nach West-Berlin rüber durfte. Obwohl die Eltern nur ein paar Meter von den bereits aufgerollten Stacheldrahtsperren entfernt warteten, wurde das Mädchen einfach wieder nach Ost-Berlin zurückgeschickt.“ Conrad Schumann hielt sich selbst nie für einen Helden. 1998 nahm er sich wegen persönlicher Probleme das Leben.

Jump to freedom

The 19-year-old Conrad Schumann, a member of the Border Police, is a trained shepherd and comes from Zschochau in Saxony. In the early hours of 12 August 1961, his brigade is transferred from Dresden to the Berlin sector border. His salary is increased by 30 East German marks in “danger money” to a total of 370 marks.

On the afternoon of 15 August 1961, he becomes the first East German border guard to escape to the West, bravely jumping over the barbed-wire barrier at the corner of Bernauer and Ruppiner Strasse. The photograph goes around the world, bearing with it the message: the GDR’s own troops are running away.

Schumann later related that his escape had been strongly motivated by the following experience: “As a border policeman, I saw how a small girl who was visiting her grandmother in East Berlin was held back by the border soldiers and not allowed to cross into West Berlin. Even though her parents were waiting only a few metres from the barbed-wire barriers that had already been laid out, the girl was simply sent back to East Berlin.” Conrad Schumann never thought of himself as a hero. In 1998 he took his own life owing to personal problems.

WALTER KUHN

Wir wurden in die Friedrichstraße /Zimmerstraße gebracht und haben unter Aufsicht angefangen, dort zu mauern. Es war so verwirrend. Man hatte das Gefühl, jetzt hast du was dazu beigetragen, dass du deine Verwandten nicht sehen kannst. Und das war deprimierend und schmerzlich.
Lothar Wesner, 1961 Maurer

We were taken to Friedrichstrasse /Zimmerstrasse and then we began to lay bricks under supervision. It was all so confusing. We had the feeling that we were contributing to not being able to see our own relatives. And that was depressing and painful.
Lothar Wesner, bricklayer in 1961

› Abschied auf unbestimmte Zeit, September 1961. // A long farewell, September 1961.

‹ Der Stacheldraht hält die Menschen nicht von Fluchtversuchen ab. In der Nacht vom 17. zum 18. August 1961 beginnen Bautrupps, den Stacheldraht durch eine Mauer aus Hohlblocksteinen zu ersetzen. // The barbed wire does not stop people from trying to escape. In the night of 17 to 18 August 1961, the construction squads begin replacing the barbed-wire barriers with a breeze-block wall.

Im gesamten Bereich der Staatsgrenze, insbesondere an den Kontrollpunkten ist jegliche Verbindungsaufnahme, Winken, Gruß- oder Briefaustausch sowie die Übergabe von Geschenken usw. zwischen der Bevölkerung Westberlins und Personen des Demokratischen Sektors zu unterbinden.
Befehl des Ost-Berliner Polizeipräsidenten, 28. August 1961

In the entire area near the national border, particularly at the checkpoints, every form of contact, waving, the exchange of greetings or letters and the handing over of presents etc. between the population of West Berlin and people in the Democratic Sector is to be prevented.
Order of the East Berlin Chief of Police, 28 August 1961

^ Protestkundgebung von 200.000 West-Berlinern am Rathaus Schöneberg, 16. August 1961. // Demonstration by 200,000 West Berliners at Schöneberg Town Hall, 16 August 1961.

Unsere Landsleute hinter dem Stacheldraht, hinter den Betonpfählen und hinter den Panzern, unsere Landsleute in der Zone, die heute bewacht werden von den Truppen der Roten Armee, damit sie nicht zeigen können, was sie wollen, unsere Landsleute, sie blicken heute in dieser Stunde hierher. Wir wissen, welcher Hass, welche Bitterkeit, welche Verzweiflung heute und in diesen Tagen in ihren Herzen wohnt. Wir wissen, dass nur die Panzer sie zurückhalten, ihrer Empörung freien Lauf zu lassen. (...) Ich habe heute dem Präsidenten der Vereinigten Staaten von Amerika, John Kennedy, in einem persönlichen Brief in aller Offenheit meine Meinung gesagt. Berlin erwartet mehr als Worte, Berlin erwartet politische Aktionen.
Willy Brandt, 16. August 1961

Our compatriots behind the barbed wire, behind the cement posts and behind the tanks; our compatriots in the Zone, who today are being watched over by the troops of the Red Army so that they cannot show what they want; at this hour today, our compatriots are looking towards us. We know what hate, what bitterness, what desperation is in their hearts today and during these days. We know that only the tanks are preventing them from giving free rein to their outrage. (...) Today I wrote a personal letter to the President of the United States of America, John Kennedy. And in all frankness I told him my opinion: Berlin expects more than words – Berlin expects political action.
Willy Brandt, 16 August 1961

Da dieses brutale Schließen der Grenze ein deutliches Bekenntnis des Versagens und der politischen Schwäche darstellt, bedeutet dies offensichtlich eine grundlegende sowjetische Entscheidung, die nur durch Krieg rückgängig gemacht werden könnte. Weder Sie noch wir noch irgendeiner unserer Verbündeten haben jemals angenommen, dass wir an diesem Punkt einen Krieg beginnen müssten.
Brief von John F. Kennedy an Willy Brandt, 18. August 1961

Since it represents a resounding confession of failure and of political weakness, this brutal border closing evidently represents a basic Soviet decision which only war could reverse. Neither you nor we, nor any of our Allies, have ever supposed that we should go to war on this point.
John F. Kennedy, letter to Willy Brandt, 18 August 1961

Sehr geehrter Herr Vizepräsident!
Der Hauptzweck Ihrer Mission ist, die Bevölkerung von West-Berlin zu beruhigen und zugleich ein offenes Gespräch mit Bürgermeister Willy Brandt zu führen (...), um zu versuchen, ihm klarzumachen, dass es in den kommenden Monaten sehr wichtig sein wird, vorschnelle Kritik am jeweils anderen zu vermeiden. Nochmals vielen Dank.
Hochachtungsvoll John Kennedy.
Brief von John F. Kennedy an Lyndon B. Johnson, 18. August 1961

Dear Mr. Vice President,
I greatly appreciate your having taken on this mission in Germany and West Berlin on short notice. Your primary objective is to put the people of West Berlin at ease as well as to have a candid talk with Mayor Willy Brandt to try to make him see that it will be very important in the coming months to avoid hasty criticism of others.
Sincerely yours, John F. Kennedy
John F. Kennedy, letter to Lyndon B. Johnson, 18 August 1961

Ankunft von US-Vizepräsident Lyndon B. Johnson in West-Berlin, 19. August 1961. // US Vice-President Lyndon B. Johnson arriving in West Berlin, 19 August 1961.

Stadtrundfahrt von sechs Kraftfahrzeugkonvois der US-Armee mit Truppenverstärkungen, rund 1.500 Mann, in West-Berlin, 20. August 1961. // Parade of six US Army motorised convoys with troop reinforcements, some 1,500 men, in West Berlin, 20 August 1961.

Ich bin zu Ihnen über den Ozean gekommen im Auftrag des Präsidenten der Vereinigten Staaten, John F. Kennedy. Der Präsident wünscht, ich wünsche, die Vereinigten Staaten wünschen Sie wissen zu lassen, dass die Zusage, die Freiheit West-Berlins und seiner Zugangswege zu verteidigen, fest und bindend ist (...).
Zu der Bevölkerung Ost-Berlins sage ich: Verliert nicht den Mut und das Vertrauen. Tyranneien sehen anfänglich immer so aus, als seien sie für die Ewigkeit gemacht. Aber ihre Tage sind gezählt.
Lyndon B. Johnson, 19. August 1961

I have come across the ocean to Berlin by direction of the President of the United States, John F. Kennedy. He wants you to know and I want you to know, the United States wants you to know, that the commitment we have given to the freedom of West Berlin and to the rights of western access to Berlin is firm. To the people of East Berlin I would say: Do not lose courage and confidence. While tyrannies may seem for the moment to proceed for ever, their days are numbered.
Lyndon B. Johnson, 19 August 1961

Niemand, der die Ankunft unserer Truppen und den Empfang sah, der ihnen bereitet wurde, kann diese Szene jemals vergessen (...). Der Anblick unserer schweren Waffen rief den größten Jubel überhaupt hervor (...). Zu diesem Zeitpunkt lässt sich unmöglich mit Sicherheit voraussagen, wie lange die gestärkte Moral West-Berlins noch bleibt. Aber zumindest sind wir jetzt in der Lage, den Gang der Ereignisse zu beeinflussen und zwar auf eine Weise, die für die kommunistische Expansion Schwierigkeiten mit sich bringt.
Lyndon B. Johnson über seinen Berlin-Besuch, 21. August 1961

No one who saw our troops arriving and the welcome they were given could ever forget that scene. Our heavy artillery brought the greatest cheering of all. At this time, it is impossible to say with all certainty how long West Berlin's reinforced morale will hold. But at least we are now in a position to influence the course of events, and to do so in a way that will pose difficulties for Communist expansion.
Lyndon B. Johnson, Memorandum to John F. Kennedy, 21 August 1961

Günter Litfin – der erste erschossene Flüchtling

Das SED-Politbüro beschließt am 22. August 1961, Volkspolizei und Volksarmee zu instruieren, dass jeder, „der die Gesetze unserer DDR verletzt, auch wenn erforderlich durch Anwendung der Waffe zur Ordnung gerufen wird".

Nur zwei Tage später, am 24. August 1961, wird der erste Flüchtling erschossen: Günter Litfin. Der 24-jährige Ost-Berliner hat bis zum 13. August als Schneider in West-Berlin gearbeitet. Am Nachmittag des 24. August versucht er, unweit des Reichstages zu flüchten. Als er entdeckt wird, nimmt er den kürzesten Weg: Er springt am Humboldthafen in das Kanalgewässer und schwimmt mit kräftigen Zügen Richtung West-Berlin. Das rettende Ufer ist fast in Reichweite, als ein Grenzposten eine Salve aus seiner Maschinenpistole auf den wehr- und schutzlosen Schwimmer abfeuert.

Günter Litfin erleidet einen Kopfschuss und versinkt im Kanal. Am frühen Abend wird er tot aus dem Wasser gezogen.

Günter Litfin – the first escapee to be shot dead

On 22 August 1961, the SED Politburo decides to instruct the People's Police and the People's Army that anyone "violating the laws of our GDR is to be called to order, if necessary by use of weapons."

On 24 August 1961, the first escapee is shot dead: Günter Litfin worked as a tailor in West Berlin until 13 August. On the afternoon of 24 August, he tries to escape near the Reichstag building. When he is spotted, he takes the shortest route: at Humboldt harbour, he jumps into the canal separating East and West Berlin and swims strongly towards West Berlin. He has almost reached the safe haven of the western bank when a border guard with a submachine gun fires a round at the unarmed and defenceless swimmer.

Günter Litfin is hit in the head and sinks underwater. His dead body is pulled out of the water in the early evening.

^ „Durch Anwendung der Waffe zur Ordnung rufen" – SED-Kampfgruppenmitglieder, 24. August 1961. // "Calling to order by use of weapons" – SED combat groups, 24 August 1961.

WWW.CHRONIK-DER-MAUER.DE
> Opfer der Mauer > 1961

Eine Ost-West-Hochzeit

8. September 1961: Eine Ost-West-Hochzeit drei Wochen nach dem Mauerbau. Das Haus in der Bernauer Straße gehört zum Ostteil, der Bürgersteig zum Westteil Berlins. Die Haustür ist von innen zugemauert, die Hochparterre-Wohnung bereits geräumt. Die Mutter von Monika Schaar, Familienangehörige und Nachbarn lassen ihre Hochzeits-Sträuße an Seilen herab.

An East-West wedding

8 September 1961: An East-West wedding three weeks after the construction of the Wall. The apartment house in Bernauer Strasse belongs to the east part of Berlin; the pavement is in the west part. The door of the house is walled up on the inside; the lowest apartment has already been vacated. The mother of Monika Schaar and family members lower their wedding bouquets on ropes.

Die Menschen heute können gar nicht verstehen, was man so durchgemacht hat. Und dieses viele Leid, das auf den Straßen war. Das war schlimm. Wir standen erst am Fenster meiner Mutti, dann sind wir nach Hause gefahren zu meinen Schwiegereltern. Wir haben natürlich oft an meine Mutti gedacht, aber wir konnten nichts ändern.
Monika Schaar, 1961 Braut

People today cannot possibly understand what we went through back then. All that suffering out in the streets. That was terrible. First we stood at my mother's window, then we drove home to my parents-in-law. Of course we often thought of my mother, but we couldn't change the situation.
Monika Schaar, a bride in 1961

^ Flucht aus dem Hochparterre: Die Haustür ist bereits von innen zugemauert. // Escaping from the first floor – the front door has already been bricked up from inside.

^ Flucht aus dem 1. Stock. Die 77-jährige Frieda Schulze, 24. September 1961. // Escaping from the first floor. 77-year-old Frieda Schulze, 24 September 1961.

> Zwangsgeräumt und zugemauert: Häuser in der Bernauer Straße. // Evacuated and bricked up – houses on Bernauer Strasse.

Zwangsräumung der Grenzhäuser

In den Straßen Ost-Berlins und des Berliner Umlandes, in denen die Sektorengrenze entlang der Hausgrundstücke verläuft, nutzen zahlreiche Menschen die Gelegenheit, aus ihren Wohnungen zu springen oder sich abzuseilen, um in den Westen zu gelangen.

Am 20. September wird deshalb die Zwangsräumung aller Wohnungen, die gute Fluchtmöglichkeiten bieten, und die Deportation ihrer Bewohner befohlen. In der Bernauer Straße können sich noch einige Bewohner mit einem Sprung aus dem Fenster ihrer Wohnungen auf West-Berliner Gebiet retten. Die 77 Jahre alte Frieda Schulze wird von Mitgliedern der Betriebskampfgruppen festgehalten. Doch West-Berliner klettern das Sims ihres Hauses hinauf und befreien sie, so dass sie sich in ein Sprungtuch der West-Berliner Feuerwehr fallen lassen kann.

Für die 80-jährige Olga Segler aus der Bernauer Straße 34 endet der Sprung tödlich. Sie erliegt am folgenden Tag den inneren Verletzungen, die sie sich beim Sprung zugezogen hat.

Nach der Räumung werden die Fenster zugemauert und die Dächer mit Stacheldrahtsperren versehen.

Evacuating houses on the border

In the streets of East Berlin and the environs of Berlin where the sector border runs alongside houses, many people use the opportunity to jump or lower themselves on ropes from their apartments to get to the West.

For this reason, the order is given on 20 September to evict and relocate tenants from all apartments offering good chances of escape. In Bernauer Strasse, some residents are still able to escape to West Berlin territory by jumping from the windows of their apartments. 77-year-old Frieda Schulze is held back by members of the Combat Groups. But West Berliners climb up onto a window ledge of her house and free her so that she can fall into a jumping sheet provided by the West Berlin fire brigade.

For 80-year-old Olga Segler from Bernauer Strasse 34, the leap ends in her death. She dies the next day from the internal injuries she suffered while jumping.

After the house is evacuated, the windows are walled up and barbed-wire barriers placed on the roofs.

Molkerei-Maschinen u. Geräte

27. und 28. Oktober 1961: Panzerkonfrontation am Checkpoint Charlie

Am 25. Oktober 1961 fahren am Checkpoint Charlie US-Panzer mit Räumschaufeln auf. General Lucius Clay, Sonderbeauftragter von US-Präsident Kennedy in Berlin, demonstriert damit, dass sich die Amerikaner das Recht auf unkontrollierte Fahrten in ganz Berlin nicht nehmen lassen. Die Eskalation geht auf eine Anordnung des DDR-Innenministeriums vom 23. Oktober zurück. Danach sollen sich US-Militärs in Zivil bei der Einfahrt nach Ost-Berlin gegenüber dem ostdeutschen Kontrollpersonal fortan ausweisen – was die US-Militärs als Angriff auf ihre alliierten Rechte betrachten.

Am 27. Oktober nimmt die Sowjetunion die Herausforderung an und stellt am Checkpoint Charlie ebenfalls Panzer auf. 16 Stunden lang stehen sich amerikanische und sowjetische Panzer in der Friedrichstraße gegenüber. General Clay telefoniert am Abend mit US-Präsident Kennedy – der KGB hört mit; umgekehrt belauschen die amerikanischen Dienste den Funkverkehr der Sowjets. Am 28. Oktober ziehen sich die Panzer auf beiden Seiten zurück; die Sowjets machen den ersten Schritt.

General Clay kann sich als Sieger fühlen: Die Präsenz sowjetischer Panzer unterstreicht die Zuständigkeit und Verantwortung der Sowjetunion für ganz Berlin und dementiert die Souveränität der DDR. SED-Chef Walter Ulbricht aber erreicht sein Ziel ebenfalls: Die US-Streitkräfte und Angehörigen der US-Mission in Berlin müssen am nächsten Tag auf Anweisung Washingtons die Testfahrten von Militärpersonen in Zivil nach Ost-Berlin einstellen.

27/28 October 1961: Tank standoff at Checkpoint Charlie

On 25 October 1961, US tanks equipped with shovels drive up to Checkpoint Charlie. General Lucius Clay, the personal representative of US President Kennedy in Berlin, wants to demonstrate that the Americans will not allow their right to drive anywhere in Berlin to be taken away from them. The escalation is the result of an order issued by the GDR Interior Ministry on 23 October. It stipulates that US soldiers in civilian clothes should identify themselves to East German checkpoint personnel when driving into East Berlin. The US military sees this as an attack on their rights as Allies.

On 27 October, the Soviet Union reacts to the challenge and in its turn deploys tanks at Checkpoint Charlie. For sixteen hours, American and Soviet tanks face off in Friedrichstrasse. In the evening, General Clay telephones with US President Kennedy – the KGB bugs the call; in their turn, the American intelligence agencies listen in to Soviet radio transmissions. On 28 October, both sides withdraw their tanks; the Soviets make the first step.

General Clay can consider himself the winner: the presence of the Soviet tanks highlights the responsibility of the Soviet Union for the whole of Berlin and belies the sovereignty of the GDR. However, SED leader Walter Ulbricht also attains his objective: Washington orders the US armed forces and members of the US Mission in Berlin to stop the test drives by military personnel in civilian clothes in East Berlin.

WWW.CHRONIK-DER-MAUER.DE
> Chronik > 1961 > Oktober

Konfrontation ohne Sieger: amerikanische und sowjetische Panzer am Checkpoint Charlie, 27. Oktober 1961. // A standoff with no winner – US and Soviet tanks at Checkpoint Charlie, 27 October 1961.

Die Anweisung unserer Leitung lautete: Auf keinen Fall provozieren, geduldig stehen und kein Gegenfeuer von den amerikanischen Panzern durch eigene Aktionen provozieren.
Anatolij Gribkow, 1961 Leiter der operativen Verwaltung der Hauptverwaltung des Generalstabes der sowjetischen Armee

The order from our commanders was: do not be provocative on any account, stand patiently and do not incite any counter-fire from the American tanks by our own actions.
Anatoly Gribkov, head of the operative administration of the main administration of the High Command of the Soviet Army.

Wir hörten die Gespräche zwischen den verschiedenen russischen Truppenteilen mit und es gab darin nichts, was irgendwie alarmierend gewesen wäre. In Wirklichkeit war das eine sehr formale Konfrontation. Wir wollten nicht gewaltsam in ihr Territorium eindringen. Alles, was wir wollten, war, unsere Stärke zu zeigen mit dem einzigen Zweck, die Friedrichstraße für den Verkehr offen zu halten. Und alles, was sie wollten, war zu demonstrieren, dass sie bereit waren zu kämpfen, falls sie es mussten. Und das war wirklich alles, was man sich dort bewiesen hat.
John Mapother, 1961 Informationsoffizier der CIA in Berlin

We heard the talk that went on among the various elements of the Russian unit and there was nothing that was alarming about them that I know of. In truth it was a very formalistic confrontation. We didn't intend to violate their territory – all we wanted was a show of force, the purpose being to keep movement open along the Friedrichstrasse. And all they wanted to do was to show they were ready to fight if they had to. And that's really all that was demonstrated.
John Mapother, CIA information officer in Berlin in 1961

19. bis 21. November 1961: Panzermauer am Brandenburger Tor

Am Brandenburger Tor errichten Bauarbeiter und Grenzpolizisten innerhalb von drei Tagen eine halbrunde, zwei Meter starke und etwa zwei Meter hohe, panzersichere Mauer. In der Bernauer Straße und vom Potsdamer Platz bis zur Lindenstraße wird die schon bestehende Mauer durch das Anlegen von Panzersperren aus miteinander verschweißten T-Trägern und alten Schienen verstärkt. Die Absperrungen sollen das Ost-Berliner Regierungsviertel vor einem Panzerdurchbruch der westlichen Alliierten schützen.

19 – 21 November 1961: Anti-tank barrier at the Brandenburg Gate

At the Brandenburg Gate, construction workers and border police put up a semicircular, two-metre-thick and around two-metre-high anti-tank barrier within three days. In Bernauer Strasse and from Potsdamer Platz to Lindenstrasse, the existing wall is fortified by anti-tank obstacles made from T-beams and old rails welded together. The barriers are intended to protect the East Berlin government quarter from a tank attack by the Western Allies.

Verstärkung der Sperranlagen am Brandenburger Tor mit Lochplatten aus dem Straßenbahnbau (Mauer der 2. Generation), 20. November 1961 – Grenzpolizisten bewachen die Maurer – Panzersperren am Potsdamer Platz. // Fortifying the barriers at Brandenburg Gate with concrete lattice paving stones ("second generation" Wall), 20 November 1961 – border police guarding the bricklayers – anti-tank obstacles on Potsdamer Platz.

✔ Dem Händedruck Erich Honeckers halten die Stahlhöcker stand. Tests auf einem DDR-Militärübungsgelände jedoch ergeben: Die Panzersperren sind nicht panzerfest. // The steel obstructions can stand up to the pressure of Erich Honecker's hand. Tests at a GDR military training area, however, show that the "anti-tank obstacles" are no problem for tanks.

5. Dezember 1961: „Letzter Zug in die Freiheit“

Lokführer Harry Deterling und seine Frau Ingrid möchten mit ihren vier Kindern nicht eingesperrt in der DDR leben. Anfang Dezember 1961 sickert unter den Bahnbeschäftigten durch, dass eine noch befahrbare Gleisverbindung nach West-Berlin bald unterbrochen werden soll. Harry Deterling fasst den Plan, unverzüglich mit einem Dampfzug über dieses Gleis nach West-Berlin zu fliehen. Verwandten und Freunden teilt er am 5. Dezember 1961 den Abfahrtstermin mit: „Heute um 19.33 Uhr fährt der letzte Zug in die Freiheit.“

Gegen 20.50 Uhr passiert der von Harry Deterling gesteuerte Zug den ostdeutschen Endbahnhof Albrechtshof, fährt über die Grenze und hält auf West-Berliner Gebiet. Zu ihrer Sicherheit sind Lokführer Deterling und sein Heizer Hartmut Lichy beim Überqueren der Grenze in den Kohlentender geklettert; die in die Flucht eingeweihten Reisenden haben sich auf den Boden geworfen – doch es fällt kein Schuss.

25 Passagiere bleiben im Westen, sieben Fahrgäste kehren freiwillig nach Ost-Berlin zurück. Der Dampfzug wird von einer DDR-Lok in den Osten zurückgezogen.

^ Am Tag nach der Zugflucht wird die Gleisverbindung nach West-Berlin zerstört. // The day after the train escape, the tracks to West Berlin are destroyed.

5 December 1961: “Last train to freedom”

Train driver Harry Deterling and his wife Ingrid do not want to live in the GDR as prisoners with their four children. In early December 1961, word gets around among railway employees that a still-open rail connection to Berlin is soon to be blocked off. Harry Deterling resolves to escape immediately to West Berlin on this line by steam train. On December 5 1961, he tells his relatives and friends the departure time: “The last train to freedom departs today at 7.33 p.m.”

At around 8.50 p.m., the train driven by Harry Deterling passes the East German terminus, Albrechtshof, crosses the border and stops on West German territory. As a safety precaution, train driver Deterling and his stoker Hartmut Lichy have climbed into the coal tender while crossing the border; the passengers who know about the escape have thrown themselves onto the floor – but not a shot is fired.

Twenty-five passengers remain in the West; seven return to East Berlin of their own accord. The train is pulled back to the East by a GDR locomotive.

The railway line is closed off the very next day. Tracks are torn up and barriers put in place: the border is made impassable. No train ever succeeds in breaking through the barriers again.

Schon am nächsten Tag wird die Eisenbahnstrecke unterbrochen. Schienen werden herausgerissen und Sperren errichtet: Die Grenze wird unpassierbar gemacht. Nie wieder gelingt es einem Zug, die Sperranlagen zu durchbrechen.

Tausende Menschen werden bis Ende des Jahres 1961 wegen kritischer Äußerungen und Proteste gegen den Mauerbau verhaftet. Die DDR-Gefängnisse sind so voll, dass selbst Stasi-Minister Erich Mielke Mitte Dezember 1961 klagt: „Es ist nicht möglich, die gegenwärtig hohe Zahl von Festnahmen noch länger beizubehalten." Doch offener Protest wird seltener, Schweigen die Regel. Resignation breitet sich aus.

Up to the end of 1961, thousands of people are arrested for critical remarks and protests against the building of the Wall. The GDR prisons are so full that even Stasi minister Erich Mielke complains in mid-December 1961, "It is no longer possible to maintain the present high number of arrests." But open protest becomes more rare and silence the rule. Resignation spreads.

^ West-Berlin, Oberbaumbrücke, Weihnachten 1961: Licht als Symbol der Verbundenheit mit den Landsleuten im Osten. // West Berlin, Oberbaum Bridge, Christmas 1961 – lights as a symbol of solidarity with fellow Germans in the east.

Wir waren der Meinung, die Mauer darf nicht sein, das vertieft die Spaltung Deutschlands noch mehr. Und ich habe gesagt, wenn das passiert, dann gibt es nie wieder ein einheitliches Deutschland. Die paar Worte haben mich ein halbes Jahr Gefängnis gekostet. Und ich wurde behandelt wie ein Schwerstverbrecher.
Helmut Laetsch, 1961
Tischler im VEB Holzindustrie Hennigsdorf

The overall opinion was that the Wall was not right. It would only deepen the rift in Germany further. And I said, if that happens Germany will never be unified again. Those few words cost me 6 months in prison. And I was treated like a dangerous criminal.
Helmut Laetsch, joiner in the state-owned company Holzindustrie Hennigsdorf in 1961

Kapitel 4 // Chapter 4

Flucht – Fluchthilfe – Widerstand

Escapes – Escape Helpers – Resistance

Zwischen Mauerbau und Mauerfall gelingt 5.075 DDR-Bürgerinnen und -Bürgern auf zum Teil abenteuerlichen Wegen und unter Lebensgefahr die Flucht…

… durch die Sperranlagen nach West-Berlin. Viele Flüchtlinge werden verletzt, manche schwer. Mehr als 130 Menschen werden allein in Berlin von Grenzsoldaten erschossen oder verunglücken tödlich.

Between the construction of the Wall and its fall, 5,075 GDR citizens succeed in escaping through the border barriers around Berlin,

often risking their lives. Many escapees are injured, some of them critically. In Berlin alone, more than 130 people are shot by border soldiers or have fatal accidents.

Solange Absperr- und Kontrollsystem noch provisorisch sind, gelingt es immer wieder Einzelnen, Schlupflöcher im Stacheldraht zu finden. Doch mit dem Ausbau der Sperranlagen werden Fluchten schwieriger – und risikoreicher.

In West-Berlin bilden sich nach der Grenzschließung zahlreiche Fluchthelfergruppen. Häufig sind es ehemalige Flüchtlinge, die ihre Familienangehörigen, Freunde und Bekannten in den Westen nachholen wollen. Anfangs stammen die meisten Fluchthelfer aus dem Umfeld der West-Berliner Universitäten. Für Kommilitonen, die durch den Mauerbau von ihren Studienplätzen im Westen abgeschnitten sind, suchen sie undichte Stellen in den Sperranlagen und Wege durch die unterirdische Kanalisation, spüren Lücken im Kontrollsystem der Grenzübergänge auf, fälschen Pässe, bauen Verstecke in Fahrzeugen und graben Tunnel unter der Sektorengrenze.

Der Ausbau der Sperranlagen und des Kontrollsystems an den Übergängen erzwingt die ständige Entwicklung neuer und immer aufwändigerer Fluchtwege. Und mit dem Aufwand steigen die Kosten. Schon 1962/63 werden Fluchtwilligen nicht selten zwischen drei- und fünftausend D-Mark in Rechnung gestellt.

Gerade weil die große Politik hilflos und ohnmächtig auf den Mauerbau reagiert, finden Fluchthilfeaktionen in der Bevölkerung begeisterte Zustimmung. Politiker, aber auch Geheimdienste und Polizei, unterstützen sie zunächst. Doch mit Beginn der Entspannungspolitik setzt ein Wandel ein: Die Politik geht auf Distanz und betrachtet Fluchthilfe zunehmend als Störfaktor für das Verhandlungsklima zwischen Ost und West.

While the barriers and control systems are still provisional, individuals often manage to find ways through the barbed wire. But as the border barriers are extended, it becomes harder – and more dangerous – to escape.

In West Berlin, numerous groups form to help escapees. Often they are made up of former escapees who want to bring their relatives, friends and acquaintances over to the West. At first, most of these escape helpers are connected with West Berlin universities. To help fellow students who have been cut off from universities in the West, they look for openings in the border barriers and ways through the underground sewers, detect gaps in the control system at the border crossing points, forge passports, build hiding places in vehicles and dig tunnels under the sector border.

The continuous improvement of the barriers and the control system at the border crossings means they have to be constantly on the lookout for new and ever more sophisticated escape routes. And the more sophisticated these are, the more they cost. Even as early as 1962/1963, would-be escapees are often charged between three and five thousand DM.

Precisely because the political reaction at the highest level to the building of the Wall is so helpless and impotent, these actions to help people escape meet with enthusiastic support among the general populace. At first, politicians, and even secret services and police, support them. But as the policy of détente kicks in, there is a change: politicians begin to distance themselves and see such assistance to escape as a disruptive element in negotiations between East and West.

> Mit gefälschten Pässen und Führerscheinen von West-Berlinern sowie Diplomatenpässen mit erfundener Herkunft lassen sich die DDR-Grenzkontrolleure eine Zeit lang überlisten. Doch dann fliegen die Tricks auf – nicht selten von Stasi-Spitzeln im Westen verraten. // The GDR border officers are fooled for some time by forged passports and driving licenses from West Berliners, and by fake diplomatic passports. But then the tricks start to be exposed – often revealed by Stasi informers in the West.

< Hunderte fliehen durch die unterirdische Kanalisation – bis der Einbau von Absperrgittern und die Bewachung der Kanäle neue Wege erzwingen. // Hundreds of people escape through the underground sewerage system – until gratings are fitted and the sewers are put under guard, making it necessary to discover new routes.

GELUNGENE FLUCHTEN AUS DER DDR UND OST-BERLIN DURCH DIE GRENZ-SPERRANLAGEN 1961 BIS 1989 // SUCCESSFUL ESCAPES FROM THE GDR AND EAST BERLIN THROUGH THE BORDER BARRIER SYSTEM 1961–1989

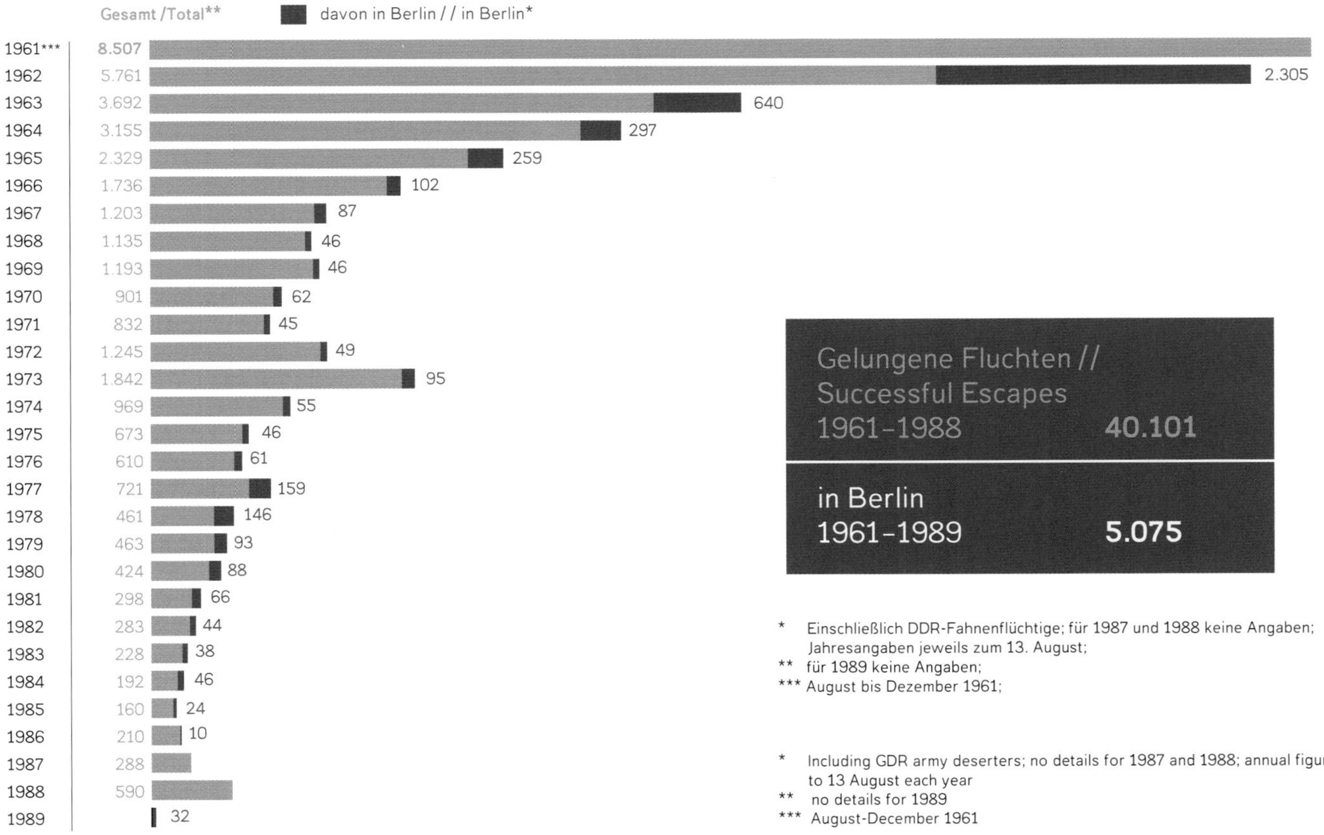

Gelungene Fluchten // Successful Escapes 1961–1988	40.101
in Berlin 1961–1989	5.075

* Einschließlich DDR-Fahnenflüchtige; für 1987 und 1988 keine Angaben; Jahresangaben jeweils zum 13. August;
** für 1989 keine Angaben;
*** August bis Dezember 1961;

* Including GDR army deserters; no details for 1987 and 1988; annual figures to 13 August each year
** no details for 1989
*** August-December 1961

‹ Dieter Wohlfahrt, Student der Chemie an der Technischen Universität Berlin. // Dieter Wohlfahrt, chemistry student at the Berlin Technical University.

› Das Loch im Stacheldraht, das eine Flucht ermöglichen sollte – und stattdessen Dieter Wohlfahrt in den Tod führte. // The hole in the barbed wire that was meant to be used for escape – and that instead led Dieter Wohlfahrt to his death.

9. Dezember 1961 // 9 December 1961

Der Tod des studentischen Fluchthelfers Dieter Wohlfahrt // The death of Dieter Wohlfahrt, a young escape helper

Der 20-jährige Österreicher Dieter Wohlfahrt ist Student an der Technischen Universität. Nach dem 13. August 1961 verhilft er zahlreichen Menschen zur Flucht durch die Kanalisation, bis dieser unterirdische Weg durch Gitter versperrt wird.

Am 9. Dezember 1961 durchschneiden er und seine Freunde an der Grenze zu Staaken zwei Stacheldrahtzäune, um der Mutter einer Bekannten die Flucht zu ermöglichen. Doch das Vorhaben ist verraten worden; Grenzpolizisten lauern den Fluchthelfern auf und eröffnen das Feuer. Eine Kugel trifft Dieter Wohlfahrt in die Brust. Fast eine Stunde lang lassen die Grenzpolizisten den Schwerverletzten im Grenzstreifen liegen, ohne Hilfe zu leisten. West-Berliner Polizisten und die alarmierte britische Militärpolizei wagen sich nicht in den Todesstreifen hinein und müssen untätig zuschauen, wie Dieter Wohlfahrt verblutet. Von DDR-Seite wird behauptet – und von seinen Freunden dementiert –, dass Dieter Wohlfahrt bewaffnet gewesen sei und Grenzpolizisten beschossen habe.

Dieter Wohlfahrt, so hieß es damals im „Spiegel", „war Opfer der bitteren Erkenntnis geworden, dass nach Abdichtung aller übrigen Fluchtlöcher nur noch der gewaltsame Durchbruch durch Mauer oder Stacheldraht bleibt. Er zahlte den Preis, mit dem jeder rechnen muss, der sich dieser Methode künftig bedienen will: Wen die MP-Garbe im Stacheldrahtnetz erfasst, dem kann vom Westen aus nicht mehr geholfen werden. Er verblutet, wie Dieter Wohlfahrt, als Illegaler in der Toten Zone zwischen Ost und West."

The 20-year-old Austrian Dieter Wohlfahrt is a student at the Technical University in Berlin. After 13 August 1961, he helps many people to escape through the sewerage system, until this underground route is blocked off by gratings.

On 9 December 1961, he and his friends cut through two barbed-wire fences at the border to Staaken to help the mother of an acquaintance to escape. However, the attempt has been betrayed; border police are waiting for the escape helpers and open fire. A bullet hits Dieter Wohlfahrt in the chest. The border policemen leave the critically injured man lying in the border strip for almost an hour without giving assistance. West Berlin policemen and the British military police do not dare to enter the death strip and have to watch on while Dieter Wohlfahrt bleeds to death. GDR sources claim that Dieter Wohlfahrt was armed and shot at border police – something his friends deny.

The "Spiegel" magazine wrote at the time that "Dieter Wohlfahrt was a victim of the bitter realisation that, now all other escape holes have been sealed off, the only remaining way is to break through walls or barbed wire by force. He paid the price that everyone who wants to use this method in future has to bargain with: anyone hit by a burst of submachine-gun fire in the barbed-wire mesh cannot be helped from the West. They will bleed to death, like Dieter Wohlfahrt, in the Dead Zone between East and West."

000293

Tunnelfluchten

Tunnelbauten gehören zu den aufwändigsten und mühevollsten Fluchtwegen. Bis heute sind etwa 40 Tunnelgrabungen bekannt. Der erste erfolgreiche Tunnel wird im September 1961 gebaut, der letzte vergebliche Versuch Ende 1981 unternommen. Die meisten Tunnel werden von westlichen Fluchthelfern ausgehoben, die ihre Angehörigen, Freunde und Bekannten zu sich holen wollen, doch auch Ostdeutsche graben sich selbst den Weg in den Westen. Mehreren hundert Menschen gelingt die unterirdische Flucht – doch annähernd ebenso viele Fluchtwillige und Fluchthelfer werden verhaftet und in der Regel zu langjährigen Gefängnisstrafen verurteilt, weil der Fluchtweg verraten oder entdeckt wurde.

Auch die Tunnelfluchten kosten Menschenleben: Zwei westliche Fluchthelfer – Heinz Jercha und Siegfried Noffke – werden bei Tunnelfluchten von DDR-Grenzwächtern tödlich verletzt; ebenso zwei Grenzsoldaten: Reinhold Huhn wird von einem West-Berliner Fluchthelfer, Egon Schultz versehentlich von einem Kameraden getötet.

Tunnel escapes

Digging a tunnel is one of the most time-consuming and arduous ways to escape. Around 40 escape tunnels are known of so far. The first one is built in September 1961; the last futile attempt is made at the end of 1981. Most tunnels are dug by western escape helpers who want to bring over their relatives and friends, but East Germans also dig their own way to the West. Several hundreds of people succeed in escaping underground – but almost as many would-be escapees and escape helpers are arrested and given long prison terms because the attempt was betrayed or discovered.

Escapes by tunnel also cost human lives: two western escape helpers – Heinz Jercha and Siegfried Noffke – are fatally injured by GDR border guards during such escape attempts; two border soldiers also die: Reinhold Huhn is killed by a West Berlin escape helper; Egon Schultz is accidentally shot dead by a fellow soldier.

1

19. Dezember 1961 // 19 December 1961

Tunnelflucht unter der Friedhofsmauer // Escape by tunnel under a cemetery wall

Acht Tage vor dem Mauerbau heiratet die in Ost-Berlin wohnende Waltraud Niebank einen West-Berliner. Ost-Berliner Behörden stellen ihr eine offizielle Umzugserlaubnis zu ihrem Mann aus. Im guten Glauben, ohne Probleme wieder zurückkehren zu können, reist das Paar am 13. August 1961 zu den Brauteltern nach Ost-Berlin, um dort am nächsten Tag die letzten Formalitäten des Umzugs zu erledigen. Mit den Worten, es herrsche Kriegszustand und was zuvor genehmigt worden sei, gelte jetzt nicht mehr, wird die Umzugserlaubnis vor ihren Augen zerrissen. Im Krieg, werden die beiden belehrt, sei es normal, dass Ehepaare lange getrennt seien.

Lothar Niebank fährt zurück nach West-Berlin, seine Frau muss in Ost-Berlin bleiben. Monatelang bemüht sich Waltraud Niebank um die Ausreise zu ihrem Ehemann. Sie wendet sich an das Deutsche Rote Kreuz, an das DDR-Außenministerium, an den Staatsratsvorsitzenden Walter Ulbricht, an die sowjetische Botschaft in Ost-Berlin – ohne Erfolg. In West-Berlin knüpft ihr Mann schließlich Kontakt zu Fluchthelfern. Ein Onkel überbringt der 24-Jährigen im Dezember 1961 die Nachricht, sich

Eight days before the Wall goes up, Waltraud Niebank, who lives in East Berlin, marries a West Berliner. The East Berlin authorities grant her an official permit to move to where her husband lives. In the belief that they will be able to return without any problem, the couple travel to her parents on 13 August 1961 to complete the final formalities regarding the move the next day. The permit is torn up before their very eyes, with the words that there is a state of war and that anything that had been allowed before is no longer valid. During a war, they are told, it is normal for married couples to be separated for long periods of time.

Lothar Niebank travels back to West Berlin; his wife has to remain in East Berlin. For months, Waltraud Niebank tries to get permission to travel to her husband. She asks at the German Red Cross, the GDR Foreign Ministry, the Soviet Embassy in East Berlin – without success. Finally, her husband makes contact with escape helpers in West Berlin. In December 1961, an uncle brings the 24-year-old woman the message that she is to go to the Pankow Cemetery with a wreath. Before Christmas, Waltraud Niebank, together with a married couple she knows,

mit Grabschmuck auf den Pankower Friedhof zu begeben. Noch vor Weihnachten gelingt Waltraud Niebank zusammen mit einem befreundeten Paar durch einen Tunnel, dessen Einstieg hinter einem Grabstein versteckt ist, die Flucht in den West-Berliner Stadtteil Schönholz.

Noch monatelang schreckt sie aus dem Schlaf auf, von Angstträumen gepeinigt. Die Flucht bleibt ein Trauma. Erst nach dem Ende der DDR kann Waltraut Niebank darüber sprechen.

Wenige Tage nach der geglückten Flucht wird der Tunnel von Grenzpolizisten entdeckt und bewacht. Zwei Frauen, die ihn am 29. Dezember 1961 benutzen wollen, gehen den Wächtern ins Netz. Sie werden wegen „Passvergehens“ zu je zwei Jahren und drei Monaten Gefängnis verurteilt.

succeeds in escaping through a tunnel – its entrance hidden behind a gravestone – to the West Berlin district of Schönholz.

Even months later, she constantly wakes up with a start, tormented by fearful nightmares. The escape remains a trauma. Only after the end of the GDR can Waltraud Niebank talk about her experiences.

The tunnel is discovered a few days later by border police and put under guard. Two women who want to use it on 29 December 1961 fall into their trap. They are each sentenced to two years and three months in prison for "passport offences".

^ Der „Friedhofstunnel“: etwa 30 Meter lang, knapp einen Meter hoch, mit Holzbrettern verschalt und Pfosten abgestützt (klein). Tunneleinstieg hinter einem Grabstein auf dem Ost-Berliner Friedhof Pankow. // The "Cemetery Tunnel": about 30 metres long, almost one metre high, supported by wooden boards and posts (small picture). Tunnel entrance behind a gravestone in the East Berlin Pankow Cemetery.

Der „Seniorentunnel“ // The “Senior Citizens’ Tunnel”

„Nicht einmal begraben möchte ich drüben sein“, sagt der 81-jährige Anführer einer zwölfköpfigen Gruppe nach der erfolgreichen Flucht durch einen Tunnel nach West-Berlin. 16 Tage lang hatte die Gruppe – die meisten im Seniorenalter – an dem 32 Meter langen und 1,75 Meter hohen Stollen gegraben, der in einem engen Hühnerstall in der Oranienburger Chaussee in Glienicke beginnt und nach Frohnau in West-Berlin führt. Auf die ungewöhnliche Höhe des Tunnels angesprochen, erklärt einer der Beteiligten: „Wir wollten mit unseren Frauen bequem und ungebeugt in die Freiheit gehen.“

“I don’t even want to be buried over there,” says the 81-year-old leader of a 12-strong group after successfully escaping by tunnel to West Berlin. For 16 days, the group – most of them elderly people – had dug out the 32-metre-long and 1.75-metre-high tunnel, which begins in a small chicken coop on Oranienburger Chaussee in Glienicke and leads to Frohnau in West Berlin. When asked why the tunnel was unusually high, one of the participants explains: “We wanted to walk to freedom with our wives, comfortably and unbowed.”

„Wir wollten mit unseren Frauen bequem und ungebeugt in die Freiheit gehen.“

“We wanted to walk to freedom with our wives, comfortably and unbowed.”

^ Sechzehn Tage lang von 6.00 Uhr bis 20.00 Uhr gegraben und 3.000 Eimer Erde aus drei Meter Tiefe hervorgezogen: Fünf der zwölf Seniorentunnel-Flüchtlinge bei einem Bummel auf dem West-Berliner Kurfürstendamm, 18. Mai 1962 (l.). „Bequem und ungebeugt in die Freiheit“ (r.). // They dig from 6 a.m. to 8 p.m. for 16 days and remove 3,000 buckets of soil from three metres underground: five of the 12 elderly escapees strolling along West Berlin’s Kurfürstendamm, 18 May 1962 (left). “Walking comfortably and unbowed to freedom” (right).

Abgebrochen – verraten – entdeckt // Aborted – betrayed – discovered

Die meisten Tunnelprojekte werden abgebrochen, verraten oder entdeckt: DDR-Grenzsoldaten legen am 13. September 1962 in Treptow einen Tunnel frei, der von der Heidelberger Straße im West-Berliner Bezirk Neukölln gegraben wurde.

Most tunnel projects are aborted, betrayed or discovered: on 13 September 1963, GDR border troops uncover a tunnel dug from Heidelberger Strasse in the West Berlin district of Neukölln.

WWW.CHRONIK-DER-MAUER.DE
> Chronik > 1962

Tunnel 29 // Tunnel 29

Am 14. und 15. September 1962 fliehen insgesamt 29 DDR-Bürger durch einen 120 Meter langen Tunnel, den rund 30 Helfer von der Bernauer Straße 78/79 (West-Berlin) in die Schönholzer Straße 7 (Ost-Berlin) gegraben haben. Zur Finanzierung des Tunnels verkaufen zwei seiner Initiatoren, die italienischen Studenten Domenico Sesta und Luigi Spina, die Filmrechte an den Tunnelgrabungen und der Ankunft der Flüchtlinge im Westen an den amerikanischen Fernsehsender NBC. Fluchthilfe als lohnendes Geschäft? Ein Teil der Tunnel-Ausheber distanziert sich davon.

On 14 and 15 September 1962, a total of 29 GDR citizens flee through a 120-metre-long tunnel built by around 30 helpers from Bernauer Strasse 78/79 (West Berlin) to Schönholzer Strasse 7 (East Berlin).To raise the money for the tunnel, the Italian students Domenico Sesta and Luigi Spina sell the film rights for the tunnel excavation and the arrival of the escapees in the West to the American television station NBC. Helping people to escape as a profitable business? Some of the tunnel-diggers want nothing to do with this idea.

^ Der Tunnel 29 – ein logistisches Meisterstück. Mitorganisator Hasso Herschel verhilft auch seiner eigenen Schwester über diesen Weg zur Flucht in den Westen. // Tunnel 29 – a logistical masterpiece. Co-organiser Hasso Herschel helps his sister to escape to the west through the tunnel, along with 28 others.

Tunnel 57 // Tunnel 57

57 Flüchtlingen gelingt am 3. und 4. Oktober 1964 die Flucht durch einen 145 Meter langen Tunnel. Doch schon in der Nacht des zweiten Fluchttages ist der Tunnel verraten. Als bei der Fortsetzung der Fluchtaktion am 5. Oktober 1964 der DDR-Grenzsoldat Egon Schultz erschossen wird, verlieren die Fluchthelfer an Sympathie in der Öffentlichkeit – zu Unrecht, wie wir heute wissen. Die DDR schlachtete den „Mord" propagandistisch aus – und unterschlug, dass nicht ein Fluchthelfer, sondern ein Grenzsoldat die tödlichen Kugeln auf Egon Schultz abfeuerte.

On 3 and 4 October 1964, 57 escapees succeed in fleeing through a 145-meter-long tunnel. But on the second day, the tunnel has already been betrayed. When the GDR border guard Egon Schultz is shot dead on 5 October 1964 during a further escape attempt, the escape helpers lose public sympathy – unjustly, as we now know. The GDR exploited this "murder" in its propaganda – and did not reveal that it was not an escape helper, but another border soldier who had fired the fatal shots at Egon Schultz.

^ Der Rekordtunnel: 57 Flüchtlingen gelingt am 3. und 4. Oktober 1964 die Flucht durch den 145 Meter langen Tunnel. Ein Fluchthelfer sichert die Umgebung des Tunneleinstiegs (o.r.). Transport nach oben aus zwölf Meter Tiefe (o.l.). // The record tunnel: 57 people escape through this 145-metre-long tunnel on 3 and 4 October 1964. An escape helper secures the surroundings of the tunnel entrance. Transport to the surface from 12 metres below ground.

Sprengstoffanschläge auf die Mauer

In der ersten Stunde des 26. Mai 1962 reißen Detonationen an der Bernauer/Ecke Schwedter Straße ein großes Loch in die Mauer. Um die Grenzpolizisten abzulenken und Personenschaden zu vermeiden, war kurz zuvor ein kleiner Sprengsatz gezündet worden. Erwartungsgemäß waren alle verfügbaren DDR-Einsatzkräfte an diese rund 300 Meter entfernte Stelle geeilt. „Täter konnten nicht festgestellt werden", heißt es in den Meldungen der West-Berliner Polizei. Anfang 1992 enthüllt der West-Berliner Polizeibeamte Achim Lazai, dass zwei Polizisten die Mauer in die Luft jagten – in Zusammenarbeit mit Fluchthelfern und mit Wissen von Senatsstellen, der Polizeiführung und des französischen militärischen Sicherheitsdienstes.

Bomb attacks on the Wall

In the first hour of 26 May 1962, explosions at the corner of Bernauer Strasse and Schwedter Strasse tear a large hole in the Wall. A small explosive had been set off shortly before to divert the border police and avoid injury to people. As expected, all available GDR forces hurried to this site, around 300 metres away. Reports from the West Berlin police state that "No offenders could be caught." At the start of 1992, the West Berlin police officer Achim Lazai reveals that two policemen blew up the Wall – in cooperation with escape helpers and with the knowledge of Senate authorities, the head of police and the French military security service. The bomb attack in Bernauer Strasse has many imitators: up to June 1963 alone, 25 attempts

^ Mauer-Sprengung in der Bernauer /Ecke Schwedter Straße, 26. Mai 1962. // Bomb attack on the Wall at the corner of Bernauer Strasse and Schwedter Strasse, 26 May 1962.

> Je massiver die Mauer und je unmenschlicher die Lage dort wurde, desto stärker wurde in mir der Drang, dagegen eine nicht zu übersehende Demonstration zu unternehmen. Der Gedanke entstand, die Mauer zu sprengen und somit ein für die ganze Welt sichtbares Zeichen zu setzen. Dieses Fanal sollte nicht nur im Westen für Aufsehen sorgen, sondern gleichzeitig den Menschen im Osten ein Zeichen der Hoffnung – Ihr seid nicht vergessen! – geben.
>
> *Hans-Joachim Lazai, 1962 Polizeioberwachtmeister, zu seinem Sprengstoffanschlag vom 26. Mai 1962*

Der Sprengstoffanschlag in der Bernauer Straße findet zahlreiche Nachahmer: 25 Sprengversuche werden allein bis Juni 1963 im Westen registriert. Der Erfolg wird geringer, und bald ist ein Todesopfer zu beklagen: Der 22-jährige Jurastudent Hans-Jürgen Bischoff kommt ums Leben, als er am 10. März 1963 in seiner Wohnung im West-Berliner Bezirk Wilmersdorf mit Sprengstoff hantiert und versehentlich eine Explosion auslöst.

Offizielle West-Berliner Stellen entziehen Sprengstoffanschlägen spätestens im Zuge der Gespräche mit der DDR-Seite über Besuchsmöglichkeiten 1963 die Unterstützung. Die Täter werden strafrechtlich verfolgt und zu Gefängnisstrafen verurteilt.

to detonate explosives at the Wall are registered in the West. The success rate declines, and soon there is a death: the 22-year-old law student Hans-Jürgen Bischoff dies on 10 May 1963 when he sets off an explosion by accident while working with explosives in his apartment in the West Berlin district of Wilmersdorf.

Official West Berlin authorities withdraw their last support for bomb attacks during talks with the GDR about the possibility of visits in 1963.

The more massive the Wall became and the more inhumane the situation there was, the stronger became my urge to carry out a conspicuous demonstration. I had the idea of blowing up the Wall and giving the entire world a visible signal. I intended this signal not just to cause a sensation in the West, but also to give the people in the East a sign of hope – you have not been forgotten!
Hans-Joachim Lazai, police sergeant in 1962, speaking about his bomb attack of 26 May 1962

^ Sprengstoffanschlag in Berlin-Kreuzberg, Zimmer- /Ecke Jerusalemer Straße, 16. Dezember 1962: Der Osten sichert den Tatort mit einer Maschinenpistole, der Westen mit einem Fotoapparat. // Bomb attack on the Wall in the Kreuzberg district of Berlin, corner of Zimmerstrasse and Jerusalemer Strasse, 16 December 1962, 9.15 p.m.: the East guards the site with a submachine gun, the West with a camera.

Flucht auf dem Fahrgastschiff „Friedrich Wolf" //

Am frühen Morgen des 8. Juni 1962 entführen 13 junge Ost-Berliner mit einem Baby an Bord den Ausflugsdampfer „Friedrich Wolf". Kapitän und Maschinist hatten sie zuvor unter Alkohol gesetzt und in ihre Kabinen unter Deck eingesperrt. Die West-Berliner Polizei – von einem Freund der Gruppe über das Fluchtvorhaben unterrichtet – liegt mit einem Einsatzkommando bereit.

Aus Treptow kommend, nähert sich das Schiff auf der Spree gegen 5.05 Uhr der Oberbaumbrücke. In Höhe des Landwehrkanals – etwa 400 Meter vor der Brücke – dreht es plötzlich bei und fährt mit voller Kraft auf die in West-Berlin gelegene Obere Schleuse zu. Drei DDR-Grenzboote verfolgen den Dampfer und nehmen ihn unter Beschuss: 135 Kugeln werden aus allen Richtungen abgefeuert, zwölf davon schlagen im Westen ein. Im Kugelhagel landet das Schiff am West-Berliner Ufer an. Unter Feuerschutz der West-Berliner Polizei springen die Flüchtlinge ans Ufer. Kapitän und Maschinist kehren auf eigenen Wunsch mit dem Dampfer nach Ost-Berlin zurück.

Fortan werden alle Fahrgastschiffe in Ost-Berlin nachts bewacht – und die Steuerräder müssen abgeschraubt und bei der Betriebsaufsicht deponiert werden.

In the early morning of 8 June 1962, 13 young East Berliners with a baby on board hijack the pleasure steamer "Friedrich Wolf". They have previously plied the captain and chief engineer with alcohol and locked them in their cabins below deck. The West Berlin police – whom a friend of the group has informed about the escape attempt – are ready with a special task force.

At about 5.05 a.m., the ship, coming from Treptow, approaches the Oberbaum Bridge on the Spree. When it reaches the Landwehr Canal – about 400 metres from the bridge – it suddenly heaves to and then sails at top speed towards the Upper Lock (Obere Schleuse) in West Berlin. Three GDR border-patrol boats pursue the steamer and open fire on it: 135 bullets are fired from all directions; twelve of them land in the West. The ship lands on the West Berlin side in this hail of bullets. The captain and engineer return to East Berlin on the steamer at their own request.

From then on, all passenger ships in East Berlin are guarded at night – and the helms have to be removed and kept under company supervision.

› Aus Richtung Treptow kommend, nähert sich das Fahrgastschiff „Friedrich Wolf" dem Osthafen (o.l.), wird von einem DDR-Grenzboot kontrolliert, fährt weiter an einer Mole vorbei, auf der DDR-Grenzpolizisten patrouillieren (o.r.), dreht hinter der Mole abrupt bei, mit voller Kraft auf das Westberliner Ufer zu (m.l.), verfolgt von Grenzbooten, die das Feuer ebenso eröffnen wie die Grenzpolizisten auf der Mole (m.r.), unter dem Gegenfeuer der West-Berliner Polizei geben die Grenzboote die Verfolgung auf (u.l.), die „Friedrich Wolf" erreicht das Westufer, alle Flüchtlinge springen unverletzt von Bord (u.r.). // Coming from Treptow, the passenger ship "Friedrich Wolf" approaches the East Harbour (Osthafen) (top left), is inspected by a GDR border-patrol boat, sails on past a harbour jetty on which GDR border police are patrolling (top right), heaves to after the jetty, sails at top speed towards the West Berlin side (middle left), is pursued by border-patrol boats, which open fire along with the border police on the jetty (middle right), the border-patrol boats give up the pursuit under counter-fire from West Berlin police (bottom left), the "Friedrich Wolf" reaches the West; all escapees jump ashore unharmed (bottom right).

WWW.CHRONIK-DER-MAUER.DE
› Chronik › 1962

Escape on the passenger ship "Friedrich Wolf"

Das qualvolle Sterben des Peter Fechter //

‹ Peter Fechter, hilflos im Todesstreifen verblutend, 17. August 1962. // Peter Fechter, helplessly bleeding to death in the death strip, 17 August 1962.

70

WWW.CHRONIK-DER-MAUER.DE
› Chronik › Opfer der Mauer › 1962

› Bergung und Abtransport des sterbenden Peter Fechter. // Retrieving the dying Peter Fechter and transporting him away.

The agonising death of Peter Fechter

Der 18-jährige Bauarbeiter Peter Fechter wird am 17. August 1962 bei einem Fluchtversuch an der Mauer angeschossen und verblutet im Grenzstreifen, da ihm weder von östlicher noch von westlicher Seite Hilfe geleistet wird. Während der Nacht und in den folgenden Tagen kommt es zu Protestkundgebungen und Krawallen empörter West-Berliner gegen die Mauer und gegen die Untätigkeit der amerikanischen Schutzmacht.

Der amerikanische Stadtkommandant, Generalmajor Albert E. Watson, bezeichnet den Vorgang am Tag darauf als „einen Akt barbarischer Unmenschlichkeit". Ab dem 21. August 1962 wird am Checkpoint Charlie ein Ambulanzwagen der Alliierten stationiert.

The 18-year-old construction worker Peter Fechter is shot near the Wall while trying to escape and bleeds to death in the border security zone, because no one from the Eastern or the Western side helps him. During the night and the days that follow, outraged West Berliners hold demonstrations and riots against the Wall and the inaction of the American protectors.

The next day, the US commandant in West Berlin, Major General Albert E. Watson, calls the event "an act of barbaric inhumanity". From 21 August 1962 on, an Allied ambulance is stationed at Checkpoint Charlie.

Flucht mit einem gestohlenen Schützenpanzer // Escape in a stolen armoured car

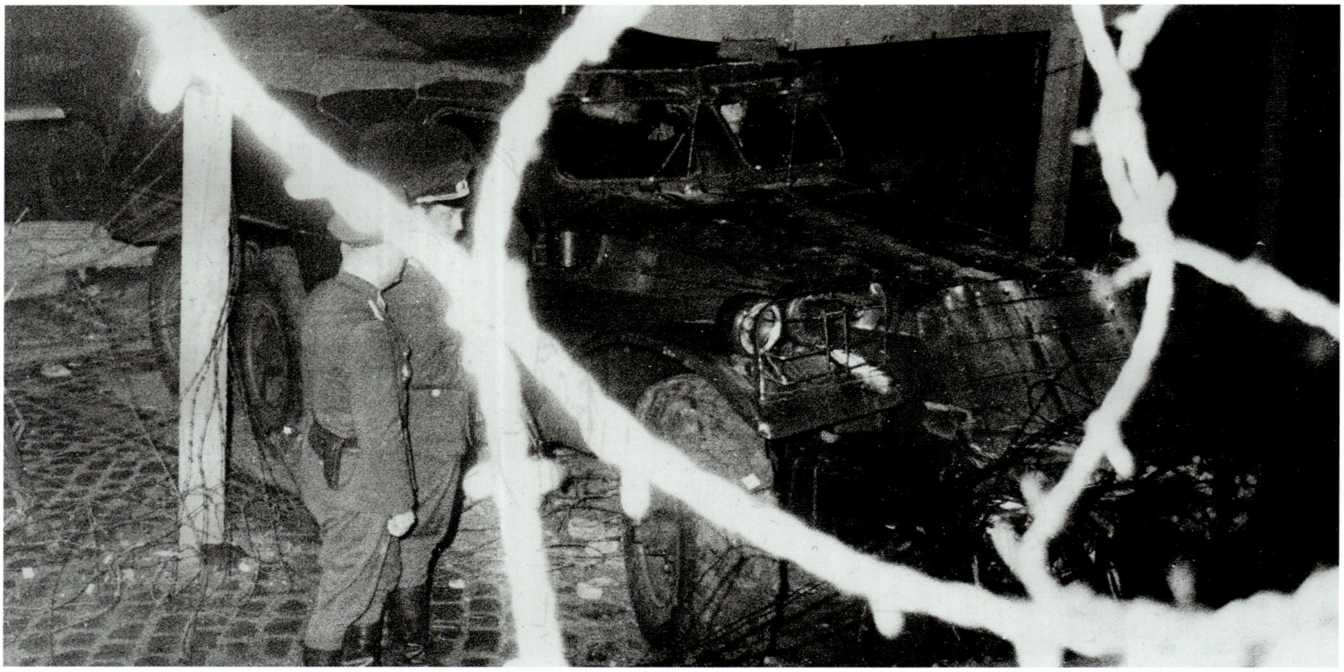

Der 19-jährige Wolfgang Engels ist gelernter Autoschlosser und Zivilangestellter der Nationalen Volksarmee. Am 17. April 1963 versucht er, mit einem gestohlenen sowjetischen Schützenpanzerwagen die Berliner Grenze zwischen Treptow und Neukölln zu durchbrechen, bleibt jedoch in der Mauer stecken. Beim Ausstieg aus dem Schützenpanzer verheddert er sich zunächst im Stacheldraht, ein Grenzsoldat nimmt ihn unter Beschuss. Wolfgang Engels wird von mehreren Kugeln getroffen. Unter Feuerschutz eines West-Berliner Polizisten gelingt es ihm mit letzter Kraft, von der Motorhaube aus über die Mauer zu klettern. Schwer verletzt wird Wolfgang Engels auf der West-Berliner Seite geborgen.

Nineteen-year-old Wolfgang Engels is a trained panel beater and a civilian employee of the National People's Army. On 17 April 1963 he tries to break his way through the Berlin border between Treptow and Neukölln in a stolen Soviet armoured personnel carrier, but becomes trapped in the Wall. Getting out of the car, he at first gets caught in the barbed wire; a border guard opens fire on him. Wolfgang Engels is hit by several bullets. Under the covering fire of a West Berlin policeman, he finally uses his last ounce of strength to climb over the Wall from the bonnet of the car. He is rescued on the West Berlin side with severe injuries.

^ Der gestohlene Schützenpanzer, 17. April 1963. // The stolen armoured car, 17 April 1963.

Der Panzer blieb in dem Loch in der Mauer stecken. Ich bin ausgestiegen und landete direkt in dem Stacheldraht, den ich mit dem Panzer zusammengezogen hatte. Und in dem Moment kommt ein Grenzsoldat. Ich habe gerufen: „Nicht schießen!“ Er schoss aber trotzdem – aus etwa fünf Meter Entfernung. Der Schuss ging in den Rücken rein und kam vorne raus.
Wolfgang Engels, 2001

The armoured car got stuck in the hole in the Wall. I got out and landed right in the barbed wire that I had dragged through with the car. And at that moment a border guard came along. I called out: "Don't shoot!" But he shot anyway – from a distance of about five metres. The bullet went in through my back and came out the front.
Wolfgang Engels, 2001

4

12. Mai 1963 // 12 May 1963

Bus-Flucht scheitert im Kugelhagel // Bus escape fails amid hail of bullets

Acht Ost-Berliner im Alter zwischen 20 und 28 Jahren versuchen am Mittag des 12. Mai 1963 mit einem gestohlenen Linien-Bus die Betonsperren des Grenzübergangs Invalidenstraße zu durchbrechen. Von allen Seiten eröffnen Grenzsoldaten das Feuer auf die Flüchtenden. 138 Schüsse zerreißen die sonntägliche Stille. Zerschossen und manövrierunfähig schleudert der Bus in die Panzermauer – nur ein Meter trennt ihn vom Westen.

^ Ein Meter fehlt bis zur Freiheit. // A metre away from freedom.

Der Fahrer des Busses, Gerd Keil, sowie die Passagiere Gerhard Becker und Manfred Massenthe werden schwer verletzt. Als sie wieder genesen sind, nimmt die DDR-Justiz Rache: Sie erhalten Zuchthausstrafen in Höhe von zehn bzw. neun Jahren. Der fehlende Meter kommt auch die anderen Flüchtlinge teuer zu stehen. Sie werden zu Gefängnisstrafen zwischen drei und siebeneinhalb Jahren verurteilt.

At midday on 12 May 1963, eight East Berliners aged between 20 and 28 try to break through the cement barriers at the Invalidenstrasse border crossing in a stolen public bus. Border soldiers open fire at the escapees. One hundred and thirty eight shots shatter the Sunday peace. Damaged and unable to manoeuvre, the bus skids into the anti-tank wall – there is only one metre between it and the West.

The driver of the bus, Gerd Keil, and the passengers Gerhard Becker and Manfred Massenthe are seriously injured. When they have recovered, the GDR judiciary takes revenge: they are given prison sentences of ten and nine years respectively. That one metre also costs the other would-be escapees dear. They are sentenced to prison terms of between three and seven and a half years.

5

Januar 1965 // January 1965

Flucht in der Kabelrolle // Escape in a cable drum

Versteckt in hölzernen Kabelrollen der Berliner Elektrizitätswerke, die von Spediteuren über die Transitstrecke in die Bundesrepublik transportiert werden, gelingt im Januar 1965 sechs Menschen die Flucht.

In January 1965, six people escape hidden in wooden cable drums belonging the Berlin Electricity Works, transported from West Berlin to West Germany by haulage contractors along the transit route.

Die Seilflucht // The rope escape

Widerstrebend war Dieter W. während des Studiums in die SED eingetreten, um Schwierigkeiten abzuwenden. Doch als der 26-jährige Maschinenbauingenieur aus Görlitz nun auch noch bedrängt wird, Mitglied der Betriebskampfgruppe zu werden, hat er genug. Aus der Wohnung von Freunden in einem Grenzhaus in Treptow wagt er am 3. März 1965 die Flucht aus der DDR. An einem Fensterkreuz im 4. Stockwerk befestigt er eine 50 Meter lange und vierfach miteinander verknüpfte Wäscheleine. Er klettert an der Wäscheleine bis zum ersten Stock herunter, stößt sich an einem Fenstersims ab, schwingt über die Mauer nach West-Berlin und springt. Dieter W. landet in Neukölln, bricht sich dabei aber den Fußknöchel.

Dieter W. reluctantly joined the SED as a student to avoid difficulties. But when the 26-year-old mechanical engineer from Görlitz is also urged to become a member of the Works Combat Group, it is too much for him. On 3 March 1965, he makes his escape from the GDR from an apartment belonging to friends on the border in Treptow. He ties a 50-metre-long clothes line knotted together four times to the crossbars of a window. He climbs down the clothes line to the first floor, kicks off from a window ledge, swings over the Wall to West Berlin and jumps. Dieter W. lands in Neukölln, but breaks his ankle in the process.

WWW.CHRONIK-DER-MAUER.DE

› Chronik › 1965

^ Flucht in der Harzer Straße von Treptow (Ost-Berlin) nach Neukölln (West-Berlin), 3. März 1965. // Escape from Treptow (East Berlin) to Neukölln (West Berlin) in Harzer Strasse, 3 March 1965.

Flucht mit einer Planierraupe // Escape by bulldozer

Mit einer 18 Tonnen schweren Planierraupe – ursprünglich zur Unkrautentfernung auf dem Todesstreifen eingesetzt – durchbrechen zwei Ehepaare zusammen mit einem dreijährigen Kind die Grenze in Staaken.

Das Führerhaus der Raupe und die Einspritzpumpe sind mit Stahlplatten gepanzert. Die Baumaschine zerstört einen Alarmzaun und walzt mehrere Drahtzäune nieder. Grenzsoldaten feuern 60 Kugeln auf die Raupe ab – zwei der Erwachsenen erleiden leichte Streifschüsse. Es ist schließlich ein Baum, der das Fahrzeug stoppt – zur Freude der Flüchtlinge steht er auf West-Berliner Gebiet.

Two married couples with a three-year-old child break through the border in Staaken using a 12-ton bulldozer – originally used to clear weeds from the death strip.

The cabin of the bulldozer and the fuel injection pump are protected by steel sheets. The vehicle destroys an alarm fence and flattens several mesh fences. Border troops fire 60 shots at the bulldozer – two of the adults are slightly grazed by bullets. Finally, the vehicle is stopped by a tree – to the joy of the escapees, it is on West Berlin territory.

^ Durch eine Stahlplatte mit kleinen Sehlöchern den lebensgefährlichen Weg über den Todesstreifen gemeistert – der Baum steht bereits auf West-Berliner Gebiet. // Finding the way across the death strip looking through a steel sheet with small peepholes – the tree is on West Berlin territory.

8

Die trojanische Kuh //

Zweimal schon hat eine „trojanische Kuh“ Fluchtwillige in den Westen getragen. Doch beim dritten Versuch fliegt der Trick mit dem Ausstellungsobjekt auf. Am Abend des 7. Juli 1969 transportieren zwei Fluchthelfer den präparierten Bullen mit einem Klein-Lastwagen über die Transitautobahn nach West-Berlin. Unterwegs steigt die 18-jährige Angelika B. aus Karl-Marx-Stadt (Chemnitz) zu, die mit ihrem West-Berliner Verlobten im Westen zusammenleben will. Sie verbirgt sich in dem hohlen Tierkörper, der in einer Holzkiste steht. Für die Flucht hat der Verlobte 5.000 D-Mark angezahlt; gelingt das Vorhaben, ist der gleiche Betrag noch einmal fällig.

Doch am Grenzübergang Drewitz wird das Versteck entdeckt, das Trio festgenommen und in die Potsdamer Stasi-Untersuchungshaftanstalt in der Lindenstraße verbracht. Die Fluchthelfer werden am 15. Oktober 1969 vom Bezirksgericht Potsdam „wegen staatsfeindlichen Menschenhandels“ zu mehr als drei Jahren Gefängnis verurteilt, Angelika B. erhält wegen versuchten „ungesetzlichen Grenzübertritts“ eine Haftstrafe von zwei Jahren und zehn Monaten. Nach vier Monaten wird sie von der Bundesrepublik freigekauft.

A “Trojan Cow” has already brought escapees to the West twice. But on a third attempt, the trick is discovered. In the evening of 7 July 1969, two escape helpers transport the bull, built as a display item, by van on the transit motorway to West Berlin. 18-year-old Angelika B. from Karl-Marx-Stadt (now Chemnitz) joins them on the way; she wants to live with her West Berlin fiancé in the West. She hides in the hollow body of the animal, which is housed in a wooden crate. Her fiancé has paid 5,000 DM for the escape; if it is successful, he will have to pay another 5,000.

But at the Drewitz border crossing, the hiding place is discovered and the trio is arrested and taken to the Stasi remand jail in Lindenstrasse in Potsdam. On 15 October 1969, the Potsdam District Court sentences the escape helpers to more than three years’ imprisonment “for subversive people trafficking”. Angelika B. is given a prison sentence of two years and ten months for attempted “illegal border crossing”. After four months she is ransomed by West Germany.

The Trojan Cow

Die Kontrolleure haben den LKW von hinten aus der Schlange geholt. Das beweist, dass die Flucht verraten war und sie auf uns gewartet haben. Sie standen dann dort mit Scheinwerfern und haben uns fotografiert.
Angelika B., 2004

The controllers picked out the van from the back of the queue. This proves that the escape had been betrayed and they were waiting for us. They stood there with spotlights and photographed us.
Angelika B., 2004

Kapitel 5 // Chapter 5

Konfrontation und Entspannung

Confrontation and Détente

Die Mauer grenzt die Einflussbereiche der Weltmächte in Europa ab.

Eine weitere Eskalation – wie die Sperrung der Verbindungswege nach Berlin – bleibt aus. Das entstehende nukleare Gleichgewicht zwischen der Sowjetunion und den USA schränkt die Handlungs- und Risikobereitschaft beider Seiten ein.

Mit dem Bau der Mauer und der Unterbindung des Flüchtlingsstroms ist für die Sowjetunion der Konfliktherd Berlin eingedämmt und die Existenz der DDR machtpolitisch gesichert. Sehr zur Enttäuschung Ulbrichts verzichtet Chruschtschow auf seine Maximalziele. Der Hauptschauplatz des Kalten Krieges verlagert sich in den 1960er-Jahren nach Asien, Afrika und Lateinamerika. Wegen ideologischer und militärischer Spannungen mit der Volksrepublik China bemüht sich die Sowjetunion, die europäische Front zu beruhigen und dem Westen eine Anerkennung des Status quo abzuringen. In der DDR ist die Mehrheit der Bevölkerung gezwungen, sich auf absehbare Zeit mit der Einmauerung und einem Leben unter der Diktatur abzufinden. Wer hofft, es werde nun eine Phase des „sozialistischen Aufbaus“ und der „Normalisierung“ beginnen und die Mauer verschwinden, sobald die DDR stabilisiert sei, wird enttäuscht. Denn an die Gestaltung eines politischen Systems, das die Mauer überflüssig machen würde, verschwendet die SED-Führung keinen Gedanken. Die Mauer ist – und bleibt bis 1989 – eine Existenzbedingung der DDR.

In der Bundesrepublik und in West-Berlin wird der Mauerbau zur „Stunde der großen Desillusion“. Er zerstört alle Hoffnungen auf einen baldigen Sturz des SED-Regimes. Mit den Passierscheinverhandlungen zwischen West-Berliner Senat und DDR-Regierung und dem Freikauf politischer Gefangener seit 1963 beginnt eine Politik der „menschlichen Erleichterungen“ und „kleinen Schritte“. Sie akzeptiert DDR-Vertreter als Verhandlungspartner und setzt nicht länger auf eine Destabilisierung der DDR. Neues Leitmotiv der Ostpolitik unter Bundeskanzler Willy Brandt wird, die „Teilung anzuerkennen, um ihre Folgen für die Menschen zu mildern“. Der Alleinvertretungsanspruch der Bundesrepublik für ganz Deutschland wird allmählich fallen gelassen. 1972 erkennt die Bundesrepublik die DDR mit dem deutsch-deutschen Grundlagenvertrag faktisch als unabhängigen Staat an und akzeptiert die Unverletzlichkeit ihrer Staatsgrenze. In politischen Grundsatzfragen bleiben unterschiedliche Auffassungen zwischen beiden deutschen Staaten bestehen: Ost-Berlin verkündet 1967 per Gesetz eine eigene DDR-Staatsbürgerschaft und entfernt 1974 alle Hinweise auf eine gemeinsame deutsche Nation aus der DDR-Verfassung. Bonn dagegen hält an einer gemeinsamen Staatsbürgerschaft aller Deutschen fest und bleibt dem Ziel der Wiedervereinigung verpflichtet. Die deutsche Einheit jedoch rückt in weite Ferne.

‹ Mauer in Berlin-Mitte, Wilhelmstraße, Ende 1961. // The Wall in Berlin-Mitte, Wilhelmstrasse, late 1961.

The Wall divides up the superpowers' spheres of influence in Europe.

No further escalation – such as blocking off the connecting routes to Berlin – occurs. The nuclear balance that arises between the Soviet Union and the USA means both sides are constrained in their actions and willingness to take risks.

With the Wall built and the flow of refugees checked, the Soviet Union feels that the trouble spot of Berlin has been brought under control and the existence of the GDR has been secured. Much to Ulbricht's disappointment, Khrushchev abandons his most ambitious objectives. The main arena of the Cold War shifts to Asia, Africa and Latin America in the 1960s. Owing to ideological and military tensions with the People's Republic of China, the Soviet Union tries to bring calm to the European front and to press for recognition of the status quo from the West. In the GDR, the majority of the population is compelled to face up to its imprisonment behind the Wall and life under a dictatorship. Anyone who has been hoping that there will now come a phase of "socialist construction" and "normalisation" and that the Wall will disappear as soon as the GDR is stabilised is disappointed. The SED leadership is not even thinking about constructing a political system that would make the Wall redundant. The Wall is – and, until 1989, remains – a condition of existence for the GDR.

In West Germany and in West Berlin, the construction of the Wall becomes the "hour of great disillusionment", destroying all hopes that the SED regime might soon fall. The border-pass negotiations between the West Berlin Senate and the GDR government and the ransoming of political prisoners from 1963 on mark the beginning of a policy of "humane alleviation" and "small steps". GDR representatives are accepted as negotiating partners and there is no more reliance on a destabilisation of the GDR. A new leitmotif of *ostpolitik* under West German Chancellor Willy Brandt is "to recognise the division in order to ease its consequences for the people." West Germany's claim to be the sole representative of all Germany is gradually dropped. In 1972, West Germany recognises the GDR as an independent state in the German-German Basic Treaty, and accepts the inviolability of its national border. The two German states continue to hold different views on various fundamental political issues: in 1967, East Berlin announces its own GDR citizenship and in 1974 it removes all references to a common German nation from the GDR constitution. Bonn, on the other hand, adheres to the idea of a common citizenship and remains committed to the goal of reunification. But German unity recedes into the distant future.

Chruschtschow und Kennedy in Berlin

Die Führer der beiden Weltmächte reisen 1963 nach Berlin: Chruschtschow nach Ost-Berlin, Kennedy nach West-Berlin. Beide besuchen die Mauer – überschreiten die Grenze jedoch nicht. Im Oktober 1962 standen sie am Rand eines nuklearen Krieges, als die Sowjetunion Mittelstreckenraketen auf Kuba stationierte – nur 90 Meilen von der Küste Floridas entfernt. Unter Androhung des Einsatzes atomarer Waffen gelang es Kennedy, Chruschtschow zum Abzug der Raketen zu bewegen. Zugleich musste er jedoch auch versprechen, amerikanische Raketen aus der Türkei abzuziehen – und das kommunistische Kuba nicht noch einmal anzugreifen. Das Kräftemessen ging unentschieden aus. In der Folge verbindet ein direkter Draht Moskau und Washington, der helfen soll, Missverständnisse und Fehldeutungen der anderen Seite zu vermeiden. Nun fordern Chruschtschow und Kennedy in Berlin von ihren deutschen Verbündeten die Anerkennung der Realitäten, um die Lage ruhig zu halten.

Auf einem SED-Parteitag in Ost-Berlin verlangt Chruschtschow am 16. Januar 1963 als Reaktion auf die ständigen Bitten Ulbrichts nach sowjetischer Hilfe eine Steigerung der Arbeitsproduktivität in der DDR. „Weder Gott noch der Teufel werden Ih-

Khrushchev and Kennedy in Berlin

In 1963, the leaders of the two superpowers travel to Berlin: Khrushchev to East Berlin, Kennedy to West Berlin. Both statesmen visit the Wall – but they do not cross the border. In October 1962 they were on the brink of nuclear war when the Soviet Union stationed medium-range missiles in Cuba – only 90 miles away from the coast of Florida. By threatening to use atomic weapons, Kennedy managed to persuade Khrushchev to withdraw the missiles. At the same time, however, he also had to promise to withdraw US missiles from Turkey – and not to attack communist Cuba again. The trial of strength ended inconclusively. Since then, a "hotline" has connected Moscow and Washington; it is meant to help avoid misunderstandings and misinterpretations by the other side. Now, in Berlin, Khrushchev and Kennedy call on their German allies to recognise the realities of the situation to keep things calm.

At an SED conference in East Berlin on 16 January 1963, Khrushchev, reacting to the constant requests by Ulbricht for Soviet help, demands an increase in productivity in the GDR: "Neither God nor the devil will give you bread or butter if you do not manage it with your own hands. [...] We must not expect alms from some rich uncle." His message is that the GDR

nen Brot oder Butter geben, wenn Sie das nicht mit Ihren eigenen Händen schaffen. [...] Wir dürfen keine Almosen von irgendeinem reichen Onkel erwarten.“ Die DDR, so lautet seine Botschaft, soll sich nach dem Mauerbau selbst helfen und wirtschaftlich stabilisieren.

Kennedy wiederum fordert in West-Berlin, den Tatsachen ins Auge zu sehen und sich von Selbsttäuschungen freizumachen: „Dem Osten dieser Stadt und dieses Landes [ist] ein Polizeistaatsregime aufoktroyiert worden. Die friedliche Wiedervereinigung Berlins und Deutschlands wird daher weder rasch erfolgen noch leicht sein. [...] Aber in der Zwischenzeit verlangt die Gerechtigkeit, dass wir tun, was wir können, um in dieser Übergangsperiode das Schicksal der Menschen auf der anderen Seite zu erleichtern und ihre Hoffnung am Leben zu erhalten.“ Der Wind der Veränderung wehe über den Eisernen Vorhang hinweg. Die westliche Politik, so sein Plädoyer, soll sich bemühen, die Folgen der Teilung für die Menschen zu lindern.

Fünf Monate später, am 22. November 1963, wird John F. Kennedy in Dallas/USA ermordet. Nikita Chruschtschow wird am 14. Oktober 1964 im KPdSU-Zentralkomitee gestürzt.

should help itself and stabilise itself economically after the construction of the Wall.

Kennedy, on the other hand, demands in West Berlin that people face up to facts and no longer fall prey to self-deception: “We all know that a police state regime has been imposed on the Eastern sector of this city and country. The peaceful reunification of Berlin and Germany will, therefore, not be either quick or easy. … But in the meantime, justice requires us to do what we can do in this transition period to improve the lot and maintain the hopes of those on the other side.” The wind of change, he says, is blowing across the Iron Curtain. He urges that Western policies should be directed at alleviating the consequences of the division for the people.

Five months later, on 22 November 1963, John F. Kennedy is murdered in Dallas, USA. Nikita Khrushchev is removed from office in the CPSU Central Committee on 14 October 1964.

Speech-Card von John F. Kennedy, 26. Juni 1963. // John F. Kennedy's speech card, 26 June 1963.

John F. Kennedy am Brandenburger Tor, 26. Juni 1963: Fahnen verhindern die Sichtmöglichkeit – in beide Richtungen. // John F. Kennedy at Brandenburg Gate, 26 June 1963: flags block the view – in either direction.

John F. Kennedy mit Konrad Adenauer und Willy Brandt auf der Westseite des Grenzübergangs Friedrichstraße (Checkpoint Charlie), 26. Juni 1963. Nikita Chruschtschow mit Walter Ulbricht (verdeckt) auf der Ostseite des Grenzübergangs Friedrichstraße (Checkpoint Charlie), 17. Januar 1963. // John F. Kennedy with Konrad Adenauer and Willy Brandt on the west side of Friedrichstrasse crossing point (Checkpoint Charlie), 26 June 1963. Nikita Khrushchev with Walter Ulbricht (covered) on the east side of the Friedrichstrasse crossing point (Checkpoint Charlie), 17 January 1963.

Staatsbesuche an der Mauer

Die Mauer wird seit den 1960er-Jahren zum politischen Wallfahrtsort: Der Westen zeigt Staatsgästen die „kommunistische Schandmauer", mit der die DDR-Bevölkerung eingesperrt wurde. Der Osten führt ihnen den „antifaschistischen Schutzwall" vor, mit dem die Imperialisten ausgesperrt wurden.

Harold Wilson, britischer Premierminister (l.), mit Willy Brandt (2.v.l.) am Potsdamer Platz, 6. März 1965. // British Prime Minister Harold Wilson (left) with Willy Brandt (2nd from left) on Potsdamer Platz, 6 March 1965.

Hamani Diori, Präsident von Niger (l.) am Potsdamer Platz, 12. März 1965. // Hamani Diori, President of Niger (left) on Potsdamer Platz, 12 March 1965.

Die amerikanischen Astronauten Neill Armstrong, Michael Collins und Edwin Aldrin an der Mauer, 13. Oktober 1969. // The US astronauts Neill Armstrong, Michael Collins and Edwin Aldrin at the Wall, 13 October 1969.

State visits to the Wall

In the 1960s, the Wall becomes a site of political pilgrimages: the West shows its state guests the "communist wall of shame" that has locked in the people of the GDR. The East shows its visitors the "anti-fascist protective wall" that has locked out the imperialists.

› Der sowjetische Kosmonaut German Titow am Brandenburger Tor, 1. September 1961. // The Soviet cosmonaut Gherman Titov at the Brandenburg Gate, 1 September 1961.

› Yasser Arafat, Chef der palästinensischen Befreiungsorganisation (4.v.r.), 2. November 1971. // Yasser Arafat, head of the Palestinian Liberation Organisation (4th from left), 2 November 1971.

› Fidel Castro, Partei- und Regierungschef von Kuba mit SED-Politbüromitglied Werner Lamberz (2.v.l.), 14. Juni 1972. // Fidel Castro, head of the Cuban Communist Party and government, with the SED Politbüro member Werner Lamberz (2nd from left), 14 June 1972.

Arrestzelle im Zuchthaus Brandenburg (Aufnahme 1989). // Cell in Brandenburg Prison (1989).

Häftlings-Freikauf

Rund 12.000 politische Häftlinge in DDR-Gefängnissen sind der Bundesregierung Anfang der 1960er-Jahre namentlich bekannt. Häufig mit Terrorurteilen der SED-Justiz belegt, besteht für sie wenig Hoffnung auf baldige Freiheit. Schon seit den 1950er-Jahren bemühen sich westdeutsche Einrichtungen um ihre Freilassung – ohne Erfolg.

1963 erklärt sich die DDR nach zähen Verhandlungen erstmals bereit, acht Häftlinge gegen eine Barzahlung von 340.000 DM an die Bundesrepublik zu verkaufen. Mit diesem Deal testen beide deutsche Staaten erfolgreich, dass die jeweils andere Seite willens und imstande ist, die Vertraulichkeit dieses Menschenhandels zu gewährleisten. Danach zeigt sich die DDR bereit, jährlich zwischen 500 und 1.500 politische Gefangene an die Bundesrepublik zu verkaufen. Verhandlungspartner auf der Ostseite ist Rechtsanwalt Dr. Wolfgang Vogel, auf der Westseite das gesamtdeutsche, später innerdeutsche Ministerium. Mit einem Bus werden die Freigekauften zumeist über den Grenzübergang

Ransoming of prisoners

At the start of the 1960s, around 12,000 political prisoners in GDR prisons are known to the West German government by name. Often given draconian sentences by the SED judiciary, they have little hope of being released any time in the near future. Since the 1950s, various West German organisations have been trying to gain their release – in vain.

In 1963, after laborious negotiations, the GDR first agrees to sell eight prisoners to West Germany for 340,000 DM in cash. With this deal, both German states successfully test whether the other side is willing and capable of keeping this human trafficking confidential. After this, the GDR indicates that it is prepared to sell between 500 and 1,500 political prisoners to the Federal Republic every year. The negotiator for the East is the lawyer Dr. Wolfgang Vogel, and for the West the all-German – later, the interior – ministry. The ransomed prisoners are usually transported from East Germany to West Germany by bus via the Herleshausen border crossing. They are constrained to com-

Doppelzelle in der Potsdamer Stasi-Untersuchungshaftanstalt Lindenstr. 54/55 (Aufnahme 2006). // Cell in the Potsdam Stasi remand prison, Lindenstrasse 54/55 (2006).

Herleshausen von Deutschland-Ost nach Deutschland-West verfrachtet. Um zukünftige Transaktionen nicht zu gefährden, wird ihnen absolutes Stillschweigen auferlegt.

Der Kopfpreis wird zunächst individuell ausgefeilscht – je nach beruflicher Ausbildung und der Höhe der verhängten Strafe. Mitte der 1960er-Jahre tritt an die Stelle eines individuellen ein Durchschnittspreis von 40.000 DM pro Häftling; bis Ende der 1980er-Jahre steigt er auf 95.847 DM an. Die Bezahlung erfolgt nicht mehr bar, sondern in Form von Warenlieferungen über das Diakonische Werk der Evangelischen Kirche. Für die DDR ist dieser Menschenhandel eine wichtige und verlässliche Devisenquelle, denn ihr politisches Strafrecht sorgt dafür, dass fortlaufend neue Häftlinge für den Verkauf zur Verfügung stehen.

95.847 DM Kopfpreis pro Häftling // 95.847 DM ransom per prisoner

plete silence so as not to endanger future transactions.

The price for each prisoner is negotiated on an individual basis – depending on their professional training and the severity of the sentence. In the mid-1960s, an average price of 40,000 DM per prisoner replaces the individual prices; by the end of the 1980s, this is raised to 95,847 DM. The payment is no longer made in cash, but in the form of goods delivered via the Social Service Agency of the German Protestant Church. For the GDR, the sale of prisoners is an important and reliable source of foreign currency, as its politically founded criminal law ensures that new prisoners are in constant supply.

Passierscheinabkommen

Ein Passierscheinabkommen zwischen dem West-Berliner Senat und den Ost-Berliner Behörden ermöglicht West-Berlinern erstmals seit dem Mauerbau wieder den Besuch ihrer Ost-Berliner Verwandten über Weihnachten und Neujahr 1963/64.

730.000 Menschen nehmen lange Wartezeiten bei der Antragstellung in Kauf und nutzen das Abkommen: 1,2 Millionen Besuche in Ost-Berlin werden zwischen dem 19. Dezember und 5. Januar registriert.

Weitere Passierscheinabkommen für Zeiträume von jeweils zwei bis drei Wochen folgen 1964, 1965 und 1966. Am 29. Juli 1966 scheitern die Verhandlungen über ein Folge-Abkommen, da die DDR die neuerliche Aufnahme der bisherigen Präambel – beide Seiten stellen fest, dass sie keine Einigung über die Orts-, Behörden- und Amtsbezeichnungen erzielen können – verweigert und eine völkerrechtliche Anerkennung verlangt. Sechs lange Jahre – bis 1972 – können West-Berliner ihre Ost-Berliner Verwandten deshalb – von Ausnahmen abgesehen – nicht besuchen.

Border-pass agreement

A border-pass agreement between the West Berlin Senate and the East Berlin authorities allows West Berliners to visit their relatives over Christmas and New Year 1963/64 for the first time since the construction of the Wall.

730,000 people put up with long processing periods and make applications: 1.2 million visits to East Berlin are registered between 19 December and 5 January.

Border-pass agreements for periods of between two and three weeks follow in 1964, 1965 and 1966. On 29 July 1966, negotiations on a further agreement break down because the GDR refuses to accept the previous preamble – both sides come to the conclusion that they cannot reach agreement on the terms for locations, authorities and offices – and demands recognition under international law. For six long years – until 1972 –, West Berliners are not allowed to visit their East Berlin relatives, apart from a few exceptions.

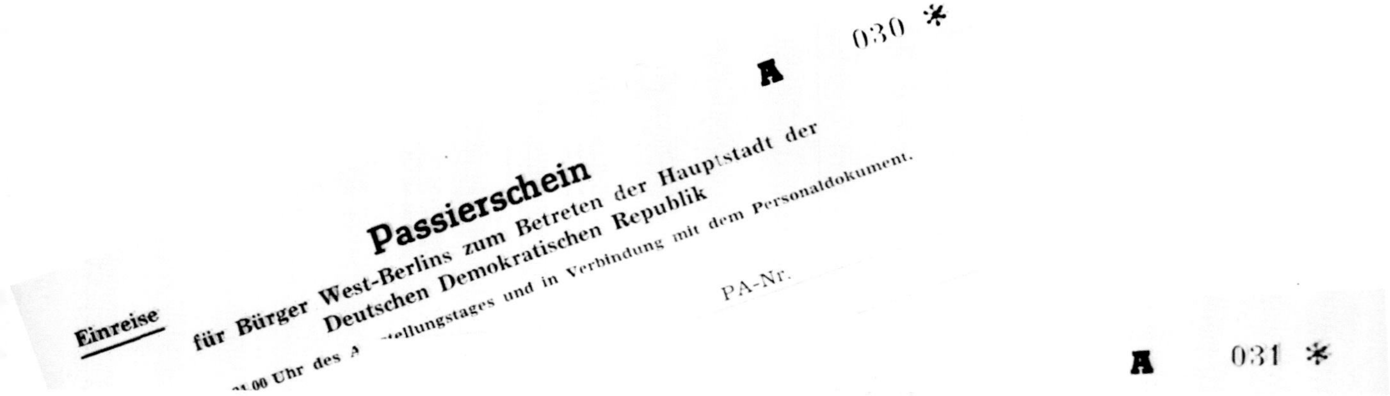

1,2 Millionen Besuche in Ost-Berlin werden zwischen dem 19. Dezember 1963 und 5. Januar 1964 registriert.//1.2 million visits to East Berlin are registered between 19 December 1963 and 5 January 1964.

> Wiedersehensfreude, Weihnachten 1963. //
An emotional reunion, Christmas 1963.

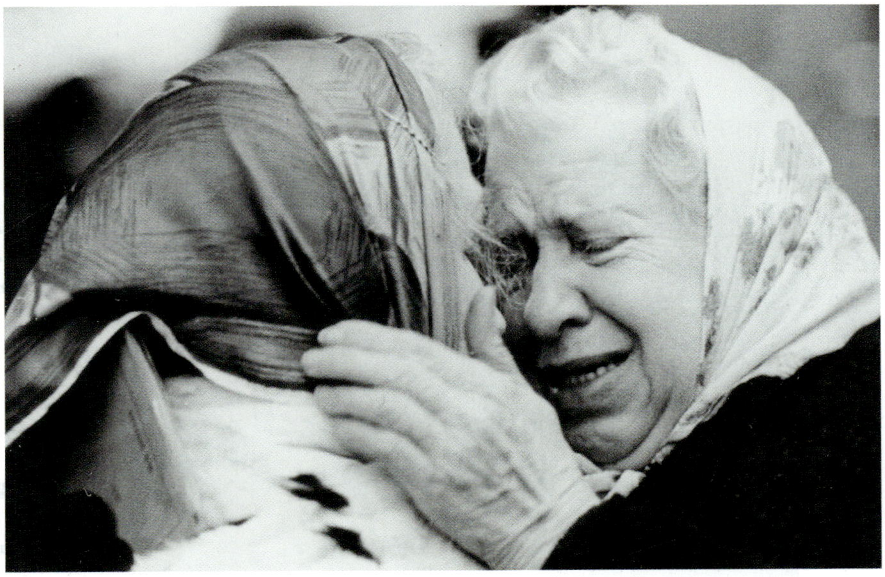

WWW.CHRONIK-DER-MAUER.DE

> Chronik > 1963 > Rias-Reportage

Deutsch-deutsches Gipfeltreffen in Erfurt

Im Zuge der amerikanisch-sowjetischen Entspannungspolitik findet am 19. März 1970 das erste deutsch-deutsche Gipfeltreffen statt. Der DDR-Ministerratsvorsitzende Willi Stoph fordert die Aufnahme völkerrechtlicher Beziehungen zwischen der DDR und der BRD; Bundeskanzler Willy Brandt dagegen beharrt auf besonderen innerdeutschen Beziehungen: Die Divergenzen sind unüberbrückbar.

Vor dem Hotel Erfurter Hof, in dem die Begegnung stattfindet, durchbrechen einige Tausend Menschen die Stasi-Absperrungen und skandieren „Willy, Willy". Dann ruft die Menge: „Willy Brandt ans Fenster!" und räumt jeden Zweifel aus, welchem Willy ihre Sympathie gilt. „Dem folgte ich nicht gleich", notierte der Gerufene später, „dann aber doch, um mit der Gestik der Hände um Zurückhaltung zu bitten. Ich war bewegt und ahnte, dass es ein Volk mit mir war. Wie stark musste das Gefühl der Zusammengehörigkeit sein, das sich auf diese Weise entlud."

Der „Zwischenfall von Erfurt" verstärkt das Misstrauen der sowjetischen Führung gegenüber der Deutschlandpolitik Walter Ulbrichts. Schon seit der Bildung der sozialliberalen Koalition in der Bundesrepublik ist in der KPdSU-Spitze der Verdacht gewachsen, dass der SED-Generalsekretär auf eine allzu enge Verbindung mit den westdeutschen Sozialdemokraten – an der Sowjetunion vorbei – orientiert sein könnte. „Was will Walter mit der Möglichkeit, durch nichts zu beweisenden Möglichkeit, der Zusammenarbeit mit der westdeutschen Sozialdemokratie, was versteht er unter der Forderung, der Regierung Brandt zu helfen? Gut, Sie wissen es nicht, ich auch nicht", klagt KPdSU-Generalsekretär Leonid Breshnew im Vier-Augen-Gespräch mit Erich Honecker. Und dann schärft er dem designierten Nachfolger Ulbrichts ein: „Erich, ich sage dir ganz offen, vergesse das nie: Die DDR kann ohne uns, ohne die SU, ihre Macht und Stärke – nicht existieren. Ohne uns gibt es keine DDR. [...] Es darf zu keinem Prozess der Annäherung zwischen der BRD und der DDR kommen."

Auf dem VIII. SED-Parteitag im April 1971 wird Ulbricht abgelöst – sein Nachfolger wird Erich Honecker. Er versichert

„Willy Brandt ans Fenster!" – Spontane Sympathiekundgebung in Erfurt für den westdeutschen Bundeskanzler, 19. März 1970. // "Willy Brandt to the window!" – spontaneous show of sympathies for the West German chancellor in Erfurt, 19 March 1970.

German-German summit in Erfurt

In the wake of the American-Soviet policy of détente, the first German-German summit takes place on 19 March 1970. The Chairman of the GDR Council of Ministers, Willi Stoph, demands the establishment of relations under international law between the GDR and the FRG; West German Chancellor Willy Brandt, on the other hand, insists on special German-German relations. The differences are irreconcilable.

In front of the Erfurter Hof Hotel, where the meeting takes place, several thousand people break through the barriers put up by the Stasi and chant "Willy, Willy". Then the crowd calls: "Willy Brandt to the window!" leaving no doubt as to which Willy is the object of their support. "I did not obey at first," Willy Brandt later wrote, "but then I did so, gesturing with my hands to call for restraint. I was moved and realised that they were one people with me. How strong the feeling of belonging must have been that found an outlet like this."

The "Erfurt incident" strengthens the mistrust of the Soviet leadership with regard to Walter Ulbricht's policies on Germany. Ever since the social-liberal coalition was formed in West Germany, the top brass of the CPSU has felt a growing suspicion that the SED Secretary-General could be oriented towards a too close connection with the West German Social Democrats – disregarding the Soviet Union. "What does Walter want with the possibility, a possibility that cannot be proven by any means, of cooperation with the West German Social Democrats; what does he understand by the demand to help Brandt's government? Well, you don't know and I don't know either!" complains CPSU General Secretary Brezhnev in a one-to-one conversation with Erich Honecker. And then he impresses on Ulbricht's designated successor: "Erich, let me tell you quite frankly, never forget this: the GDR cannot exist without us, without the Soviet Union, its power and strength. Without us there is no GDR. [...] There must not be any process of rapprochement between the FRG and the GDR."

At the Eighth SED Party Congress in April 1971, Ulbricht is relieved of his duties – his successor is Erich Honecker. Honecker

Breshnew umgehend, „dass wir fest auf der Position der völligen Klassenabgrenzung gegenüber der imperialistischen BRD stehen, so wie wir dies vereinbart haben." Wirtschaftlich werde die SED die Linie der Unabhängigkeit von der Bundesrepublik fortsetzen, um nicht in politische Abhängigkeit zu geraten.

Drei Abkommen ebnen schließlich den Weg für eine Vertragspolitik zwischen beiden deutschen Staaten:

Am 12. August 1970 unterzeichnen die Bundesrepublik Deutschland und die Sowjetunion in Moskau einen Vertrag über Gewaltverzicht und Normalisierung der Beziehungen. Darin verzichten beide Staaten auf Gebietsansprüche und erklären, „künftig die Grenzen aller Staaten in Europa als unverletzlich (zu betrachten) [...], einschließlich der Oder-Neiße-Linie [...] und der Grenze zwischen der Bundesrepublik Deutschland und der Deutschen Demokratischen Republik". Außenminister Walter Scheel erklärt danach im sogenannten „Brief zur deutschen Einheit", der zum Bestandteil des Vertragswerkes wird, dass „der Vertrag nicht im Widerspruch zu dem politischen Ziel der Bundesrepublik Deutschland steht, auf einen Zustand des Friedens in Europa hinzuwirken, in dem das deutsche Volk in freier Selbstbestimmung seine Einheit wiedererlangt".

Im Warschauer Vertrag mit Polen vom 7. Dezember 1970 erkennt die Bundesrepublik die Oder-Neiße-Linie als Westgrenze Polens an.

Am 3. September 1971 unterzeichnen die USA und die UdSSR, Großbritannien und Frankreich schließlich das Viermächte-Abkommen über Berlin. Auf der Grundlage des fortbestehenden Viermächtestatus für ganz Berlin werden die Rechte und Verantwortlichkeiten der drei Mächte für die Westsektoren Berlins und die Bindungen zwischen den Westsektoren Berlins und der Bundesrepublik bestätigt. Die Sowjetunion gewährleistet, dass der zivile Verkehr zwischen West-Berlin und der Bundesrepublik künftig einfach und schnell sowie ohne Behinderungen stattfinden kann. Die Vereinbarung konkreter Regelungen wird den zuständigen deutschen Behörden übertragen.

immediately assures Brezhnev "that we remain firmly in a position of complete class dissociation from the imperialist FRG, as we agreed." He says the SED will continue with the line of economic independence from West Germany so as not to end up being politically dependent.

Finally, three agreements pave the way for a treaty policy between the two German states:

On 12 August 1970, in Moscow, the Federal Republic of Germany and the Soviet Union sign a treaty on the renunciation of force and the normalisation of relations. In the treaty, both states give up territorial claims and agree "[to consider] the borders of all states in Europe to be inviolable in the future [...] including the Oder-Neisse line [...] and the border between the Federal Republic of Germany and the German Democratic Republic." West German Foreign Minister Walter Scheel afterwards explains in the so-called "Letter on German Unity", which becomes a part of the treaty, that the "treaty does not contradict the political aim of the Federal Republic of Germany to work towards a state of peace in Europe in which the German people will be able to regain their unity in free self-determination."

In the Treaty of Warsaw with Poland on 7 December 1970, West Germany recognises the Oder-Neisse line as the western border of Poland.

On 3 September 1971, the USA and the USSR, Great Britain and France finally sign the Four-Power Agreement on Berlin. On the basis of the continuing four-power status for all of Berlin, the rights and responsibilities of the three powers for the West sectors of Berlin and the connections between the West sectors of Berlin and the Federal Republic are confirmed. The Soviet Union guarantees that civilian traffic between West Berlin and West Germany will be able to pass easily and quickly without hindrance in future. The agreement of concrete regulations is left up to the relevant German authorities.

Mit einem Kniefall gedenkt Willy Brandt am 7. Dezember 1970 in Warschau der Opfer des von den Deutschen niedergeschlagenen Ghettoaufstandes im Jahr 1943. // Going down on his knees in Warsaw on 7 December 1970, Willy Brandt honours the victims of the Warsaw Ghetto Uprising, crushed by the Germans in 1943.

Kapitel 6 // Chapter 6

Die Perfektionierung des Sperrsystems

Perfecting the Barrier System

Jahr für Jahr werden die Sperranlagen mitten durch Berlin weiter ausgebaut. Ihre Bewachung erfolgt seit 1962 nach militärischen Prinzipien – durch die Grenztruppen der DDR. Neben Sperranlagen und Grenzposten sind Schüsse auf Flüchtlinge der dritte Eckpfeiler der militärischen Grenzsicherung.

Year by year, the barrier system through the middle of Berlin is made more sophisticated. From 1962, it is guarded according to military principles: by the border troops of the GDR. Along with the barriers and guards, the third element in the military protection of the border is shooting at escapees.

Vorherige Seite: Berlin-Mitte, Wilhelmstraße /Niederkirchnerstraße, August 1962. // Berlin-Mitte, Wilhelmstrasse /Niederkirchnerstrasse, August 1962.

Hochsitz zur Jagd auf Flüchtlinge im Todesstreifen zwischen Kreuzberg und Friedrichshain, Oktober 1963. // Raised hunting hide for spotting escapees in the death strip between Kreuzberg and Friedrichshain, October 1963.

Im ersten Jahr der Mauer unterstehen die Berliner Grenzbrigaden noch dem DDR-Innenministerium. Ihre mangelnde Disziplin ist der SED-Führung ein Ärgernis. Tag für Tag gelingen mehrere Fluchten; allein 77 Grenzpolizisten setzen sich 1962 in den Westen ab. Nicht alle Grenzbewacher hätten erkannt, heißt es im Nationalen Verteidigungsrat, dass „Grenzverletzer in jedem Fall als Gegner gestellt, wenn notwendig vernichtet“ werden müssten. Aufforderungen aus dem Westen wie „Triff daneben – werde nicht zum Mörder“ zeigten durchaus Wirkung.

Im August 1962 werden die Berliner Grenzeinheiten dem Ministerium für Nationale Verteidigung unterstellt. Fortan werden die Grenzsoldaten auf Befehl und Gehorsamkeit getrimmt und militärisch ausgebildet. Die Zusammenarbeit der Grenztruppen mit Staatssicherheit und Volkspolizei wird verbessert, um Fluchtvorhaben schon im Planungsstadium erkennen und vereiteln zu können. Die Stasi schleust hauptamtliche Mitarbeiter in die Grenztruppen ein und gewinnt inoffizielle Mitarbeiter, um Fahnenfluchten zu verhindern. Im Grenzgebiet werden Kollaborateure („freiwillige Helfer“) angeworben, die bei der Kontrolle und Überwachung der dort wohnenden Menschen behilflich sind – mehr als 600 solcher „Helfer“ gibt es Mitte der 1980er-Jahre.

Auch der Ausbau der Sperranlagen erfolgt seit Mitte der 1960er-Jahre nicht mehr behelfsmäßig, sondern nach einheitlichen militärischen Plänen. Elemente der Sperranlagen wie Betonplatten und Wachtürme gehen in die industrielle Serienproduktion. Bis Ende der 1960er-Jahre entsteht ein nahezu unüberwindbares Grenzsicherungssystem.

Installation elektrischer Alarmzäune, 1964. // Installing electric alarm fences, 1964.

In the first year of the Wall's existence, the Berlin border brigades are under the command of the GDR Interior Ministry. Their lack of discipline is a source of irritation to the SED leadership. Every day, several escapes succeed; 77 border policemen alone cross to the West in 1962. The National Defence Council notes that not all border guards have recognised that "border violators [should be] captured as enemies at all costs, and if necessary exterminated." Calls from the West like "Shoot to miss – don't become a murderer" are said to have had their effect.

For this reason, in August 1962 the Berlin border units are put under the command of the Ministry for National Defence. From now on, the border troops are drilled to obey orders and given military training. The cooperation between the border troops and the Stasi and People's Police is improved so that escape attempts can be found out and prevented at the planning stage. The Stasi has full-time staff infiltrate the border troops and recruits "unofficial employees" to prevent desertions. In the area near the border, collaborators ("voluntary helpers") are found who help watch over the people living there.

From the mid-1960s, the extension of the border barriers is no longer carried out in makeshift fashion, but according to standardised military plans. Elements of the system such as concrete slabs and watchtowers are produced on an assembly line. By the end of the 1960s, start of the 1970s, a nearly impregnable border security system has been created.

› „Rundumleuchte" zur Anzeige einer Auslösung des Alarmzaunes. // 360-degree lamp for spotlighting breaches of the alarm fence.

⌄ Verlegung von Dornenmatten („Stalinrasen"). // Installing spiked gratings ("Stalin's lawn").

⌄ Streckmetallgitterzäune ersetzen Stacheldraht (1965). // Replacing barbed wire with wire mesh fencing (1965).

Vier Generationen Mauer

Auf die Mauer der ersten und zweiten Generation (aus Hohlblocksteinen bzw. Straßenbauplatten) folgt in der zweiten Hälfte der 1960er-Jahre die Mauer der dritten Generation in Plattenbauweise.

Seit Mitte der 1970er-Jahre wird die Mauer der vierten Generation errichtet. Sie besteht aus industriell gefertigten, senkrecht aufgestellten Betonsegmenten, die zuvor schon in der Landwirtschaft verwendet wurden: als Lagerwände für Gülle.

Four generations of the Wall

The first and second generations of the Wall (made from breezeblocks or concrete slabs for road construction) are followed, in the second half of the 1960s, by the Wall of the third generation built of prefabricated slabs.

From the mid-1970s, the fourth-generation Wall is built. It consists of industrially produced, vertically erected concrete segments, which were previously used in agriculture: as walls for storing liquid manure.

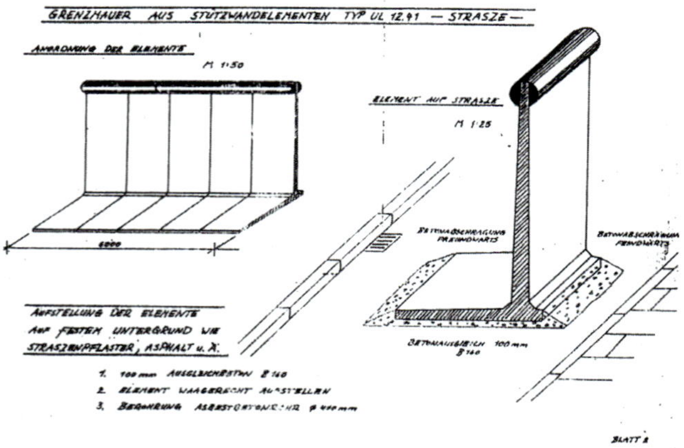

^ Zwischen Kreuzberg und Friedrichshain, 1966 (o.l.). Am Wedding, Wolliner Straße, 1976 (o.r.). // Between Kreuzberg and Friedrichshain, 1966 (top left). Wedding, Wolliner Strasse, 1976 (top right).

> Zwischen Wedding und Mitte, Bernauer Straße, 1980 (oben). Zwischen Kreuzberg und Friedrichshain, 1980 (unten). // Between Wedding and Mitte, Bernauer Strasse, 1980 (top). Between Kreuzberg and Friedrichshain, 1980 (bottom).

Waldemarstraße

Die Sperranlagen

Von Ost nach West beginnt der zwischen 15 und mehr als 150 Meter breite Todesstreifen mit einer zwei bis drei Meter hohen „Hinterlandmauer" oder einem „Hinterlandsperrzaun". Es folgt in kurzer Entfernung ein gut zwei Meter hoher Alarmzaun. Dieser „Kontakt-Signalzaun" ist mit mehreren Draht-Reihen versehen, die unter elektrischer Spannung stehen und bei Berührung akustische und/oder optische Signale aussenden. Die technisch ausgereifteren Versionen dieses Zauns, wie der „Grenzsignal- und Sperrzaun II", werden fünfzig Zentimeter tief ins Erdreich versenkt, um ein Unterkriechen zu verhindern. Der Alarm wird an den modernen Zaunanlagen „still" ausgelöst: Während der Flüchtling sich noch sicher wähnt, ist er im Führungspunkt des Grenzabschnitts bereits lokalisiert.

Parallel zum Signalzaun wird an unübersichtlichen Stellen eine Laufanlage für Kettenhunde installiert.

Dann folgt der Abschnitt, in dem die Beobachtungstürme und Erdbunker der Grenzsoldaten stehen und ein „Kolonnenweg" für die motorisierten Streifendienste angelegt ist. Zumeist am Kolonnenweg entlang verläuft der Kabelschacht für das Grenzmeldenetz. Eine Lichttrasse taucht den Todesstreifen in helles Licht, sodass auch nachts günstige Sicht- und Schussverhältnisse gewährleistet sind.

Letztes Hindernis vor der Mauer ist der Kfz-Sperrgraben, der von der DDR-Seite schräg abfällt, zur Grenzseite hin dagegen senkrecht ausgehoben und teilweise mit Betonplatten verstärkt ist.

Den Abschluss dieses Sperrsystems bildet eine 3,50 bis 4,00 Meter hohe und 10 Zentimeter dicke Betonmauer mit einer Rohrauflage, die es erschweren soll, beim Übersteigen mit den Händen Halt zu finden; an manchen Stellen wird ihre Funktion auch von einem 2,90 Meter hohen, engmaschigen Streckmetallgitterzaun erfüllt.

The barrier system

From east to west, the death strip, between 15 and more than 150 metres in width, begins with a two-to-three-metre-high so-called "hinterland" barrier, the wall or fence nearest to East Berlin territory. An electrified signal fence, a good two metres high, follows at a short distance. This "contact fence" is equipped with several rows of wires that are live and send out acoustic and/or optical signals. The more technically developed versions of this fence, like the "Grenzsignal- und Sperrzaun II", are driven fifty centimetres deep into the soil to make it more difficult to crawl underneath. In the modern fence systems, the alarm triggered is a silent one: while escapees think they are still safe, they have already been located by the command centre for that segment of the border.

Parallel to the signal fence, there are runs for chained dogs in spots that are hard to watch over.

Then comes the segment with the watchtowers and bunkers for the border soldiers and a patrol route for the motorised patrols. The cable duct for the border communication system mostly runs alongside the patrol route. A line of lights brightly illuminates the death strip so that the guards have good visibility and good shooting conditions at night as well.

The last obstacle before the Wall is the anti-vehicle trench, which slants down away from the GDR side but is vertical on the side of the border and partly reinforced with cement slabs.

The final element in this system of barriers is a concrete wall, 3.5-to-4-metres high and ten centimetres thick, with a pipe on top that is meant to make it more difficult to find handholds when climbing over; its function is sometimes taken over by a 2.9-metre-high mesh fence.

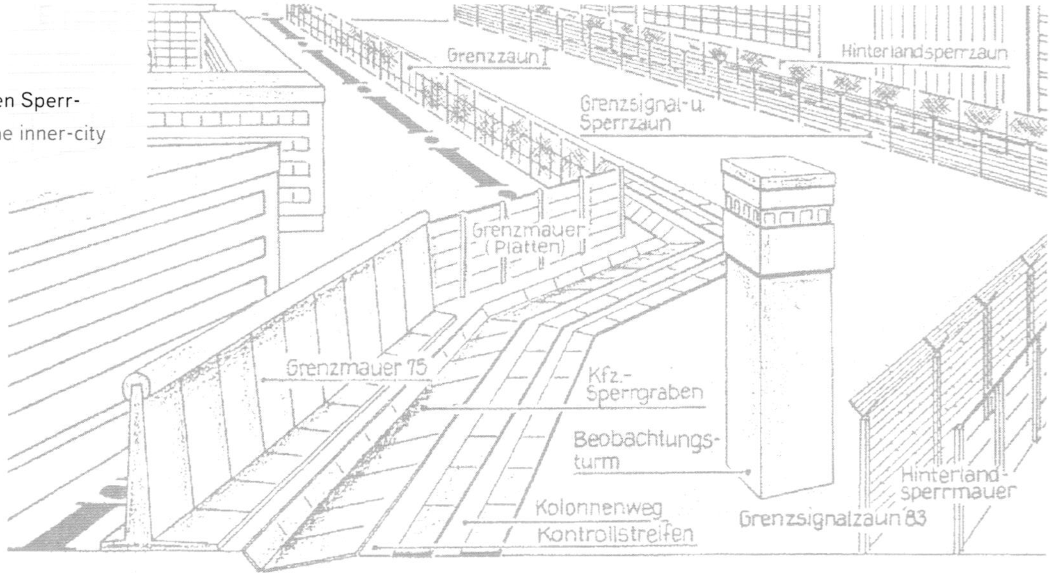

> Schema der innerstädtischen Sperranlagen, 1988. // Plan of the inner-city barrier system, 1988.

Die Kosten der Berliner Mauer

Rund 100 Mio. DDR-Mark kosten allein die Sperranlagen, die in Berlin bis 1970 errichtet werden – die Personalkosten für ihre Bewachung kommen hinzu.

Wie viele Milliarden die Mauer bis 1989 verschlungen hat, ist bis heute nicht bekannt. Die intern ausgewiesenen jährlichen Ausgaben für die DDR-Grenztruppen insgesamt steigen von 600 Mio. Mark im Jahr 1970 auf knapp eine Mrd. Mark 1983. Im Frühjahr 1989 machen Ökonomen der Grenztruppen eine groteske Rechnung auf: Sie teilen die Kosten für die Grenze durch die Anzahl der Festnahmen und stellen fest, dass jede Verhaftung 2,1 Millionen Mark kostet. Den Wert eines durchschnittlichen Werktätigen veranschlagen sie auf 700.000 Mark. Die Kosten für eine Festnahme seien somit dreimal so hoch wie der Wert des Gefangenen. Die Grenzsicherung, so ihre Schlussfolgerung, müsse billiger werden.

Die Berliner Grenzsicherung ist Teil des umfassenden (geheim-)polizeilich-militärischen Komplexes, dessen immense Kosten die DDR in den 1980er-Jahren maßgeblich in den Bankrott treiben. Kein anderes Land im Ostblock verwendet einen höheren Anteil des Nationaleinkommens für Militärausgaben als die DDR; pro Kopf der Bevölkerung sind sie in den 1980er-Jahren mit 957 Mark dreimal höher als in der Sowjetunion (322 Mark).

Bei einer Bevölkerung von knapp 17 Millionen Menschen stehen in der DDR einschließlich der sowjetischen Truppen fast eine Million Männer unter Waffen.

PREISLISTE FÜR SPERRELEMENTE // PRICELIST OF SELECTED BARRIER ELEMENTS

	PER KM
Grenzmauer-75 Border wall-75	ca. 640.000 DDR-Mark ca. 640,000 GDR marks
Grenzmauer – Plattenbauweise Border wall – concrete slab construction	ca. 232.300 DDR-Mark ca. 232,300 GDR marks
Grenzsignalzaun 83 Signal fence-83	ca. 127.200 DDR-Mark ca. 127,200 GDR marks
Grenzsignal- und Sperrzaun II Signal and barrier fence II	ca. 151.800 DDR-Mark ca. 151,800 GDR marks
Hundelaufanlage 83 Dog run-83	ca. 18.600 DDR-Mark ca. 18,600 GDR marks
Beobachtungsturm BT-9/Stück Watchtower BT-9/ea	ca. 65.000 DDR-Mark ca. 65,000 GDR marks

Stand November 1989

Costs of the Wall

The barrier systems put up in Berlin until 1970 alone cost around 100 million GDR-marks – which does not include the personnel costs for their surveillance.

To this day, it is not known how many billions the Wall swallowed up until 1989. Internal records on the total annual expenditure for GDR border troops show it climbing from 600 million marks in 1970 to almost one billion marks in 1983. In the spring of 1989, economists for the border troops draw up a grotesque calculation: they divide the costs for the border by the number of arrests and discover that each arrest costs 2.1 million marks. They estimate the value of an average working person at 700,000 marks. The cost of an arrest is thus three times as high as the value of the prisoner, they reason. They conclude that securing the border had to be made cheaper.

Guarding the border in Berlin is part of a large (secret) police and military complex, the immense cost of which helps drive the GDR into bankruptcy in the 1980s. No other Eastern Bloc country uses a higher proportion of its national income for military expenditure than the GDR; it amounts to 957 marks per capita in the 1980s, three times as high as in the Soviet Union (322 marks).

From a population of just under 17 million people, almost a million men are in the armed forces in the GDR, including the Soviet troops.

DIE GRENZTRUPPEN ALS TEIL DER (GEHEIM-)POLIZEILICH-MILITÄRISCHEN DIKTATUR // THE BORDER TROOPS AS PART OF THE (SECRET) POLICE AND MILITARY DICTATORSHIP

Bewaffnete Organe // Armed Bodies	Personelle Stärke // Number of Personnel
Nationale Volksarmee National People's Army	173.000 173,000
Grenztruppen Border troops	50.000 50,000
Ministerium für Staatssicherheit Ministry for State Security	91.000 91,000
Deutsche Volkspolizei German People's Police	60.000 60,000
Betriebs-Kampfgruppen Combat Groups	209.000 209,000
Zwischensumme **Subtotal**	**583.000** **583,000**
Sowjetische Streitkräfte in der DDR Soviet Armed Forces in the GDR	350.000 350,000
Gesamt TOTAL	933.000 933,000

Stand November 1989

Grenzsoldaten: Arbeitsbeginn im Todesstreifen – je zwei Grenzposten bewachen sich auch gegenseitig. (Aufnahmen: 1980er-Jahre). // Border soldiers starting work on the death strip – every two soldiers guard each other (1980s).

Die Grenztruppen

Die Grenzeinheiten, denen die Sicherung der 156,4 Kilometer langen Berliner Mauer obliegt, unterstehen seit 1971 dem „Grenzkommando Mitte" mit Sitz in Berlin-Karlshorst. Zusammen mit den für die innerdeutsche Grenze zuständigen Grenzkommandos Süd und Nord ist es dem insgesamt rund 50.000 Mann starken Kommando der Grenztruppen unterstellt.

Das Grenzkommando Mitte zählt 1989 rund 11.500 Mann: knapp 2.400 Berufsoffiziere – fast alle Mitglieder der SED –, 1.700 Unteroffiziere auf Zeit sowie 7.200 Wehrpflichtige. Drei seiner sieben Grenzregimenter liegen in Berlin, vier im Bezirk Potsdam. Zwei Ausbildungsregimenter – am Rand von Berlin in Oranienburg und Wilhelmshagen stationiert – bilden die Grenzsoldaten im Grundwehrdienst aus. Alle neun Regimenter sind je 1.000 bis 1.400 Mann stark.

Die Sicherung der Grenze erfolgt in einem sechs- bis zehnstündigen Dienst, in dem die fünf Kompanien eines Grenzregiments aufeinanderfolgend zum Einsatz kommen. Rund 100 Mann bewachen die zwischen 12,7 km (Grenzregiment-35) und 29,8 Kilometer (Grenzregiment-38) langen Grenzabschnitte.

Der Abstand zwischen den Grenzposten beträgt in der Stadtmitte tagsüber durchschnittlich 320 Meter, nachts 260 Meter; bei verstärkter Grenzsicherung wird die Distanz zwischen den Posten am Tage auf 260 Meter und in der Nacht auf 150 Meter

The border troops

From 1971, the border units responsible for securing the 156.4-kilometre-long Berlin Wall are under the command of the Centre Border Command, headquartered in the Karlshorst district of Berlin. Together with the Border Commands South and North, responsible respectively for the inner-German border, it is under the command of the 50,000-strong Border Troop Command.

In 1989, the Centre Border Command is made up of around 11,000 soldiers: some 2,400 regular officers – mostly members of the SED – 1,700 non-commissioned officers on temporary contracts and 7,200 conscripts. Three of its seven border regiments are stationed in Berlin, four in the Potsdam district. Two training regiments stationed on the edge of Berlin in Oranienburg and Wilhelmshagen – train the border soldiers during basic military service. All nine regiments are made up of 1,000 to 1,400 soldiers each.

Guarding the border is carried out in six to ten-hour shifts, with the five companies of a border regiment on duty one after the other. Around 100 men guard the border segments, between 12.7 km (Border Regiment 35) and 29.8 km (Border Regiment 38) long. The distance between the sentries in the middle of the city is 320 metres on average during the day, and 260 metres at night; where border control is tighter, the distance between the sentries is reduced to 260 metres during the day and 150 metres

^ Vormarschübung und Panzernahkampf der DDR-Grenztruppen in einer Ortskampfanlage: West-Berlin in 24 Stunden erobern (Aufnahmen: 1980er-Jahre). // GDR border troops practising military advance and close-range tank combat on an urban terrain range: conquering West Berlin in 24 hours (1980s).

verringert. Im Bereich Potsdam stehen die Posten weiter auseinander: zwischen 560 und 950 Meter am Tag und 400 bis 650 Meter bei Nacht und bei verstärkter Grenzsicherung.

Das Grenzkommando Mitte und seine Regimenter verfügen nicht nur über 2.295 Kraftfahrzeuge, 10.726 Maschinenpistolen, 600 leichte und schwere Maschinengewehre, 2.753 Pistolen, 29 Grenzsicherungsboote und 992 Fährten-, Schutz- und Wachhunde. Sie sind zugleich mit schwerer Bewaffnung und Technik ausgerüstet: 567 Schützenpanzerwagen, 48 Granatwerfern, 48 Panzerabwehrkanonen, 114 Flammenwerfern, 682 Panzerbüchsen, 156 gepanzerten Fahrzeugen und schwerer Pioniertechnik.

Denn neben der Fluchtabwehr hat das Grenzkommando Mitte eine weitere Aufgabe: Die Eroberung von West-Berlin im Kriegsfall, gemeinsam mit sowjetischen Streitkräften und Einheiten der Nationalen Volksarmee („Berliner Gruppierung") – laut Plan innerhalb von 24 Stunden. In Kriegsspielen üben die Stäbe deshalb regelmäßig den Angriff auf West-Berlin – und die Einheiten der Grenzregimenter werden für Kriegshandlungen ausgebildet.

at night. In the Potsdam area, the sentries stand further apart: between 560 and 950 metres during the day, and 400 to 650 at night and when tighter controls are in place.

The Central Border Command and its regiments are equipped with 2,295 vehicles, 10,726 submachine guns, 600 light and heavy machine guns, 2,753 pistols, 29 border-security boats and 992 tracker and guard dogs. But they are also provided with heavy weapons and technology: 567 armoured halftracks, 48 mortars, 48 anti-tank guns, 114 flamethrowers, 682 anti-tank rifles, 156 armoured cars and heavy field engineering equipment.

For, in addition to securing the border, the Central Border Command has another responsibility: to take over West Berlin if war breaks out, together with Soviet armed forces and units of the National People's Army ("Berliner Gruppierung") – within 24 hours, according to plans. For this reason, staff officers regularly practise the capture of West Berlin in war games – and the units of the border regiments are trained for war operations.

Der Schießbefehl – Lizenz zum Töten

Todesschüsse auf Flüchtlinge sind neben der allgemeinen Überwachung, der Vorfeldsicherung durch Stasi und Volkspolizei, schwer überwindbaren Sperranlagen und einer dichten Staffelung von Grenzposten der entscheidende Eckpfeiler des DDR-Grenzregimes. Nur die Androhung der Todesstrafe – und in letzter Konsequenz deren Vollstreckung – bietet dem SED-Regime ausreichend Gewähr, Fluchten dauerhaft zu unterbinden. In den nach 1990 eingeleiteten Strafverfahren wegen der Todesschüsse auf Flüchtlinge bestritten die Mitglieder der ehemaligen politischen und militärischen Führung der DDR vehement, dass es jemals einen Schießbefehl gegeben habe. Formaljuristisch betrachtet muss ihnen Recht gegeben werden, denn die Gesetze, Dienstvorschriften und Befehle zum Schusswaffengebrauch begründeten lediglich einen „Erlaubnistatbestand“, nicht jedoch die Verpflichtung zum Todesschuss.

Doch Recht und Gesetz sind in der DDR der politischen Opportunität unterworfen. Politische Strafgesetze, die Fluchtversuche unter bestimmten Bedingungen als Verbrechen definieren, eine ideologische Indoktrination, die junge Soldaten zum bedingungslosen Hass auf den „Grenzverletzer“ erzieht, Belobigungen und Prämien für Todesschützen rücken die „Erlaubnis“ nahe an die Pflicht.

„Wer unsere Grenze nicht respektiert, der bekommt die Kugel zu spüren.“

DDR-Verteidigungsminister Heinz Hoffmann, August 1966

The “order to shoot” – license to kill

Along with nearly insurmountable barriers and a dense deployment of border guards, shooting to kill escapees is the third and decisive element of the GDR border regime. The only adequate way for the SED regime to prevent escapes in the long term is to threaten the death penalty – and to carry it out if necessary. In the trials that began in 1990s in connection with the fatal shootings of escapees, the members of the former political and military leadership of the GDR vehemently denied that there had even been an “order to shoot”. In a strict legal sense, they were right, as the laws, regulations and orders regarding the use of firearms only provided permission, and did not impose an obligation, to deliver fatal shots.

But laws in the GDR are subject to political opportunism. Politically motivated penal laws that define escape attempts under certain circumstances as an offence, ideological indoctrination that teaches the young soldiers to feel unconditional hate for the “border violators”, and commendations and bonuses for people who fired fatal shots make “permission” almost tantamount to an obligation.

“Anyone who does not respect our border will feel the bullet.”

GDR Defence Minister Heinz Hoffmann, August 1966

› Herzsteckschuss: Von der Stasi archivierte Kalaschnikow-Kugel, mit der Christian Buttkus am 4. März 1965 getötet wurde. Der 21-Jährige versuchte mit seiner Verlobten von Kleinmachnow nach West-Berlin zu fliehen. // Lodged in the heart: the Kalashnikov bullet archived by the Stasi, which killed Christian Buttkus on 4 March 1965. The 21-year-old was attempting to escape to West Berlin from Kleinmachnow with his fiancée.

❯ Kurz vor dem Ziel von der Leiter geschossen: Marinetta Jirkowski, getötet am 22. November 1980. // Shot on a ladder at the last minute: Marinetta Jirkowski, killed on 22 November 1980.

❮ Maschinenpistole Kalaschnikow AK 47, Kurvenmagazin mit 30 Schuss Munition, treffsicher mit Einzel- und Dauerfeuer auf 300-400 Meter. // Kalashnikov AK-47 submachine gun, 30-round detachable box magazine, effective semi-automatic and fully automatic range of 300-400 metres.

„Grenzverletzer sind festzunehmen oder zu vernichten" – mit diesem Befehl werden die DDR-Grenzsoldaten bis in die 1980er-Jahre tagtäglich auf ihren Posten in den Todesstreifen geschickt. Nach wie vor, so Erich Honecker 1974, „muss bei Grenzdurchbruchsversuchen von der Schusswaffe rücksichtslos Gebrauch gemacht werden, und es sind die Genossen, die die Schusswaffe erfolgreich angewandt haben, zu belobigen".

Passt es der SED-Führung dagegen politisch nicht ins Konzept, dass an der Grenze geschossen wird – etwa im Umfeld von internationalen Veranstaltungen oder Staatsbesuchen, bei denen die DDR im Rampenlicht steht –, wird der Schießbefehl für kurze Zeit außer Kraft gesetzt.

Proteste gegen die Tötung von Flüchtlingen finden in der SED-Spitze umso mehr Beachtung, je stärker die DDR um internationale Anerkennung buhlt und in den 1980er-Jahren schließlich in wirtschaftliche Abhängigkeit vom Westen gerät. Am 3. April 1989 weist Honecker an, „die Schusswaffe [...] zur Verhinderung von Grenzdurchbrüchen" nicht länger anzuwenden. Die drohende internationale Isolierung der DDR nach den Todesschüssen auf Chris Gueffroy zeigt Wirkung. „Lieber einen Menschen abhauen lassen, als in der jetzigen politischen Situation die Schusswaffe anzuwenden", lässt SED-Generalsekretär Erich Honecker seinen Militärs verbindlich ausrichten. Der Schießbefehl, eine Existenzbedingung des SED-Staates, ist damit aufgehoben. Nur kurze Zeit später verschwindet die DDR.

"Border violators are to be arrested or exterminated" – it is with this order that the GDR border soldiers are sent to their posts in the death strip every day until well into the 1980s. As Erich Honecker states in 1974, "firearms are to be ruthlessly used in the event of attempts to break through the border, and the comrades who have successfully used their firearms are to be commended."

But when it doesn't suit the SED politically for shooting to take place at the border – for example, in the case of international events or state visits where the GDR is in the limelight – the order to shoot is temporarily suspended.

Protests against the killing of escapees meet with more response from SED leaders, the more the GDR courts international recognition and finally, in the 1980s, becomes economically dependent on the West. On 3 April 1989, Honecker gives the order that "firearms [are] no longer to be used to prevent border breakthroughs." The international isolation threatening the GDR after the fatal shooting of Chris Gueffroy begins to take effect. "Better to let someone get away than to use firearms in the current political situation," SED General Secretary Erich Honecker tells his military officers. The order to shoot, a condition for the existence of the SED state, is thus revoked. Not much later, the GDR disappears.

Kapitel 7 // Chapter 7

Todesopfer an der Berliner Mauer

Zwischen 1961 und 1989 werden an der Berliner Mauer mehr als 130 Menschen getötet oder kommen im Zusammenhang mit dem DDR-Grenzregime ums Leben. Eine unbekannte Anzahl von Menschen stirbt aus Kummer und Verzweiflung über die Auswirkungen des Mauerbaus auf ihre individuellen Lebensverhältnisse.

Deaths at the Berlin Wall

Between 1961 and 1989, more than 130 people are killed at the Berlin Wall or die from causes related to the GDR border regime. An unknown number of people die out of worry and desperation over the effects of the Wall on their own lives.

^ In Leserichtung, 1. Reihe // From left to right, 1st row: Günter Litfin, Udo Düllick, Dieter Wohlfahrt, Dorit Schmiel, Philipp Held, Otfried Reck, Günter Wiedenhöft, Hans Räwel, Horst Kutscher, Klaus Schröter, Dieter Berger, Walter Hayn, 2. Reihe // 2nd row: Adolf Philipp, Norbert Wolscht, Hildegard Trabant, Wernhard Mispelhorn, Hans Joachim Wolf, Joachim Mehr, Christian Buttkus, Hermann Döbler, Klaus Kratzel, Heinz Cyrus, Heinz Sokolowski, Erich Kühn, 3. Reihe // 3rd row: Lothar Schleusener, Eberhard Schulze, Eduard Wroblewski, Karl Heinz Kube, Max Willi Sahmland, Elke Weckeiser, Dieter Weckeiser, Bernd Lehmann, Klaus-Jürgen Kluge, Gerald Thiem, Christian-Peter Friese, Wolfgang Hoffmann, 4. Reihe // 4th row: Dieter Beilig, Horst Kullack, Manfred Weylandt, Klaus Schulze, Manfred Gertzki, Herbert Halli, Henri Weise, Marinetta Jirkowski, Lothar Fritz Freie, Rainer Liebeke, Lutz Schmidt, Chris Gueffroy.

Ihr Leben verlieren an der Berliner Mauer mindestens:

> 99 DDR-Flüchtlinge, die beim Versuch, die Grenzanlagen zu überwinden, erschossen werden, verunglücken oder sich das Leben nehmen,
> 27 Menschen aus Ost und West ohne Fluchtabsichten, die erschossen werden oder verunglücken,
> acht im Dienst getötete DDR-Grenzsoldaten.

Darüber hinaus sterben zahlreiche überwiegend ältere Reisende während oder nach Kontrollen an Berliner Grenzübergängen, vornehmlich an den Folgen eines Herzinfarkts.

Tötungen und Morde an der Berliner Mauer – wie an der innerdeutschen Grenze, der Ostsee und den außerdeutschen DDR-Grenzen – sind die Spitze der Gewalt, die von der DDR-Grenzsicherung ausgeht. Die SED-Führung nimmt das Töten billigend in Kauf. Doch ihr ist auch bewusst, dass Schüsse und Tote an der Grenze – vor allem zu Zeiten der Entspannungspolitik – der DDR in der internationalen Öffentlichkeit keinen guten Ruf bescheren. Deshalb versucht sie gemeinsam mit Grenztruppen und Staatssicherheitsdienst, Todesfälle wann immer möglich zu verheimlichen und zu verschleiern. Selbst Leichname lässt die Staatssicherheit spurlos verschwinden. Die Wahrheit über die Todesumstände ihrer Angehörigen erfahren die Familien oft erst in den 1990er-Jahren – nach der Öffnung der DDR-Archive und im Zuge der strafrechtlichen Ermittlungen gegen die Gewalttaten an der Grenze.

At least this many people lose their lives at the Berlin Wall:

> 99 GDR citizens who are shot, have a fatal accident or kill themselves while trying to escape through, over or under the border installations,
> 27 people from the East and West who are not intending to escape but are shot or have fatal accidents,
> 8 GDR border soldiers killed on duty.

In addition, numerous, mostly elderly, travellers die during or after inspections at the border crossings in Berlin, mostly from heart attacks.

Killings and murders at the Berlin Wall – as well as on the inner German border, at the Baltic Sea and the outer GDR borders – are the most extreme cases of violence connected with the protection of the GDR's border. The SED leadership sanctions the killings. But it also knows that shootings and deaths on the border – especially in periods of détente – are not good for the GDR's international reputation. For this reason, it tries, together with the border troops and the state security police, to keep deaths secret and cover up whenever possible. The Stasi even has bodies disappear without trace. Many families do not learn about the circumstances of their relatives' deaths until the 1990s – after the GDR archives have been opened and during criminal investigations of the acts of violence.

1

1961–1989

Flüchtlinge, die zwischen 1961 und 1989 an der Berliner Mauer erschossen werden, verunglücken oder sich das Leben nehmen; Menschen ohne Fluchtabsichten aus Ost und West, die im Grenzgebiet erschossen werden oder verunglücken // Escapees who are shot, have a fatal accident or commit suicide at the Berlin Wall between 1961 and 1989; people not intending to escape who are shot or have a fatal accident in the border area:

Name // Name	geboren // Born	gestorben // Died	Todesumstände // Circumstances of Death
1961			
Ida Siekmann	*23.08.1902	† 22.08.1961	Bei einem Fluchtversuch tödlich verunglückt // Killed in an accident while trying to escape
Günter Litfin	*19.01.1937	† 24.08.1961	Bei einem Fluchtversuch erschossen // Shot dead while trying to escape
Roland Hoff	*19.03.1934	† 29.08.1961	Bei einem Fluchtversuch erschossen // Shot dead while trying to escape
Rudolf Urban	*06.06.1914	† 17.09.1961	An den Folgen der bei einem Fluchtversuch zugezogenen Verletzungen gestorben // Died as a result of injuries incurred while trying to escape
Olga Segler	*31.07.1881	† 26.09.1961	An den Folgen der bei einem Fluchtversuch zugezogenen Verletzungen gestorben // Died as a result of injuries incurred while trying to escape
Bernd Lünser	*11.03.1939	† 04.10.1961	Unter Beschuss bei einem Fluchtversuch tödlich verletzt // Fatally wounded under fire while trying to escape

Udo Düllick	*03.08.1936	† 05.10.1961	Unter Beschuss bei einem Fluchtversuch ertrunken // Drowned under fire while trying to escape
Werner Probst	*18.06.1936	† 14.10.1961	Bei einem Fluchtversuch erschossen // Shot dead while trying to escape
Lothar Lehmann	*28.01.1942	† 26.11.1961	Bei einem Fluchtversuch ertrunken // Drowned while trying to escape
Dieter Wohlfahrt	*27.05.1941	† 09.12.1961	Bei einer Fluchthilfeaktion als Fluchthelfer erschossen // Shot as an escape helper while supporting others in their escape attempts
Ingo Krüger	*31.01.1940	† 11.12.1961	Bei einem Fluchtversuch ertrunken // Drowned while trying to escape
Georg Feldhahn	*12.08.1941	† 19.12.1961	Bei einem Fluchtversuch ertrunken // Drowned while trying to escape
1962			
Dorit Schmiel	*25.04.1941	† 19.02.1962	Bei einem Fluchtversuch erschossen // Shot dead while trying to escape
Heinz Jercha	*01.07.1934	† 27.03.1962	Bei einer Fluchthilfeaktion als Fluchthelfer erschossen // Shot as an escape helper while supporting others in their escape attempts
Philipp Held	*02.05.1942	† April 1962	Bei einem Fluchtversuch ertrunken // Drowned while trying to escape
Peter Böhme	*17.08.1942	† 18.04.1962	Bei einem Fluchtversuch erschossen // Shot dead while trying to escape
Klaus Brueske	*14.09.1938	† 18.04.1962	Bei einem Fluchtversuch erschossen // Shot dead while trying to escape
Horst Frank	*07.05.1942	† 29.04.1962	Bei einem Fluchtversuch erschossen // Shot dead while trying to escape
Lutz Haberlandt	*29.04.1938	† 27.05.1962	Bei einem Fluchtversuch erschossen // Shot dead while trying to escape
Axel Hannemann	*27.04.1945	† 05.06.1962	Bei einem Fluchtversuch erschossen // Shot dead while trying to escape
Wolfgang Glöde	*01.02.1949	† 11.06.1962	Versehentlich beim Spielen im Grenzgebiet erschossen // Accidentally shot dead while playing in the border area
Erna Kelm	*21.07.1908	† 11.06.1962	Bei einem Fluchtversuch ertrunken // Drowned while trying to escape
Siegfried Noffke	*09.12.1939	† 28.06.1962	Bei einer Fluchthilfeaktion als Fluchthelfer erschossen // Shot as an escape helper while supporting others in their escape attempts
Peter Fechter	*14.01.1944	† 17.08.1962	Bei einem Fluchtversuch erschossen // Shot dead while trying to escape
Hans-Dieter Wesa	*10.01.1943	† 23.08.1962	Bei einem Fluchtversuch erschossen // Shot dead while trying to escape
Ernst Mundt	*02.12.1921	† 04.09.1962	Bei einem Fluchtversuch erschossen // Shot dead while trying to escape
Anton Walzer	*27.04.1902	† 08.10.1962	Bei einem Fluchtversuch erschossen // Shot dead while trying to escape
Horst Plischke	*12.07.1939	† 19.11.1962	Bei einem Fluchtversuch ertrunken // Drowned while trying to escape
Otfried Reck	*14.12.1944	† 27.11.1962	Bei einem Fluchtversuch erschossen // Shot dead while trying to escape
Günter Wiedenhöft	*14.02.1942	† 06.12.1962	Bei einem Fluchtversuch ertrunken // Drowned while trying to escape
1963			
Hans Räwel	*11.12.1941	† 01.01.1963	Bei einem Fluchtversuch erschossen // Shot dead while trying to escape
Horst Kutscher	*05.07.1931	† 15.01.1963	Bei einem Fluchtversuch erschossen // Shot dead while trying to escape
Peter Kreitlow	*15.01.1943	† 24.01.1963	Bei einem Fluchtversuch erschossen // Shot dead while trying to escapet
Wolf-Olaf Muszynski	*01.02.1947	† Febr. 1963	Bei einem Fluchtversuch ertrunken // Shot dead while trying to escape
Peter Mädler	*10.07.1943	† 26.04.1963	Bei einem Fluchtversuch erschossen // Shot dead while trying to escape
Klaus Schröter	*21.02.1940	† 04.11.1963	Bei einem Fluchtversuch angeschossen und ertrunken // Shot at while trying to escape and drowned due to his injuries
Dietmar Schulz	*21.10.1939	† 25.11.1963	Bei einem Fluchtversuch tödlich verunglückt // Had fatal accident while trying to escape
Dieter Berger	*27.10.1939	† 13.12.1963	Ohne Fluchtabsicht im Grenzgebiet erschossen // Shot dead in the border area without intent to escape
Paul Schultz	*02.10.1945	† 25.12.1963	Bei einem Fluchtversuch erschossen // Shot dead while trying to escape
1964			
Walter Hayn	*31.01.1939	† 27.02.1964	Bei einem Fluchtversuch erschossen // Shot dead while trying to escape
Adolf Philipp	*17.08.1943	† 05.05.1964	Als West-Berliner im Grenzgebiet erschossen // Shot as a West Berliner in the border area

Walter Heike	*20.09.1934	† 22.06.1964	Bei einem Fluchtversuch erschossen // Shot dead while trying to escape
Rainer Gneiser	*10.11.1944	† 28.07.1964	Bei einem Fluchtversuch ertrunken // Drowned while trying to escape
Norbert Wolscht	*27.10.1943	† 28.07.1964	Bei einem Fluchtversuch ertrunken // Drowned while trying to escape
Hildegard Trabant	*12.06.1927	† 18.08.1964	Bei einem Fluchtversuch erschossen // Shot dead while trying to escape
Wernhard Mispelhorn	*10.11.1945	† 20.08.1964	Bei einem Fluchtversuch angeschossen und an den Schussverletzungen gestorben // Shot at while trying to escape and died of his injuries
Hans-Joachim Wolf	*08.08.1947	† 26.11.1964	Bei einem Fluchtversuch erschossen // Shot dead while trying to escape
Joachim Mehr	*03.04.1945	† 03.12.1964	Bei einem Fluchtversuch erschossen // Shot dead while trying to escape
1965			
N.N.		† 19.01.1965	Bei einem Fluchtversuch ertrunken // Drowned while trying to escape
Christian Buttkus	*21.02.1944	† 04.03.1965	Bei einem Fluchtversuch erschossen // Shot dead while trying to escape
Hans-Peter Hauptmann	*20.03.1939	† 03.05.1965	Ohne Fluchtabsicht im Grenzgebiet erschossen // Shot dead in the border area without intent to escape
Hermann Döbler	*28.10.1922	† 15.06.1965	Als West-Berliner im Grenzgebiet erschossen // Shot dead as a West Berliner in the border area
Klaus Kratzel	*03.03.1940	† 08.08.1965	Bei einem Fluchtversuch tödlich verunglückt // Had fatal accident while trying to escape
Klaus Garten	*19.07.1941	† 18.08.1965	Bei einem Fluchtversuch erschossen // Shot dead while trying to escape
Walter Kittel	*21.05.1942	† 18.10.1965	Bei einem Fluchtversuch erschossen // Shot dead while trying to escape
Heinz Cyrus	*05.06.1936	† 10.11.1965	Bei einem Fluchtversuch unter Beschuss tödlich verunglückt // Died in fatal accident under fire while trying to escape
Heinz Sokolowski	*17.12.1917	† 25.11.1965	Bei einem Fluchtversuch erschossen // Shot dead while trying to escape
Erich Kühn	*27.03.1903	† 03.12.1965	Bei einem Fluchtversuch erschossen // Shot dead while trying to escape
Heinz Schöneberger	*07.06.1938	† 26.12.1965	Bei einer Fluchthilfeaktion als Fluchthelfer erschossen // Shot as an escape helper while supporting others in their escape attempts
1966			
Dieter Brandes	*23.10.1946	† 11.01.1966	Bei einem Fluchtversuch angeschossen und an den Schussverletzungen gestorben // Shot at while trying to escape and died of his injuries
Willi Block	*05.06.1934	† 07.02.1966	Bei einem Fluchtversuch erschossen // Shot dead while trying to escape
Jörg Hartmann	*27.10.1955	† 14.03.1966	Bei einem Fluchtversuch erschossen // Shot dead while trying to escape
Lothar Schleusener	*14.01.1953	† 14.03.1966	Bei einem Fluchtversuch erschossen // Shot dead while trying to escape
Willi Marzahn	*03.06.1944	† 19.03.1966	Bei einem Fluchtversuch erschossen // Shot dead while trying to escape
Eberhard Schulze	*11.03.1946	† 30.03.1966	Bei einem Fluchtversuch erschossen // Shot dead while trying to escape
Michael Kollender	*19.02.1945	† 25.04.1966	Bei einem Fluchtversuch erschossen // Shot dead while trying to escape
Paul Stretz	*28.02.1935	† 29.04.1966	Als West-Berliner im Grenzgebiet erschossen // Shot dead as a West Berliner in the border area
Eduard Wroblewski	*03.03.1933	† 26.07.1966	Bei einem Fluchtversuch erschossen // Shot dead while trying to escape
Heinz Schmidt	*26.10.1919	† 29.08.1966	Als West-Berliner im Grenzgebiet erschossen // Shot dead as a West Berliner in the border area
Karl-Heinz Kube	*10.04.1949	† 16.12.1966	Bei einem Fluchtversuch erschossen // Shot dead while trying to escape
1967			
Max Willi Sahmland	*28.03.1929	† 27.01.1967	Bei einem Fluchtversuch angeschossen und durch die Schussverletzungen ertrunken // Shot at while trying to escape and drowned because of his injuries
Franciszek Piesik	*23.11.1942	† 17.10.1967	Bei einem Fluchtversuch ertrunken // Drowned while trying to escape
1968			
Elke Weckeiser	*31.10.1945	† 18.02.1968	Bei einem Fluchtversuch erschossen // Shot dead while trying to escape

Dieter Weckeiser	*15.02.1943	† 19.02.1968	Bei einem Fluchtversuch erschossen // Shot dead while trying to escape
Herbert Mende	*09.02.1939	† 10.03.1968	Ohne Fluchtabsicht im Grenzgebiet angeschossen und an den Folgen der Schussverletzungen gestorben // Shot at in the border area without intent to escape and died as a result of his injuries
Bernd Lehmann	*31.07.1949	† 28.05.1968	Bei einem Fluchtversuch ertrunken // Drowned while trying to escape
Siegfried Krug	*22.07.1939	† 06.07.1968	Als West-Berliner im Grenzgebiet erschossen // Shot dead as a West Berliner in the border area
Horst Körner	*12.07.1947	† 15.11.1968	Bei einem Fluchtversuch erschossen // Shot dead while trying to escape
1969			
Johannes Lange	*17.12.1940	† 09.04.1969	Bei einem Fluchtversuch erschossen // Shot dead while trying to escape
Klaus-Jürgen Kluge	*25.07.1948	† 13.09.1969	Bei einem Fluchtversuch erschossen // Shot dead while trying to escape
Leo Lis	*10.05.1924	† 20.09.1969	Bei einem Fluchtversuch erschossen // Shot dead while trying to escape
1970			
Christel Wehage	*15.12.1946	† 10.03.1970	Selbstmord nach gescheitertem Fluchtversuch durch eine Flugzeugentführung // Committed suicide after a failed escape attempt by hijacking an aeroplane
Eckard Wehage	*08.07.1948	† 10.03.1970	Selbstmord nach gescheitertem Fluchtversuch durch eine Flugzeugentführung // Committed suicide after a failed escape attempt by hijacking an aeroplane
Heinz Müller	*16.05.1943	† 19.06.1970	Als West-Berliner im Grenzgebiet erschossen // Shot dead as a West Berliner in the border area
Willi Born	*19.07.1950	† 07.07.1970	Selbstmord nach einem gescheiterten Fluchtversuch // Committed suicide after a failed escape attempt
Friedhelm Ehrlich	*11.07.1950	† 02.08.1970	Bei einem Fluchtversuch erschossen // Shot dead while trying to escape
Gerald Thiem	*06.09.1928	† 07.08.1970	Als West-Berliner im Grenzgebiet erschossen // Shot dead as a West Berliner in the border area
Helmut Kliem	*02.06.1939	† 13.11.1970	Ohne Fluchtabsicht im Grenzgebiet erschossen // Shot dead in the border area without intent to escape
Christian-Peter Friese	*05.08.1948	† 25.12.1970	Bei einem Fluchtversuch erschossen // Shot dead while trying to escape
1971			
Rolf-Dieter Kabelitz	*23.06.1951	† 30.01.1971	Bei einem Fluchtversuch angeschossen und an den Folgen der Schussverletzungen gestorben // Shot at during an escape attempt and died as a result of his injuries
Wolfgang Hoffmann	*01.09.1942	† 15.07.1971	Als West-Berliner nach Festnahme in Ost-Berlin tödlich verunglückt // Died in fatal accident as a West Berliner after being arrested in East Berlin
Werner Kühl	*10.01.1949	† 24.07.1971	Als West-Berliner im Grenzgebiet erschossen // Shot dead as a West Berliner in the border area
Dieter Beilig	*05.09.1941	† 02.10.1971	Als West-Berliner im Grenzgebiet erschossen // Shot dead as a West Berliner in the border area
1972			
Horst Kullack	*20.11.1948	† 21.01.1972	Bei einem Fluchtversuch angeschossen und an den Schussverletzungen gestorben // Shot at while trying to escape and died of his injuries
Manfred Weylandt	*12.07.1942	† 14.02.1972	Bei einem Fluchtversuch erschossen // Shot dead while trying to escape
Klaus Schulze	*13.10.1952	† 07.03.1972	Bei einem Fluchtversuch erschossen // Shot dead while trying to escape
Cengaver Katranci	*1964	† 30.10.1972	Im Grenzgewässer ertrunken // Drowned in border waters
1973			
Holger H.	*1972	† 22.01.1973	Bei einem gelungenen Fluchtversuch der Eltern erstickt // Suffocated during a successful escape attempt made by his parents
Volker Frommann	*23.04.1944	† 05.03.1973	Bei einem Fluchtversuch tödlich verunglückt // Had fatal accident while trying to escape
Horst Einsiedel	*08.02.1940	† 15.03.1973	Bei einem Fluchtversuch erschossen // Shot dead while trying to escape

Manfred Gertzki	*17.05.1942	† 27.04.1973	Bei einem Fluchtversuch erschossen // Shot dead while trying to escape
Siegfried Krobot	*23.04.1968	† 14.05.1973	Im Grenzgewässer ertrunken // Drowned in border waters
1974			
Burkhard Niering	*01.09.1950	† 05.01.1974	Bei einem Fluchtversuch erschossen // Shot dead while trying to escape
Johannes Sprenger	*03.12.1905	† 10.05.1974	Im Grenzgebiet erschossen // Shot dead in the border area
Giuseppe Savoca	*22.04.1968	† 15.06.1974	Im Grenzgewässer ertrunken // Drowned in border waters
1975			
Herbert Halli	*24.11.1953	† 03.04.1975	Bei einem Fluchtversuch erschossen // Shot dead while trying to escape
Cetin Mert	*11.05.1970	† 11.05.1975	Im Grenzgewässer ertrunken // Drowned in border waters
Herbert Kiebler	*24.03.1952	† 27.06.1975	Bei einem Fluchtversuch erschossen // Shot dead while trying to escape
Lothar Hennig	*30.06.1954	† 05.11.1975	Ohne Fluchtabsicht während einer Fahndungsaktion im Grenzgebiet erschossen // Shot dead during a search operation in the border area with no intent to escape
1977			
Dietmar Schwietzer	*21.02.1958	† 16.02.1977	Bei einem Fluchtversuch erschossen // Shot dead while trying to escape
Henri Weise	*13.07.1954	† Mai 1977	Bei einem Fluchtversuch ertrunken // Drowned while trying to escape
1980			
Marinetta Jirkowski	*25.08.1962	† 22.11.1980	Bei einem Fluchtversuch erschossen // Shot dead while trying to escape
1981			
Johannes Muschol	*31.05.1949	† 16.03.1981	Als West-Berliner im Grenzgebiet erschossen // Shot dead as a West Berliner in the border area
Hans-Jürgen Starrost	*24.06.1954	† 16.05.1981	Bei einem Fluchtversuch angeschossen und an den Schussverletzungen gestorben // Shot at while trying to escape and died of his injuries
Thomas Taubmann	*22.07.1955	† 12.12.1981	Bei einem Fluchtversuch tödlich verunglückt // Had fatal accident while trying to escape
1982			
Lothar Fritz Freie	*08.02.1955	† 06.06.1982	Als Westdeutscher im Grenzgebiet erschossen // Shot dead as a West German in the border area
1983			
Silvio Proksch	*03.01.1962	† 25.12.1983	Bei einem Fluchtversuch erschossen // Shot dead while trying to escape
1984			
Michael-Horst Schmidt	*20.10.1964	† 01.12.1984	Bei einem Fluchtversuch erschossen // Shot dead while trying to escape
1986			
Rainer Liebeke	*11.09.1951	† 03.09.1986	Bei einem Fluchtversuch ertrunken // Drowned while trying to escape
René Groß	*01.06.1964	† 21.11.1986	Bei einem Fluchtversuch erschossen // Shot dead while trying to escape
Manfred Mäder	*23.08.1948	† 21.11.1986	Bei einem Fluchtversuch erschossen // Shot dead while trying to escape
Michael Bittner	*31.08.1961	† 24.11.1986	Bei einem Fluchtversuch erschossen // Shot dead while trying to escape

1987

Lutz Schmidt	*08.07.1962	† 12.02.1987	Bei einem Fluchtversuch erschossen // Shot dead while trying to escape

1989

Ingolf Diederichs	*13.04.1964	† 13.01.1989	Bei einem Fluchtversuch tödlich verunglückt // Had fatal accident while trying to escape
Chris Gueffroy	*21.06.1968	† 05.02.1989	Bei einem Fluchtversuch erschossen // Shot dead while trying to escape
Winfried Freudenberg	*29.08.1956	† 08.03.1989	Bei einem Fluchtversuch mit einem Heißluftballon tödlich verunglückt // Died in a fatal accident while trying to escape in a hot-air balloon

2

Im Dienst getötete DDR-Grenzsoldaten, die durch Fahnenflüchtige, Kameraden, Flüchtlinge, einen Fluchthelfer oder einen West-Berliner Polizisten versehentlich oder verschuldet ums Leben kommen // GDR border soldiers who lose their lives while on duty, killed accidentally or deliberately by deserters, fellow soldiers, escapees, an escape helper or a West Berlin police officer:

1962

Jörgen Schmidtchen	*28.06.1941	† 18.04.1962	Von einem fahnenflüchtigen Grenzsoldaten erschossen, der ebenfalls getötet wurde // Shot dead by a deserting border soldier, who was also killed
Peter Göring	*28.12.1940	† 23.05.1962	Von einem Querschläger aus der Waffe eines West-Berliner Polizisten tödlich getroffen // Fatally hit by a ricocheting bullet from the gun of a West Berlin policeman
Reinhold Huhn	*08.03.1942	† 18.06.1962	Von einem West-Berliner Fluchthelfer erschossen // Shot dead by a West Berlin escape helper
Günter Seling	*28.04.1940	† 30.09.1962	Von einem Grenzsoldaten versehentlich erschossen // Accidentally shot dead by a GDR border soldier

1963

Siegfried Widera	*12.02.1941	† 08.09.1963	Von Flüchtlingen niedergeschlagen und den Verletzungen erlegen // Died of injuries after being beaten up by escapees

1964

Egon Schultz	*04.01.1943	† 05.10.1964	Von einem Grenzsoldaten versehentlich erschossen // Accidentally shot dead by a GDR border soldier

1968

Rolf Henniger	*30.11.1941	† 15.11.1968	Von einem fahnenflüchtigen Grenzsoldaten erschossen, der ebenfalls getötet wurde // Shot dead by a deserting border soldier, who was also killed

1980

Ulrich Steinhauer	*13.03.1956	† 04.11.1980	Von einem fahnenflüchtigen Grenzsoldaten erschossen // Shot dead by a deserting border soldier

Kapitel 8 // Chapter 8

Die Mauer in der Ära Honecker (1971–1989)

The Wall in the Honecker Era (1971–1989)

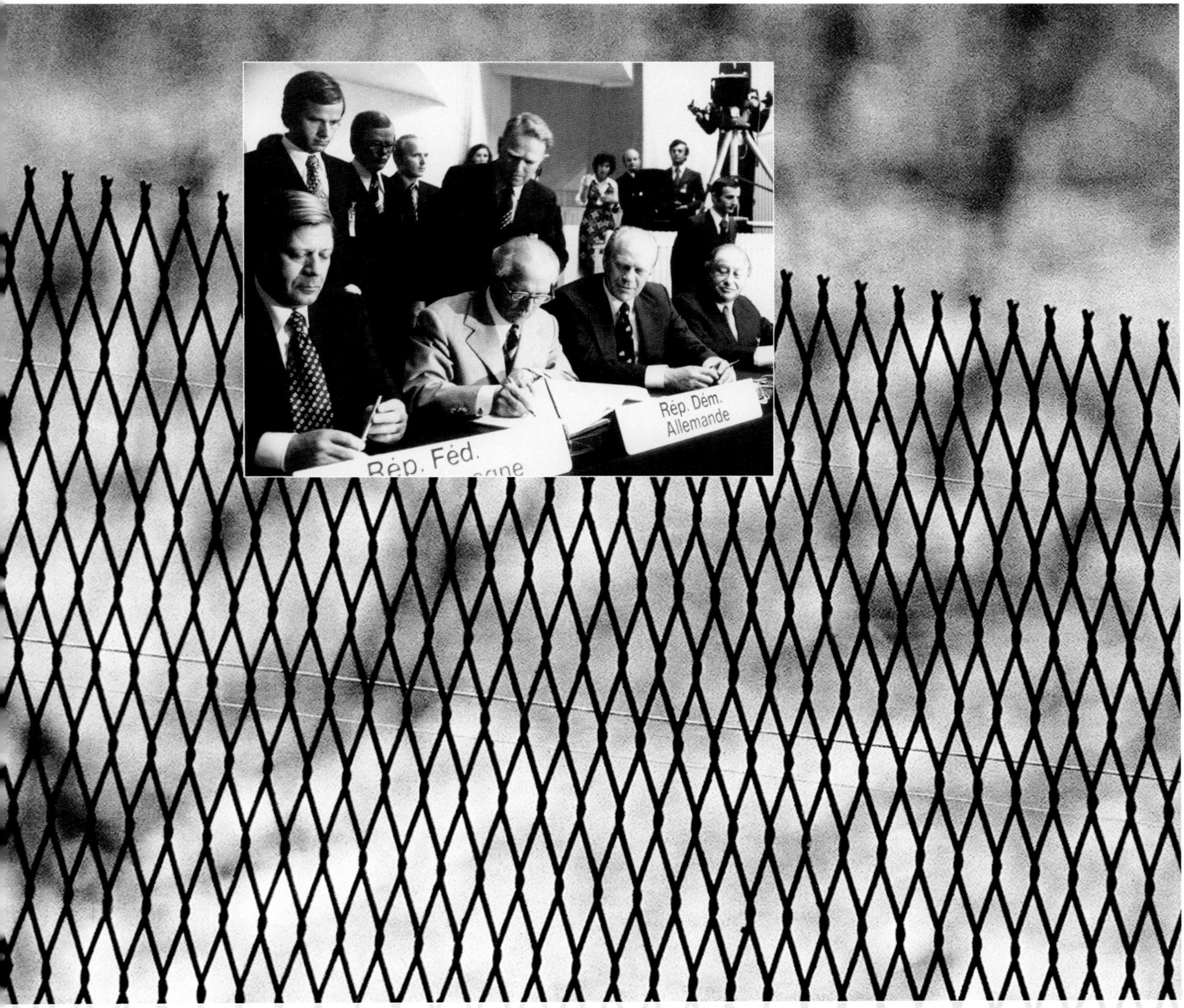

Die DDR wirkt in der Ära Honecker lange Zeit wirtschaftlich und politisch stabil.

Doch der Schein trügt. Die Wirtschaft krankt. Die sowjetische Vormacht gerät in die Krise. Als Preis für ihre internationale Anerkennung geht die DDR die Verpflichtung zur Achtung von Menschenrechten ein – auf die sich immer mehr Menschen berufen, vor allem Ausreisewillige.

For a long time during the Honecker era, the GDR seems economically and politically stable.

But appearances are deceptive. The economy is ailing. The Soviet superpower is entering a crisis. The East German communist regime commits itself to respecting human rights as the price for its international recognition, and more and more people want to hold it to this commitment – particularly those wanting to leave the country.

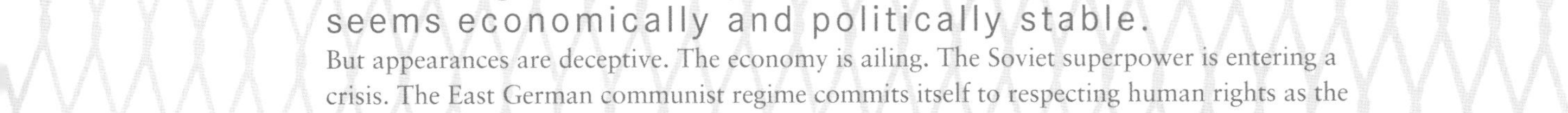

❮ Vorherige Seite: „Gutnachbarliche Beziehungen" – Splitterminen gegen DDR-Flüchtlinge an der innerdeutschen Grenze. Kleines Bild: „Recht auf freie Wahl des Wohnsitzes" – Erich Honecker unterzeichnet die KSZE-Schlussakte von Helsinki 1975 (links: Bundeskanzler Helmut Schmidt; rechts: US-Präsident Gerald Ford). // Previous page: "Neighbourly relations" – splinter mines employed against GDR escapees on the inner-German border. Small photo: "Right to freely choose one's place of residence" – Erich Honecker signing the CSCE Helsinki Accords, 1975 (left: West German Chancellor Helmut Schmidt; right: US President Gerald Ford).

Am Beginn der Ära Honecker steht ein gewaltiges Sozial- und Konsumprogramm, das die Bevölkerung ruhig stellen soll. Ein Aufstand wie in Prag 1968 oder Arbeiterunruhen wie in Polen 1970 sollen sich in der DDR nicht wiederholen.

Nach dem VIII. SED-Parteitag im April 1971 werden die Löhne und Renten erhöht. Die Zahl der Urlaubstage steigt. Vollbeschäftigte berufstätige Mütter kommen in den Genuss sozialer Vergünstigungen. Neue Wohnungen werden gebaut; die Mieten bleiben unverändert niedrig. Die Preise für Grundnahrungsmittel werden eingefroren, ebenso für Energieverbrauch und den öffentlichen Nahverkehr. Während die Bundesrepublik 1974/75 in den Sog der Weltwirtschaftskrise gerät und mit Arbeitslosigkeit konfrontiert ist, holt die DDR allem Anschein nach wirtschaftlich auf: Ein bescheidener Wohlstand breitet sich aus.

Auf der Grundlage des Viermächte-Abkommens über Berlin vereinbaren beide deutsche Staaten Anfang der 1970er-Jahre in zahlreichen Folgeverträgen, den Reise- und Besucherverkehr von West nach Ost zu erleichtern, neue Grenzübergänge zu eröffnen und die Straßen- und Eisenbahnverbindungen ebenso zu verbessern wie den Post-, Paket- und Telefonverkehr.

Nach Jahren der Trennung erhalten West-Berliner seit dem 3. Oktober 1972 die Möglichkeit, ein- oder mehrmals bis zu dreißig Tage im Jahr aus „humanitären, familiären, religiösen, kulturellen oder touristischen Gründen" die DDR einschließlich Ost-Berlins zu besuchen. Die Zeit des Auseinanderlebens ist vorbei: 44 Millionen Reisen unternehmen West-Berliner bis Ende 1989 in die DDR und nach Ost-Berlin.

Im Dezember 1972 unterzeichnen die Bundesrepublik und die DDR den „Grundlagenvertrag", der zu „normalen und gutnachbarlichen Beziehungen" auf der Basis der Gleichberechtigung führen soll. Die Bundesrepublik erkennt die DDR als unabhängigen und selbstständigen Staat an und akzeptiert die Unverletzlichkeit ihrer Grenze. Unterschiedliche Auffassungen, wie sie etwa zur nationalen Frage bestehen, werden zurückgestellt.

Die deutsch-deutsche Vertragspolitik beendet die außenpolitische Isolierung der DDR. Höhepunkt ihrer internationalen Anerkennung ist die Aufnahme in die Vereinten Nationen und die Teilnahme an der Konferenz über Sicherheit und Zusammenar-

At the beginning of the Honecker era, there is a huge programme to improve social welfare and consumer opportunities, designed to keep the people quiet. The DDR does not want to see a revolt like the one in Prague in 1968 or workers' protests like those in Poland in 1970 happening on its soil.

After the Eighth SED Party Congress in April 1971, wages and pensions are raised. The number of holidays is increased. Full-time working mothers receive social benefits. New housing is built; rents remain low. The prices for basic foodstuffs are frozen, as are those for energy consumption and public transport. While West Germany is drawn into the world recession in 1974/75 and confronted with unemployment, the GDR seems to being catching up economically; a modest degree of prosperity begins to spread.

At the start of the 1970s, on the basis of the Four-Power Agreement on Berlin, both German states agree, in numerous ensuing pacts, to make it easier to travel from West to East, to open new border crossings and to improve the connections by road and rail as well as postal and telephone communications. From 3 October 1972, after years of division, the West Berliners are given the chance to visit the GDR, including East Berlin, once or several times a year for up to thirty days, for "humanitarian, family, religious, cultural or tourism" reasons. The city stops growing apart: up to the end of 1989, West Berliners undertake 44 million trips to the GDR and East Berlin.

In December 1972, West Germany and East Germany sign the "Basic Treaty", which is meant to lead to "normal and neighbourly relations" on the basis of equality. West Germany recognises the GDR as an independent state and accepts the inviolability of its border. Differences in opinion, for example on the national question, are put aside.

The German-German treaty policy ends East Germany's political isolation. The international recognition of the GDR reaches its zenith with the country's acceptance into the United Nations and its participation at the Conference on Security and Co-operation in Europe (CSCE) in Helsinki – together with West Germany. On 1 August 1975, the GDR, together with 34 other nations, signs the "Helsinki Accords", in which the participating states commit themselves to the renunciation of violence, the beit in Europa (KSZE) in Helsinki – gemeinsam mit der Bundesrepublik. Mit 34 weiteren Staaten unterzeichnet die DDR am 1. August 1975 das Abschlussdokument, in dem sich die Teilnehmerstaaten zu den Prinzipien des Gewaltverzichts, der Unverletzlichkeit der Grenzen und der Nichteinmischung in die inneren Angelegenheiten anderer Staaten in Europa, aber auch zur Achtung der Menschenrechte und Grundfreiheiten bekennen. Gewährt werden soll auch das Recht auf freie Wahl des Wohnsitzes.

inviolability of borders and non-intervention in the internal affairs of other countries in Europe, as well as to respecting human rights and basic freedoms. The document also affirms the right to freely choose one's place of residence.

Beton und Devisen

Die internationale Anerkennung stärkt das Selbstbewusstsein der SED-Führung. Die finanziellen Leistungen, die sie von der Bundesrepublik für „menschliche Erleichterungen" bezieht, füllen ihre Devisenkasse. Transit- und Postpauschale, Visa-Gebühren, Autobahnerneuerung und zusätzliche Grenzübergänge, der Zwangsumtausch bei DDR-Besuchen – all dies spült Milliarden-DM-Beträge in die DDR. Die Mauer verwandelt sich mehr und mehr in eine sprudelnde Devisenquelle. Zwischen 1975 und 1979 steigen die Einnahmen aus der Bundesrepublik für „humanitäre Leistungen" von knapp 600 Mio. DM auf 1,56 Mrd. DM an und bleiben in den Folgejahren auf diesem hohen Niveau. Die Einkünfte aus dem Häftlingsverkauf verdoppeln sich gegenüber den 1960er-Jahren; seit 1975 betragen sie jährlich zwischen 100 und 200 Mio. DM, in Spitzenjahren sogar mehr.

Sowenig die SED-Spitze diese Einkünfte missen möchte, sosehr fürchtet sie zugleich die ideologische Zersetzung der Bevölkerung durch Westbesuche, Westpakete und Westmedien, mit denen eine attraktivere Konsumwelt, freie Gedanken und unzensierte Nachrichten Einzug in die DDR halten. Von der Öffentlichkeit unbemerkt wird die Entspannungspolitik zum Auslöser der Expansion des MfS zu einem flächendeckenden Überwachungsapparat. Zwischen 1970 und 1980 verdoppelt sich die Zahl der Stasi-Mitarbeiter von etwa 40.000 auf rund 80.000.

Als besonderen Akt „gutnachbarlicher Beziehungen" befiehlt Erich Honecker 1972 die Einführung von Splitterminen (SM-70) an der innerdeutschen Grenze. Erfolgreich an Wild getestet, fügen die scharfkantigen Geschosse dieser elektrischen Selbstschussautomaten auch Menschen tödliche oder so schwere Verletzungen zu, dass sie die Grenze zumeist nicht mehr überwinden können. An der Berliner Grenze werden die Selbstschussautomaten nicht installiert – aus Furcht, dass die Wirkung der Minen von der Westseite aus dokumentiert werden könnte.

Hoffnungen der Ostdeutschen, dass die Mauer im Zuge der deutsch-deutschen Entspannungspolitik auch für sie in Richtung Westen durchlässiger wird, erfüllen sich zunächst nicht. Mit der Einführung des pass- und visafreien Verkehrs nach Polen und in die ČSSR öffnet die SED-Führung lediglich ein Reiseventil Richtung Osten.

Concrete and hard currency

The international recognition of the East German communist regime boosts the confidence of its SED leadership. The financial benefits that it receives from West Germany for "humanitarian relief" fill its coffers with foreign currency. Transit, postal and visa fees, renovating the motorway and additional border crossings, the compulsory exchange of currency when visiting the GDR – all of this flushes billons of DM into the GDR. Increasingly the Wall turns into an abundant source of foreign currency. Between 1975 and 1979, the income from West Germany for "humanitarian concessions" climbs from almost 600 million DM to 1.56 billion DM and remains at this high level during the ensuing years. The income from the ransom of prisoners doubles in comparison with the 1960s; from 1975 it comes to between 100 and 200 million DM annually, and even more in peak years.

Although the SED leadership would not want to do without these sources of income, it fears the ideological subversion of the population through visits and packages from the West and not least through Western media, which bring a more attractive consumer world, free thought and uncensored news to the GDR. Unnoticed by the public, the détente triggers an expansion of the Ministry for Security into a comprehensive surveillance apparatus. Between 1970 and 1980, the number of Stasi employees doubles from around 40,000 to around 80,000.

In 1972, as a particularly "neighbourly" act, Erich Honecker orders new mines (SM-70) to be introduced on the inner-German border. Successfully tested on wild game, the sharp-edged pellets from these electrical self-firing devices can also inflict fatal injuries on humans or wound them so severely that they mostly can no longer get through the border. The self-firing devices are not installed on the Berlin border – for fear that their effect could be documented from the West side.

Any hopes the East Germans may have that they, too, will be able to pass through the Wall more easily towards the West as a result of the German-German détente are at first not fulfilled. With the introduction of passport- and visa-free travel to Poland and Czechoslovakia, the SED leaders only open a valve for travelling to the East.

Ost-Berliner Hochzeit, 1970: Erst 40 Jahre später, im Ruhestand, soll das Ehepaar Aussicht auf eine Westreise haben. // East Berlin wedding, 1970: at this stage, the couple has no chance of travelling to the West until their retirement 40 years later.

Fluchthilfe mit gefälschten Visa: Mit selbst gefertigten Hilfsmitteln werden bulgarische Ein und Ausreisestempel imitiert, um DDR-Bürgern mit präparierten bundesdeutschen Reisepässen zur Flucht zu verhelfen. // Helping escapees with forged visas: imitation Bulgarian entry and exit stamps are hand-made to help people escape the GDR with doctored West German passports.

Nur Rentnern, deren wirtschaftliche Nutzbarkeit erschöpft ist, sind seit 1964 Reisen in den Westen erlaubt. DDR-Bürgern unterhalb des Rentenalters wird zwar 1972 die Möglichkeit eingeräumt, in „dringenden Familienangelegenheiten" ihre Westverwandtschaft zu besuchen, die zulässigen Reisegründe sind jedoch auf Geburten, Eheschließungen, „runde" Ehejubiläen, lebensgefährliche Erkrankungen und Sterbefälle von westdeutschen Verwandten ersten Grades beschränkt. Voraussetzung einer Genehmigung ist einerseits die schriftliche Zustimmung der Arbeitsstelle, andererseits das Vorhandensein von Familienangehörigen, insbesondere von Kindern, die als Geiseln in der DDR zurückgelassen werden müssen. Nur etwa 40.000 DDR-Bürgern jährlich wird bis 1982 die Erlaubnis zum Besuch ihrer Verwandten in der Bundesrepublik erteilt.

Angesichts der Perspektive, erst als Rentner die DDR verlassen zu können, versuchen nach wie vor viele Menschen zu fliehen. Auch die Fluchthilfe, die immer professioneller – und zugleich kommerzieller – geworden ist, erfährt durch das Transitabkommen vorübergehend neuen Aufschwung.

Doch mit der immer lückenloseren Überwachung der Transitstrecken, mit der Einschleusung von Spitzeln in die Fluchthilfegruppen und Anfang der 1980er-Jahre sogar mit Mordanschlägen auf Fluchthelfer gelingt es der Staatssicherheit, die organisierte Fluchthilfe einzudämmen.

From 1964, only pensioners, who are no longer of use to the economy, are allowed to take trips to the West. In 1972, GDR citizens below retirement age are given the opportunity to visit their relatives in the West for "urgent family reasons"; however, the approved reasons for travel are limited to births, marriages, important wedding anniversaries and deaths of first-degree West German relatives. Applicants have to have their employer's written permission and relatives, especially children, who have to be left in the GDR as hostages. Up to 1982, only some 40,000 GDR citizens per year are given permission to visit their relatives in the Federal Republic.

In view of the prospect of only being able to leave the GDR as a pensioner, many people continue to try to escape. Escape aid, which has become increasingly professional – and also more commercial – is given a temporary boost by the transit agreement.

But with more and more comprehensive surveillance of transit routes, the infiltration of escape-aid groups by informers and, at the start of the 1980s, even assassination attempts on escape helpers, the State Security manages to curb organised escape assistance.

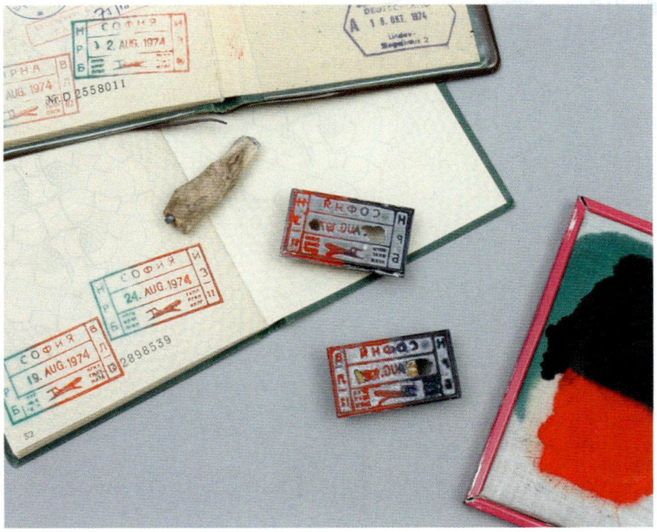

33 Menschen zur Flucht verholfen

Hartmut Richter, wegen „Fluchthilfe“ 1975 zu 15 Jahren Haft verurteilt, 1980 von der Bundesrepublik freigekauft

Im Januar 1966 versucht der 18-jährige Hartmut Richter, über die tschechisch-österreichische Grenze in den Westen zu gelangen. Doch der Fluchtversuch scheitert. Der Abiturient, der das SED-Regime ablehnt, wird festgenommen und im Mai 1966 vom Kreisgericht Potsdam zu zehn Monaten Haft auf Bewährung verurteilt. Ein erneuter Fluchtversuch Ende August 1966 gelingt: Hartmut Richter schwimmt bei Dreilinden durch den Teltowkanal nach West-Berlin. Die Fluchterfahrung wird für ihn zum prägenden Erlebnis.

Bis 1972 reist Hartmut Richter als Schiffssteward durch die Welt. Als er nach West-Berlin zurückkehrt, tritt das Transitabkommen zwischen der Bundesrepublik und der DDR in Kraft. Es erleichtert die Möglichkeit, Flüchtlinge aus der DDR in westdeutschen Fahrzeugen zu verstecken und über die Transitstrecken in den Westen zu bringen. Im gleichen Jahr darf der „Republikflüchtling“ Hartmut Richter infolge einer Amnestie wieder in die DDR einreisen.

1973 bittet ihn ein Bekannter, für eine Freundin aus der DDR einen geeigneten Fluchthelfer zu suchen. Hartmut Richter beschließt, die Fluchthilfe selbst vorzunehmen: Sein Heimatort Glindow befindet sich unmittelbar an der Transit-Autobahn Hannover – Berlin, die fluchtwillige Frau soll ihn in einem Schuppen auf dem elterlichen Grundstück erwarten, wo er sie abholen und im Kofferraum seines Autos nach West-Berlin bringen will. Der Plan funktioniert, die Flucht der Frau gelingt.

Dieser ersten Fluchthilfe folgen weitere. Bald erkennt Hartmut Richter, der inzwischen ein Studium aufgenommen hat, dass sein Auftraggeber die Fluchthilfe als Geschäft betrachtet und daran verdient. Das findet er zwar grundsätzlich nicht anstößig, denn die Vorbereitung einer Flucht ist zeitaufwändig und das Risiko für den Fluchthelfer groß, doch die geforderten Geldbeträge erscheinen ihm unverhältnismäßig hoch, und er nimmt keine weiteren Aufträge entgegen. Stattdessen verhilft Hartmut

Helped 33 people escape

Hartmut Richter, sentenced to 15 years in jail for providing “escape assistance”in 1975, ransomed by West Germany in 1980

In January 1966, 18-year-old Hartmut Richter tries to reach the West via the Czech-Austrian border. But his attempt fails. Richter, who does not accept the SED regime, is arrested and given a suspended ten-month prison sentence by the Potsdam District Court in May 1966. Another escape attempt at the end of August 1966 is successful: Hartmut Richter swims through the Teltow Canal in the district of Dreilinden to West Berlin. His escape experience has a profound influence on him. Up until 1972, Harmut Richter travels the world as a ship’s steward. When he returns to West Berlin, the transit agreement between West Germany and East Germany comes into force. It makes it easier to hide escapees from the GDR in West German vehicles and bring them to the West on the transit routes. In the same year, the “illegal emigrant” (“Republikflüchtling”) Hartmut Richter is allowed to travel to the GDR again under an amnesty.

In 1973, an acquaintance asks him to find a suitable escape helper for a female friend from the GDR. Hartmut Richter decides to assist in the escape attempt himself. His former home village in the GDR, Glindow, is situated directly next to the transit motorway Hanover-Berlin. The would-be escapee is to wait for him in a shed on his parents’ property, where he will pick her up and take her to West Berlin in the boot of his car. The plan works, and the woman succeeds in escaping. This first escape is followed by others. Soon, Hartmut Richter, who has now started to study, realises that his client sees helping people to escape as a business and earns money from it. In principle, he does not think this is objectionable, as preparing an escape requires a lot of time and there is great risk involved for the escape agent. But

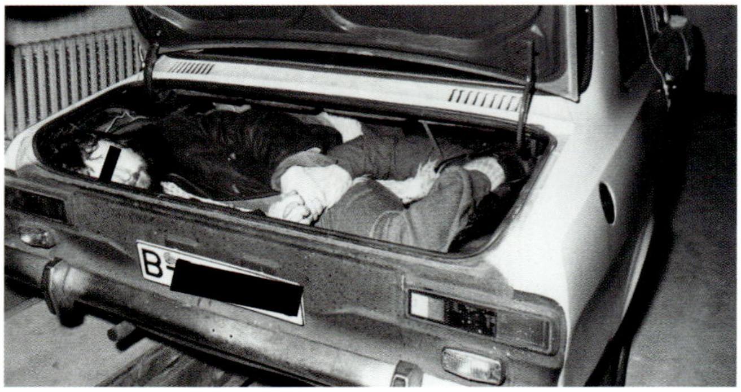

^ Entdeckte Flucht: Die Stasi zwingt Fluchthelfer und Flüchtlinge zur Nachstellung des Fluchtversuchs in einer Garage. // Caught in the act: the Stasi forces escape helpers and would-be escapees to recreate their escape attempt in a garage.

Richter eigenständig Freunden und Bekannten zur Flucht aus der DDR. Die Flüchtlinge holt er auf die bewährte Weise in Glindow oder an einer Bushaltestelle nahe Finkenkrug ab. Insgesamt 33 Menschen gelangen mit seiner Hilfe in den Westen.

In der Nacht vom 3. zum 4. März 1975 möchte Hartmut Richter seiner eigenen Schwester und deren Verlobten im Kofferraum seines Autos zur Flucht nach West-Berlin verhelfen. Am Grenzübergang Drewitz wird das Fahrzeug gestoppt, die Stasi führt eine Verdachtskontrolle durch. Beide Flüchtlinge und der Fluchthelfer werden festgenommen und im Potsdamer Stasi-Untersuchungsgefängnis inhaftiert.

Wegen „staatsfeindlichen Menschenhandels zum Zwecke, die DDR zu schädigen" verurteilt das Bezirksgericht Potsdam Hartmut Richter am 12. Dezember 1975 zur Höchststrafe von 15 Jahren Freiheitsentzug. Knapp fünf Jahre und sieben Monate später, am 2. Oktober 1980, wird Hartmut Richter aus der Haftanstalt Bautzen II freigekauft und in die „selbstständige politische Einheit Westberlin" entlassen.

the amounts of money demanded seem disproportionately high, and he does not take on any more jobs. Instead, Hartmut Richter helps friends and acquaintances to escape from the GDR independently. He picks up the escapees in the tried and tested way in Glindow or at a bus stop near Finkenkrug. With his help, a total of 33 people make it to the West.

In the night of 3-4 March 1975, Hartmut Richter wants to help his sister and her fiancé to escape to West Berlin in the boot of his car. The Stasi suspects Richter, stops the car at the Drewitz border crossing and inspects it. Both escapees and their helper are arrested and detained in the Stasi remand prison in Potsdam.

On 12 December 1975, the Potsdam District Court sentences Hartmut Richter to the maximum period of 15 years in jail for "subversive human trafficking in order to damage the GDR". Just under five years and seven months later, on 2 October 1980, Hartmut Richter is ransomed from the Bautzen II prison and released to the "independent political unit of West Berlin".

ZAHLUNGEN DER BUNDESREGIERUNG FÜR DEN FREIKAUF POLITISCHER HÄFTLINGE UND FÜR FAMILIENZUSAMMENFÜHRUNGEN VON 1964 BIS 1990 // PAYMENTS BY THE WEST GERMAN GOVERNMENT FOR THE RANSOM OF POLITICAL PRISONERS AND FAMILY REUNIFICATIONS FROM 1964 TO 1990

Verwerflicher Menschenhandel oder humanitäre Aktion: Für Gegenleistungen im Wert von rund 3,5 Milliarden DM erreicht die Bundesregierung zwischen 1964 und 1989 neben der Übersiedlung von 2.000 Kindern zu ihren Eltern und rund 250.000 Familienzusammenführungen die vorzeitige Freilassung von 33.755 Häftlingen. Ob der Häftlingsfreikauf eine humanitäre Aktion oder ein verwerflicher Menschenhandel war, ist bis heute umstritten. // **Reprehensible Human trafficking or humanitarian act:** Between 1964 and 1989, in return for concessions to the tune of about 3.5 billion DM, the West German government gains the premature release of 33,755 prisoners, succeeds in bringing 2,000 children over the border to their parents and brings about around 250,000 family reunifications. It is still a matter of controversy whether the ransom of prisoners was a humanitarian act or a reprehensible form of human trafficking.

Jahr / Year	Freigekaufte politische Häftlinge / Ransomed political prisoners	Familienzusammenführungen / Family reunifications	Zahlung (DM) / Payment (DM)
1964	884	–	37.918.901,16
1965	1.555	762	67.667.898,52
1966	407	393	24.805.316,38
1967	554	438	31.482.433,19
1968	693	405	28.435.444,15
1969	880	408	44.873.875,05
1970	888	595	50.589.774,55
1971	1.375	911	84.223.481,52
1972*	731	1.219	69.457.704,26
1973	631	1.124	54.028.288,39
1974	1.053	2.450	88.147.719,74
1975	1.158	5.635	104.012.504,93
1976	1.439	4.734	30.003.535,00
1977	1.475	2.886	143.997.942,27
1978	1.452	3.979	168.363.141,86
1979	890	4.205	106.986.866,24
1980	1.036	3.931	130.015.131,77
1981	1.584	7.571	178.987.210,84
1982	1.491	6.304	176.999.590,94
1983	1.105	5.487	102.811.953,50
1984	2.236	29.626	387.997.305,12
1985	2.669	17.315	301.995.568,10
1986	1.450	15.767	195.009.307,73
1987	1.209	8.225	162.997.921,59
1988	1.048	21.202	232.096.191,43
1989	1.775	69.447	267.895.657,76
1990	–	–	65.000.089,13
Gesamt	**33.755**	**215.019**	**3.436.800.755,12**

* Im Jahr 1972 werden weitere 2.087 Häftlinge in den Westen entlassen, die unter eine DDR-Amnestie fallen. // In 1972, a further 2,087 prisoners are released to the West under a GDR amnesty.

„Gott sei Dank gab es die Möglichkeit des Freikaufs.“

Ellen Thiemann, 1975 von der Bundesrepublik freigekauft

“Thank God there was the possibility of ransom.”

Ellen Thiemann, ransomed by West Germany in 1975

Häftling in der Strafvollzugseinrichtung Karl-Marx-Stadt (Chemnitz), Originalaufnahme 1987. Mehr als 70.000 Menschen werden DDR-weit zwischen 1960 und 1989 wegen Fluchtdelikten zu Freiheitsstrafen verurteilt. Diejenigen, die vom Westen freigekauft werden, werden zumeist kurz vor ihrer Freilassung in das Gefängnis von Karl-Marx-Stadt (Chemnitz) überführt und von dort per Bus in den Westen transportiert. // Prisoner in Karl-Marx-Stadt /Chemnitz detention centre, original photo: 1987. More than 70,000 people receive escape-related jail sentences between 1960 and 1989. Those who the West buys free are usually transferred to the prison in Karl-Marx-Stadt (Chemnitz) shortly before their release, and taken to the West from there by coach.

Bericht von Ellen Thiemann: Gratwanderer zwischen den Welten, des Teufels Advokat, Menschenhändler, der Vertraute Honeckers, Handlanger der Stasi – was ist im letzten Jahrzehnt nicht alles über Rechtsanwalt Wolfgang Vogel geschrieben worden. Als ich am 20. Dezember 1972 verhaftet wurde und einen Tag später im Stasi-Gefängnis Berlin-Hohenschönhausen landete, hatte ich noch keine Ahnung von der Existenz seines Anwaltsbüros.

Genauso wenig wusste ich damals von der bereits gängigen Praxis, Menschen aus der DDR gegen harte Währung in die Freiheit ausreisen zu lassen. Das erfuhr ich erst Anfang 1973 von einer politischen Mitinhaftierten in unserer kargen Gefängniszelle. Und ihrer Empfehlung verdanke ich auch die Wahl meines Anwaltes. „Warum muss es denn ausgerechnet Dr. Vogel sein? Es gibt genügend andere Anwälte. Aber ausgerechnet der!“, brüllte mich mein Stasi-Vernehmer hasserfüllt an. Allein diese Reaktion zeigte mir aber, dass Vogel genau der Richtige war.

Erst im Gerichtssaal am 22. Mai 1973 begriff ich das hinterhältige, skrupellose Zusammenspiel zwischen der Staatsanwältin und dem Richter, die mich auf Geheiß der Stasi-Schergen zu drei Jahren und fünf Monaten strengem Strafvollzug wegen geplanter Republikflucht verurteilten. Während der gesamten Haft konnte ich nicht ein einziges Mal mit Vogel allein sprechen. Also bedurfte es seines professionellen anwaltlichen Geschickes, sich mit wenigen Worten und Augenzwinkern zu verständigen. Was auch geschah.

Als ich am 29. Mai 1975 endlich die DDR-Folterkammern (Schlafentzug, Isolationshaft, Psychopharmaka /Drogen, Doppelzwangsarbeit) verlassen durfte, begab ich mich schnellstens zu Wolfgang Vogel. Er war so anständig, mir durch Gebärden zu verstehen zu geben, dass sein Büro verwanzt sei. Irgendwo auf einer Landstraße außerhalb Berlins stiegen wir aus seinem Wagen und dann sagte er: „Jetzt können wir reden.“ Es ging um die Ausreise mit meinem Sohn nach Köln. [...]

Account by Ellen Thiemann: Tightrope walker between two worlds, devil's advocate, human trafficker, Honecker's confidant, stooge of the Stasi – what has not been written about the lawyer Wolfgang Vogel over the past decade? When I was arrested on 20 December 1972 and arrived in the Stasi prison in Hohenschönhausen in Berlin a day later, I knew nothing of the existence of his law firm.

I knew just as little about the already common practice of allowing people from the GDR to leave for freedom in exchange for hard currency. It was only at the start of 1973 that I heard about this from a fellow political prisoner in our bare prison cell. And I also owe my choice of lawyer to her recommendation. “Why does it have to be Dr. Vogel, of all people? There are enough other lawyers. But him of all people!” my Stasi interrogators yelled at me, seething with hatred. But this reaction sufficed to show me that Vogel was exactly the man I needed.

Only in the courtroom on 22 May 1973 did I understand the underhanded, unscrupulous conspiracy between the public prosecutor and the judge, who, at the behest of the Stasi henchmen, sentenced me to three years and five months' strict imprisonment for planned illegal emigration from the GDR. During my entire prison stay I was not able to speak to Vogel on my own one single time. So his professional skills of communicating with a few words and winks were necessary. Which is what happened.

When I was finally allowed to leave the GDR torture chambers (sleep deprivation, solitary confinement, mood-altering drugs, double hard labour) on 29 May 1975, I went as quickly as I could to Wolfgang Vogel. He was decent enough to tell me in sign language that his office was bugged. Somewhere on a country road outside Berlin, we got out of his car and then he said: “Now we can talk.” It was about leaving for Cologne with my son. [...]

Nach meiner Entlassung klärte mich Wolfgang Vogel über den Freikauf auf. Meine Meinung dazu ist klar und unverändert. Der Menschenhandel zwischen beiden deutschen Staaten an sich war verwerflich. Die DDR-Nomenklatura hatte sich dadurch eine immense Einnahmequelle geschaffen, um in Saus und Braus prassen zu können. Und sie bauten im Laufe der Jahre das korrupte Geschäft mehr und mehr aus. Man bespitzelte, verurteilte und verkaufte für Milliarden von Westmark seine unliebsamen Bürger an den verhassten deutschen Staat. Wie schizophren!

Aber nicht Wolfgang Vogel war für diese absurde Praxis verantwortlich, sondern die SED-Machthaber und Mielkes Stasi-Schergen. Dem Anwalt stand nur die Vermittlerrolle zwischen Ost und West zu. Aber: Wer jemals hinter die Mauern von DDR-Gefängnissen geblickt hat, wer deren abscheuliche Foltermethoden kennen lernte, deren Missachtung jeglicher Menschenrechte, konnte nur schlussfolgern: Gott sei Dank gab es die Möglichkeit des Freikaufs. Einzig und allein das Wissen, irgendwann die ersehnte Freiheit auf diesem Wege erlangen zu können, hat viele vom Selbstmord abgehalten.

Leider nicht alle. Dass Wolfgang Vogel mit seiner humanitären Arbeit auch Geld verdiente, ist unbestritten. Das stand ihm schließlich zu. Für die Freiheit hatten wir einen weit höheren Preis gezahlt – mit unserer doppelten Unfreiheit. Ich werde das den Machthabern des Unrechtsstaates DDR mein Leben lang nicht verzeihen. Aber auch nicht vergessen, was der Mensch Wolfgang Vogel für uns tat.

After my release, Wolfgang Vogel explained the ransom procedure to me. My opinion on this is clear and unchanged. The human trafficking between the two German states was in itself reprehensible. The GDR nomenklatura had used it to create a huge source of income so they could live the high life. And over the years they developed this corrupt business more and more. The GDR spied on and sentenced its disagreeable citizens, and sold them for billions of West German marks to the detested German state. How crazy!

However, it was not Wolfgang Vogel who was responsible for this absurd practice, but those in power from the SED and Mielke's Stasi henchmen. The lawyer only played a mediating role between the East and the West. But anyone who has ever looked behind the walls of GDR prisons, anyone who got to know their dreadful methods of torture, their complete disregard for human rights, could only conclude: thank God there was the possibility of ransom. The only thing that stopped many people from committing suicide was the knowledge that they could gain the freedom they longed for in this way.

Unfortunately not all. There is no disputing that Wolfgang Vogel also earned money with his humanitarian work. After all, that was his right. We had paid a much higher price for freedom – with our double lack of freedom. I will never forgive those in power in the criminal state of the GDR for that until the day I die. But I will also not forget what Wolfgang Vogel did for us.

„Was wäscht mir den Schmerz aus den Wörtern?"

Matthias Storck, 1980 von der Bundesrepublik freigekauft

"What can wash the pain from my words?"

Matthias Storck, ransomed by West Germany in 1980

Bericht von Matthias Storck: Himmel bleibt Himmel. Tor bleibt Tor. Wachturm bleibt Wachturm. Aber schon beim Schnee wird es schwierig: Schnee bleibt nicht Schnee. Und ausgerechnet im Schnee von gestern wusch ich meine Wörter. Aber Wahrheit bleibt Wahrheit und Bus bleibt Bus. Jedenfalls im Gedächtnis.

Niemals kann ich diesen Bus vergessen. Noch nach über zwanzig Jahren steht er mit laufendem Motor auf dem Gefängnishof im Schneematsch vor dem geschlossenen Eisentor, beschattet von vier Wachtürmen unter dem offenen Winterhimmel von Karl-Marx-Stadt. Ich steige ein. Ich trage Sommersachen. Nicht gereinigt. Sie riechen nach Mottenkugeln und dem Schweiß der Gerichtsverhandlung vor Monaten nach der U-Haft. Diese Geschichte hört nie auf.

Der Bus hat getönte Scheiben. Mit geschlossenen Augen sehe ich die Sitzpolster vor mir. Ich kann ihr Muster hersagen. Es leuchtet in meinem Gedächtnis. Seltsame Erinnerung, die die Sitzpolster zum Leuchten bringt. Das ist zum Verrücktwerden. Aber zehn Monate nur Grau und Grüngrau schaffen das und noch mehr. Als ich mich nach vierhundertdreißig Tagen das erste Mal in ein Polster fallen lasse, schreit der Rücken auf: Die Erinnerung schmerzt. Sitzen ist eben nicht gleich Sitzen.

Der Bus hat eine Klimaanlage, eine Kaffeemaschine und gedämpfte Musik. Der Duft nach frischem (West-) Kaffee tötet sofort die Erinnerung an den letzten (Ost-) Kaffee: Endlose Verhöre mit voller

Account by Matthias Storck: The sky stays the sky. A gate stays a gate. A watchtower stays a watchtower. But with snow things get difficult: snow is not always snow. And it was in yesterday's snow that I washed my words. But truth stays the truth and a bus stays a bus. At least in one's memory.

I will never be able to forget that bus. Even more than twenty years later, it is still standing there, motor running, in the slush of the prison yard in front of the closed iron gate, overshadowed by four watchtowers under the open winter sky of Karl-Marx-Stadt. I get in. I am wearing summer clothing. Unwashed. It smells of moth balls and the sweat of the trial months ago after being on remand. This story never ends.

The bus has tinted windows. When I close my eyes, I see the seat coverings before me. I know their pattern off by heart. It glows in my memory. A strange kind of memory it is that makes the seat coverings glow. It could drive you mad. But ten months of just grey and greeny-grey drive you mad, and not just that. When I fall back onto a cushioned seat for the first time after four hundred and thirty days, my back screams: the memory hurts. There's sitting and there's sitting.

The bus has air-conditioning, a coffee machine and muted music. The aroma of fresh (Western) coffee immediately blots out the memory of my last (Eastern) coffee: endless interrogations on a full bladder. No, there's coffee and there's coffee. The words stick to

Blase. Nein, Kaffee ist eben nicht gleich Kaffee. Die Wörter bleiben an der Vergangenheit kleben. Das ist es. Du wachst plötzlich auf. Mitten im Leben. Und vergisst die falschen Dinge. Die Wahrheit verschwimmt dir. Die Erinnerung verschmiert. [...]

Tine ist anders, obwohl ich mit ihr verlobt bin. 430 Tage lang ist sie hinter anderen Türen anders fremd geworden. Ohne mich. Aber sie trägt noch ihr geblümtes Sommerkleid, dessen Blumen im Gerichtssaal blühten: unvergesslich bunt bei einem verbotenen Kuss in Handschellen. Die Staatsanwältin schrie dazwischen. Selbst der Anwalt, Vogels Adlatus Hartmann, empörte sich lauthals. Die Bewacher rissen uns auseinander. Seitdem ist Blume nicht mehr gleich Blume und Anwalt nicht mehr gleich Anwalt. So ein Kuss im Gerichtssaal ist teuer.

Im gedämpften Licht des Busses sieht der von der DDR autorisierte Menschenhändler Wolfgang Vogel einem Menschenfreund zum Verwechseln ähnlich. Er kam, um uns zum Stillschweigen zu vergattern: „Wenn Sie im Westen nur ein Sterbenswörtchen über diesen Freikauf verlieren, wird kein Bus mehr diesen Gefängnishof verlassen. Dafür werde ich ganz persönlich sorgen", sagt er. Wörter, die lange in der Seele nachbrennen.

Als abschreckendes Beispiel nennt er den freigekauften Schriftsteller Jürgen Fuchs, weil der die verordnete Verschwiegenheit über das dunkle Geschäft durchbrach. Er hatte geschrieben, dass die DDR-Gefängnisse sich immer dann mit aufsässigen Landeskindern füllten, wenn die Kassen des maroden Staates sich bedrohlich leerten. Das Schwerste am Schweigen ist das Aufhören.

Der Anwalt verlässt im dunkelblauen Mercedes den Gefängnishof. Vogel ade, Freikauf tut weh! Als unser Bus im Dunkel das halbe Land verließ, war Mauer noch Mauer, Westen noch Westen und Karl-Marx-Stadt noch Karl-Marx-Stadt. Das alles ist zum Glück endlich vorbei. Inmitten meiner kindlich trotzigen Freude darüber habe ich aber nicht zu buchstabieren verlernt, was ich vierzehn Monate lang im VEB-Knast auf den Leib geschrieben bekam: Arrest bleibt Arrest und Knüppel bleibt Knüppel. Bautzen bleibt Bautzen und Unrecht bleibt Unrecht.

Diese Geschichte hört nie auf. Bis auf den heutigen Tag. Und Vogel bleibt Vogel. Selbst wenn wider Erwarten aus Osten Westen und (in Ausnahmefällen!) aus Wasser Wein wird. Aber was wäscht mir den Schmerz aus den Wörtern? Solange ich das nicht weiß, werde ich vorsichtshalber alles behalten. Denn „der Kampf des Menschen gegen die Macht", bleibt, wie Milan Kundera einmal gesagt hat, „der Kampf des Gedächtnisses gegen das Vergessen".

the past. That's it. You suddenly wake up. In the midst of life. And forget the wrong things. The truth becomes blurred. Memory is clouded. [...]

Tine is different, although she's my fiancée. For 430 days she has become alien in a different way, behind different doors. Without me. But she is still wearing her flowery summer dress, with its flowers that blossomed in the courtroom: unforgettably colourful during a forbidden kiss in handcuffs. The state prosecutor yelled at us. Even the lawyer, Vogel's assistant, Hartmann, gave vent to his indignation. The guards tore us apart. Since then, there are flowers and there are flowers, and lawyers and lawyers. A kiss like that one in the courtroom costs dear.

In the dim light of the bus, the GDR-authorised human trafficker Wolfgang Vogel looks very much like a friend to mankind. He came to remind us to keep quiet: "If you breathe a single word in the West about this ransom, no more buses will leave this prison yard. I'll take care of that personally," he says. Words that remain etched in the soul for a long time.

As a warning, he cites the case of the ransomed author Jürgen Fuchs, who broke the prescribed silence about this shady business. He had written that the jails in the GDR always filled with rebellious citizens when the coffers of the ailing state started to run dangerously low. The most difficult thing about keeping quiet is stopping.

The lawyer leaves the prison yard in a dark-blue Mercedes. Vogel bye-bye, ransoming makes you cry! As our bus left the half-country in the dark, the Wall was still the Wall, the West was still the West and Karl-Marx-Stadt was still Karl-Marx-Stadt. Fortunately, that is all over at last. In my childishly defiant joy at this, however, I have not forgotten how to spell out what was imprinted on me for fourteen months in the state-owned jail: an arrest stays an arrest and truncheon stays a truncheon. Bautzen stays Bautzen and injustice stays injustice.

This story never ends. Not to this very day. And Vogel stays Vogel. Even if, contrary to all expectations, East turns into West and (in exceptional cases!) water turns into wine. But what will wash the pain from my words? As long as I do not know that, I will keep everything as a precaution. For "the struggle against power" remains, as Milan Kundera once said, "the struggle of memory against forgetfulness".

^ Von Deutschland-Ost nach Deutschland-West: Ein Bus bringt freigekaufte DDR-Häftlinge in die Freiheit. // From East Germany to West Germany: a coach bringing GDR prisoners to freedom.

Der Zweite Kalte Krieg

Ende der 1970er-Jahre verschlechtern sich die Ost-West-Beziehungen – ein Zweiter Kalter Krieg setzt ein. Auslöser ist die Stationierung sowjetischer atomarer Mittelstreckenraketen in Europa. Als Antwort reagiert die Nato Ende 1979 mit einem Doppelbeschluss: Sie offeriert den Warschauer-Pakt-Staaten Abrüstungsgespräche – und kündigt gleichzeitig an, bei deren Scheitern ab Ende 1983 ebenfalls nukleare Mittelstreckenraketen in der Bundesrepublik, Großbritannien und Italien aufzustellen. Der Einmarsch der Sowjetunion in Afghanistan im Dezember 1979, die Verhängung des Kriegsrechts in Polen 1981 und der Abschuss einer zivilen Passagiermaschine der Korean Airlines durch sowjetische Abfangjäger Ende August 1983 verschärfen das Klima weiter. US-Präsident Ronald Reagan bezeichnet 1983 die Sowjetunion als das „Reich des Bösen“ – und kündigt eine „Strategische Verteidigungs-Initiative“ (SDI) an. Das milliardenschwere Forschungsprogramm für eine weltraumgestützte, nicht-nukleare Raketenabwehr soll die Sowjetunion militär- und finanzpolitisch in die Knie zwingen. Als der Deutsche Bundestag im Dezember 1983 die Stationierung neuer amerikanischer Mittelstreckenraketen billigt, bricht die sowjetische Führung alle internationalen Abrüstungsgespräche ab. Die Ost-West-Beziehungen sinken auf den Gefrierpunkt.

Beide deutsche Staaten versuchen in dieser Periode, die innerdeutschen Beziehungen von den wachsenden internationalen Spannungen abzukoppeln. Dafür gibt es ein gemeinsames Motiv: die Furcht vor einer nuklearen Auseinandersetzung, die vor allem Deutschland-Ost und -West als Hauptschlachtfeld mit atomarer Verwüstung bedroht – unabhängig vom unterschiedlichen politischen System. Darüber hinaus will die Bundesrepublik die menschlichen Erleichterungen, die sie der DDR in den zurückliegenden Jahren abgerungen – und abgekauft – hat, nicht aufs Spiel setzen.

Für die DDR wiederum geht es bereits um die Existenz: Der Konsumsozialismus der 1970er-Jahre beruht auf Pump. Steigende Militärausgaben, ein Kreditstopp des Westens und die Erweiterung von Embargomaßnahmen verschärfen ihre ohnehin prekäre ökonomische Lage – wie auch die aller Ostblockstaaten. Hoch verschuldet steht die DDR 1981 – zusammen mit Polen,

^ Zeitweilig ohne Verhandlungspartner: In dichter Folge sterben drei KPdSU-Generalsekretäre: Leonid Breshnew († 10. November 1982), Jurij Andropow († 9. Februar 1984) und Konstantin Tschernenko († 10. März 1985). // Negotiations temporarily interrupted: three CPSU Secretary-Generals die in close succession: Leonid Brezhnev († 10 November 1982), Yuri Andropov († 9 February 1984) and Konstantin Chernenko († 10 March 1985).

The second Cold War

At the end of the 1970s, East-West relations worsen – a second Cold War sets in. It is triggered by the stationing of Soviet medium-range atomic missiles in Europe. In response, NATO reacts with a double resolution at the end of 1979: it offers the Warsaw Pact nations disarmament talks – and at the same time announces that, if they break down, it will also install medium-range nuclear missiles in West Germany, Great Britain and Italy from the end of 1983. The Soviet invasion of Afghanistan in December 1979, the imposition of martial law in Poland and the shooting down of a civilian passenger aircraft belonging to Korean Airlines by Soviet interceptors at the end of August 1983 contribute to making the climate even more tense. In 1983, US President Ronald Reagan calls the Soviet Union the "evil empire" – and announces a "Strategic Defence Initiative" (SDI). The research programme, costing billions of dollars, for a space-based non-nuclear missile defence system is intended to force the Soviet Union to its knees both militarily and financially. When the West German parliament approves the stationing of American medium-range missiles in December 1983, the Soviet leadership breaks off all international disarmament talks. East-West relations deteriorate to freezing point.

During this period, both German states try to dissociate inner-German relations from the growing international tensions. There is a common motive for this: the fear of a nuclear conflict, which threatens above all both East and West Germany with atomic destruction – irrespective of their different political systems.

Moreover, West Germany does not want to risk the "humanitarian concessions" that it has wrung – and bought – from the GDR in the past years. For the GDR, on the other hand, its existence is already at stake: the consumer socialism of the

Ungarn und Rumänien – gegenüber dem Westen vor der Zahlungsunfähigkeit. Der weitere Zufluss von Devisen aus der Bundesrepublik ist für die SED-Führung deshalb überlebenswichtig. Von der sowjetischen Vormacht ist keine Hilfe zu erwarten, im Gegenteil: Erst stellt die Sowjetunion die Getreidelieferungen in die DDR ein, dann verringert sie die Erdöllieferungen und verweigert der DDR weitere Kredite – und schließlich fordert sie sogar Unterstützung: für Polen – und für sich selbst. Auch die Sowjetunion steckt 1981/82 in einer tiefen wirtschaftlichen Krise. Deshalb entziehen sich Erich Honecker und sein ZK-Wirtschaftssekretär Günter Mittag dem totalen Konfrontationskurs gegenüber der Bundesrepublik, wie ihn der todkranke Breshnew im Sommer 1982 noch einmal von ihnen fordert.

Und sie werden dafür belohnt: Mit den beiden Milliardenkrediten aus der Bundesrepublik in den Jahren 1983 und 1984 und einer weiteren, hinter Häftlingsverkäufen und Postgebühren versteckten dritten Milliarde gelingt es, den drohenden wirtschaftlichen Kollaps und die dabei zu erwartenden inneren Unruhen abzuwenden und die DDR vorübergehend zu stabilisieren.

Der politische Preis, den die SED-Führung dafür zu zahlen bereit ist – zeitlich versetzt, um den direkten Zusammenhang zu verschleiern –, ist beträchtlich. Sie entfernt nicht nur die Minen an der innerdeutschen Grenze, sondern macht die Mauer durchlässiger – nunmehr für Besuchsreisen von DDR-Bürgern in den Westen. Außerdem werden 1984 in einer einmaligen Aktion nahezu alle vorliegenden Anträge auf eine ständige Ausreise nach Westdeutschland genehmigt.

1970s is based on credit. A growth in military spending, a cessation of loans from the West and the tightening of embargo measures make its already precarious economic situation worse – like that of all other Eastern Bloc countries as well. In 1981, the GDR – along with Poland, Hungary and Romania – is on the brink of not being able to repay its heavy debts with the West. The continued flow of hard currency from West Germany is thus vital for the SED leadership. No help is to be expected from the Soviet Union; on the contrary, the Soviet Union at first stops delivering grain to the GDR, then reduces the supply of oil and refuses to give the GDR any further loans – and finally even demands financial support for Poland – and itself. In 1981/82, the Soviet Union is also in a deep economic crisis. For this reason, Erich Honecker and his Central Committee Economics Secretary Günter Mittag pull back from the total collision course with West Germany that a critically ill Brezhnev again calls for in the summer of 1982.

And they are rewarded: with two loans of a billion DM from West Germany in 1983 and 1984 and a third billion concealed in the form of ransoms and postal fees, the GDR manages to avert the imminent economic collapse and the internal unrest that would likely have resulted, and to temporarily stabilise the country.

The political price that the SED leadership is willing to pay for this – at a later date, so that the direct connection is not evident – is considerable. It not only removes the mines from the inner-German border, but also makes the Wall more passable, also allowing a growing number of visits to the West by GDR citizens. In addition, in a unique action in 1984, almost all applications for permanent departure to West Germany are approved.

❮ Trotz internationaler Eiszeit: Deutsch-deutsches Treffen von Helmut Schmidt und Erich Honecker am Werbellinsee in der DDR (kleines Bild). 11. bis 13. Dezember 1981 – Die „Erfurter Lehre": Bundeskanzler Schmidt wird im mecklenburgischen Güstrow von der Staatssicherheit begrüßt. // Despite an international freeze: German-German meeting between Helmut Schmidt and Erich Honecker on Werbellin Lake in the GDR (small photo). 11 to 13 December 1981 – the "lesson of Erfurt": West German Chancellor Schmidt is welcomed to Güstrow, Mecklenburg, by the Stasi.

^ Umsetzung des Befehls zur „Erhöhung der Sicherheit, Ordnung und Sauberkeit" im Grenzgebiet: Die Versöhnungskirche an der Bernauer Straße wird am 28. Januar 1985 gesprengt und freies Sicht- und Schussfeld geschaffen. // Carrying out the order for "increasing security, order and cleanliness" in the border zone: the Church of Reconciliation on Bernauer Strasse is demolished to ensure a clear view for shooting any escapees on 28 January 1985.

Die Ausreisebewegung

Seit Mitte der 1970er-Jahre stellen jährlich zwischen 8.000 und 15.000 Menschen einen Antrag auf ständige Ausreise aus der DDR. Auf eine gesetzliche Grundlage können sie sich nicht berufen, stattdessen aber auf die KSZE-Schlussakte und weitere Völkerrechts-Konventionen, die auch die DDR zur Einhaltung der Menschenrechte verpflichten. Dazu gehört „Freizügigkeit" – das Recht, aus seinem Land auszureisen und wieder einzureisen.

Doch die Ausreisewilligen werden zumeist diskriminiert und kriminalisiert. Wer einen Ausreiseantrag stellt und bei Ablehnung durch die DDR-Behörden weiter darauf beharrt, „beeinträchtigt" die „staatliche und gesellschaftliche Tätigkeit" (DDR-StGB § 214). Wer Hilfe im Westen sucht – bei Verwandten, Freunden

The emigration movement

From the mid-1970s, between 8,000 and 15,000 people apply to leave the GDR permanently every year . They cannot claim any legal basis, but refer instead to the CSCE Helsinki Accords and other human rights conventions that obligate the GDR, like other countries, to respect human rights. These include "freedom of movement" – the right to leave one's country and return again.

But those wanting to leave are mostly discriminated against and criminalised. Anyone who applies for permission to leave and continues to try despite rejection by the GDR authorities "impedes" the "state and social activity" (GDR Penal Code § 214). Anyone who seeks assistance from the West – from relatives, friends or state institutions – is guilty of "illegal contact" (GDR oder staatlichen Stellen –, betreibt „ungesetzliche Verbindungsaufnahme“ (DDR-StGB § 219), wenn nicht sogar „landesverräterische Nachrichtenübermittlung oder Agententätigkeit“ (DDR-StGB §§ 99, 100). Wer seine Ausreiseabsicht mit kritischen Hinweisen auf die politischen Verhältnisse in der DDR unterstreicht, wird der „öffentlichen Herabwürdigung“ bezichtigt (DDR-StGB § 220). Wegen Verstoßes gegen diese Strafrechts-Paragraphen inhaftiert allein die Staatsicherheit bis 1989 weit mehr als 10.000 Menschen.

Im Jahr 1983 – nach dem KSZE-Folgetreffen in Madrid – veröffentlicht der DDR-Ministerrat erstmals eine Verordnung, die rein formal ein Antragsrecht auf „eine Wohnsitzänderung nach dem Ausland“ gewährt, dieses aber auf Übersiedlungen zu Verwandten ersten Grades und Ehepartnern beschränkt. Die überwiegende Mehrheit der mittlerweile mehr als 30.000 Antragsteller kann sich darauf nicht berufen. Mancherorts schließen sich Ausreisewillige in Gruppen zusammen, andere wiederum besetzen Anfang 1984 die Botschaft der USA und die Ständige Vertretung der Bundesrepublik in Ost-Berlin. Die Westmedien greifen das Thema auf – die SED-Führung gerät unter Druck. Vor diesem Hintergrund – und den Milliardenkrediten aus der Bundesrepublik – lässt die SED-Führung im Frühjahr 1984 mehr als 20.000 Antragsteller in den Westen ziehen.

Die Hoffnung, sich damit des Ausreiseproblems für alle Zeiten entledigt zu haben, erfüllt sich jedoch nicht. Stattdessen wirkt die Massengenehmigung wie ein Sog. Die Zahl der Ausreiseanträge steigt sprunghaft an – auf mehr als 70.000 bis Ende 1986 und mehr als 100.000 im Jahr darauf.

Penal Code § 219) or even “traitorous information transfer or activities as an agent” (GDR Penal Code §§ 99, 100). Anyone who criticises the political situation in the GDR to lend more weight to his/her intention to leave is accused of “public disparagement” (GDR Penal Code, § 220). Up until 1989, the State Security arrests well over 10,000 people for offences against these paragraphs of the penal code.

In 1983 – after the follow-up CSCE meeting in Madrid – the GDR Council of Ministers for the first time issues a regulation that, in a purely formal sense, gives citizens the right to apply to “move the place of [their] residence abroad”, but limits this to people wanting to move to first-degree relatives and spouses. By far the majority of the now more than 30,000 applicants does not fall into this category. In many places, people wanting to leave the GDR join to form groups; at the start of 1984, others occupy the United States Embassy and the West German Permanent Mission in East Berlin. The media in the West take up the subject – the SED leadership comes under pressure. This fact – and the loans amounting to billions from West Germany – causes the SED leadership to allow more than 20,000 applicants to move to the West in the spring of 1984.

But any hope that this will mean a permanent end to its emigration problems is not fulfilled. Instead, this approval of applications on a mass scale has an avalanche effect. The number of applications to leave the GDR increases by leaps and bounds – to more than 70,000 by the end of 1986 and to more than 100,000 the year after that.

ANTRAGSTELLER AUF STÄNDIGE AUSREISE AUS DER DDR 1977 – 1989*) // APPLICANTS FOR PERMANENT DEPARTURE FROM THE GDR 1977 – 1989*)

Jahr / Year	Zahl der Antragsteller (31.12.) / Number of applicants	Erst-Antragsteller (jährlich) / First-Time applicants (per year)	Rücknahmen (jährlich) / Revoked applications (per year)	Genehmigte Ausreisen (gesamt) / Permitted departures Total	Häftlings-Freikauf (gesamt) / Prisoners ransomed Total
1977	-	8.400	800	2.500	1.475
1978	-	5.400	700	3.700	1.452
1979	-	7.700	4.300	4.500	890
1980	21.500	9.800	4.700	3.600	1.036
1981	23.000	12.300	5.000	7.600	1.584
1982	24.900	13.500	6.500	6.300	1.491
1983	30.300	14.800	5.600	5.600	1.105
1984	50.600	57.600	17.300	27.500	2.236
1985	53.000	27.300	11.300	14.700	2.669
1986	78.600	50.600	10.800	14.500	1.450
1987	105.100	43.200	12.800	6.300	1.209
1988	113.500	42.400	11.700	24.200	1.048
1989 (30.6.)	125.400	23.000	1.400	36.600	1.775

*) Spalte 1–4 auf Hundert gerundet. // *) Columns 1–4 rounded off to nearest hundred.

„Klärung eines Sachverhaltes“

Gisela Lotz, 1985 mit der gesamten Familie wegen Ausreiseanträgen zu Haftstrafen verurteilt, 1986 von der Bundesrepublik freigekauft.

^ Gisela und Kurt Lotz im Jahr der Ausreise-Antragstellung 1982. // Gisela and Kurt Lotz in the year they applied to leave the GDR, 1982.

"Clarification of circumstances"

Gisela Lotz, sentenced to imprisonment with her entire family in 1985 for applications to leave the country, ransomed by West Germany in 1986

Als ihre Eltern im Frühsommer 1961 in den Westen flüchten, ist Gisela Lotz 18 Jahre alt. Die gelernte Gärtnerin verspricht, bald nachzukommen. Doch ihr Versprechen kann sie nicht einlösen – der Mauerbau am 13. August 1961 verhindert es.

Gisela Lotz heiratet, gründet eine Familie und baut ein Haus in der Nähe von Potsdam. Sie bemüht sich immer wieder, eine Genehmigung zum Besuch der Eltern in Pforzheim zu erhalten, ohne Erfolg. Im Februar 1982 stellen Gisela Lotz, ihr Mann und ihre beiden erwachsenen Söhne einen Antrag auf Familienzusammenführung und Übersiedlung in die Bundesrepublik. Der Antrag wird abgelehnt, 13 weitere ebenfalls.

Hilfe suchend wendet sich der Vater an Einrichtungen in der Bundesrepublik. Über die jeweiligen Bemühungen informieren sich Vater und Tochter in ihren Briefen. Am Morgen des 15. August 1985 klingelt es bei Kurt und Gisela Lotz. Zwei Männer bitten sie mitzukommen zur „Klärung eines Sachverhalts.“ In der Annahme, es handele sich um die Ausreisegenehmigung, lassen sich die Eheleute nach Potsdam bringen. Die Fahrt endet im Stasi-Untersuchungsgefängnis. Erst nach stundenlangen Verhören begreift Gisela Lotz, dass sie zusammen mit ihrem Mann verhaftet worden ist – und ebenso die beiden Söhne, wie sie am Abend erfährt.

Am 23. Dezember 1985 wird die Familie unter Ausschluss der Öffentlichkeit vor Gericht gestellt. Es ist das erste Wiedersehen seit der Verhaftung; eine Umarmung oder ein Händedruck wird ihnen verwehrt. Wegen „ungesetzlicher Verbindungsaufnahme“ (§ 219 StGB) verhängt das Gericht über Kurt und Gisela Lotz Haftstrafen von 2 Jahren und 4 Monaten. Ein Sohn wird zu einer Haftstrafe von 1 Jahr und 8 Monaten, der andere zu 1 Jahr und 6 Monaten verurteilt. Die Männer müssen die Strafe in verschiedenen Haftanstalten antreten, Gisela Lotz im Frauen-Gefängnis Hoheneck.

Am 4. November 1986, nach mehr als 14 Monaten Haft, dürfen Gisela Lotz, ihr Mann und einer der Söhne aus der DDR ausreisen – freigekauft von der Bundesrepublik. Vier Wochen später darf der zweite Sohn ihnen nach Pforzheim folgen.

When her parents flee to the West in the early summer of 1961, Gisela Lotz is 18 years old. Lotz, a trained gardener, promises to follow soon. But she is unable to keep her word – the building of the Wall on 13 August prevents her.

Gisela Lotz marries, starts a family and builds a house near Potsdam. She tries to gain permission to visit her parents in Pforzheim again and again, without success.

In February 1982, Gisela Lotz, her husband and her two grown-up sons apply for family reunification and migration to West Germany. The application is rejected, and 13 further applications as well. Lotz's father turns to institutions in West Germany for assistance. Father and daughter inform one another of their efforts in their letters.

In the morning of 15 August 1985, the doorbell rings at the home of Kurt and Gisela Lotz. Two men ask them to come along to "clarify circumstances". Thinking that the visit concerns their exit permit, the couple allow themselves to be taken to Potsdam. The trip ends in the Stasi remand prison. Only after hours of interrogation does Gisela Lotz realise that she has been arrested along with her husband – and her two sons as well, as she learns in the evening.

On 23 December 1985, the family comes before the court behind closed doors. It is the first time they have seen one another since they were arrested; they are not permitted to embrace or shake hands. The court sentences Kurt and Gisela Lotz to two years and four months in prison for "illegal contacts" (Paragraph 219 of the GDR Penal Code). One son is sentenced to one year and eight months in prison, the other to one year and sixth months. The men have to serve their sentences in different prisons, while Gisela Lotz is taken to Hoheneck women's prison.

On 4 November 1986, after more than 14 months in jail, Gisela Lotz, her husband and one of their sons are allowed to leave the GDR – ransomed by West Germany. Four weeks later, their second son is permitted to follow them to Pforzheim.

Weil die Genehmigung der „Übersiedlungsersuche“ restriktiv gehandhabt wird, wächst mit der Unzufriedenheit der Ausreisewilligen ihre Bereitschaft zu organisiertem und öffentlichem Protest. In Dresden demonstrieren 300 Ausreisewillige 1987 unter der Parole: „Erich gib den Schlüssel raus!“ In Leipzig machen Hunderte Jugendliche während der Frühjahrsmesse auf die Verletzung ihres Grundrechts aufmerksam. Friedensgebete und Fürbittgottesdienste unter dem Dach der Kirchen werden in vielen Orten zum Ausgangspunkt von Protestaktionen gegen die Verweigerung des Ausreiserechts.

As the applicants' dissatisfaction with the restrictive treatment of these "requests to move" grows, so does their readiness to hold organised and public protests. In Dresden, 300 would-be emigrants demonstrate with the motto: "Erich, give us the key!" In Leipzig, hundreds of youths draw attention to the violation of their basic right during the Spring Trade Fair. In many places, prayer ceremonies for peace and services of intercession in churches become the starting point for protest actions against the denial of people's right to leave the country.

Die Staatssicherheit schlägt im Frühjahr 1988 vor, den Ausreisewilligen mit „Entschiedenheit und gebotener Härte" entgegenzutreten; die Gruppen sollten zerschlagen, die Initiatoren festgenommen und abgeurteilt werden. Von einer neuerlichen Erhöhung der Genehmigungen rät die Stasi entschieden ab; den „Feinden" werde dadurch Auftrieb gegeben und die Sogwirkung zur Ausreise weiter verstärkt.

Doch Honecker setzt sich über diese Vorschläge hinweg: Er öffnet erneut das Ausreiseventil. Im April 1988 weist er an, die Zahl der monatlichen Genehmigungen von bislang 1.000 auf 2.000 bis 3.000 Ausreisen zu erhöhen. Wieder geht das Kalkül nicht auf: Die Zahl der Antragsteller steigt. Im ersten Halbjahr 1989 legt der SED-Generalsekretär nach und genehmigt 6.000 Ausreisen pro Monat. „Jetzt muss langsam Schluss sein!", fordert er am 5. Juli 1989 entnervt – doch die Zahl der Ausreiseanträge erreicht mit 125.400 einen Rekordstand.

Weder mit Genehmigungen noch mit dem Einsatz disziplinierender, diskriminierender und offen repressiver Maßnahmen gelingt es der SED-Führung, den Kampf gegen die Ausreisebegehren zu gewinnen. Eine stetig wachsende Anzahl von Menschen ist bereit, für eine Ausreise in die Bundesrepublik mehrjährige Verfolgungsmaßnahmen bis hin zu Gefängnisstrafen in Kauf zu nehmen.

In 1988, the State Security suggests taking action against the would-be emigrants with "resolution and all due severity"; it says the groups should be broken up and their initiators arrested and sentenced. The Stasi advises strongly against any new rise in approving applications, saying this would give the "enemies" a boost and attract still more applicants.

But Honecker disregards these suggestions: he opens the departure valve. In April 1988, he gives the order to increase the number of applications approved per month from 1,000 to 2,000-3,000. Yet again, his strategy does not work: the number of applicants increases. In the first half of 1989, the SED Secretary-General goes further, allowing 6,000 departures per month. "This has gone far enough!" he cries, unnerved, on 5 July 1989 – but the number of applications reaches the record level of 125,400.

Neither by approving applications nor by imposing disciplinary, discriminatory and openly repressive measures does the SED leadership succeed in winning the fight against people's desire to leave the country. A constantly growing number of people is ready to put up with years of persecution or even prison sentences to be able to travel to West Germany.

› Protestaktion auf der Ostseite des Grenzübergangs Bornholmer Straße, 7. Oktober 1988. // Protester on the Eastern side of Bornholmer Strasse crossing point, 7 October 1988.

‹ Ost-Berlin, Hans-Otto-Straße in Prenzlauer Berg, 1983. // Hans-Otto-Straße, Prenzlauer Berg, East Berlin, 1983.

Jeden Tag kamen DDR-Bürger bei uns an, die einfach sagten: „Wir wollen rüber!" Nachts vor allen Dingen. Es kamen Personen mit Kindern und sagten einfach, sie wollen ausreisen – ohne Visum und alles. Eigentlich war der Versuch keine Straftat, sondern nur eine Ordnungswidrigkeit. Anfangs haben wir sie belehrt und zurückgewiesen, später mussten wir die Bürger nach § 213 des Strafgesetzbuches wegen versuchten ungesetzlichen Grenzübertritts festnehmen.
Harald Jäger, Oberstleutnant, stellvertretender Leiter der MfS-Passkontrolle am Grenzübergang Bornholmer Straße

Every day, GDR citizens came to us who said simply: "We want to go across!" Mostly at night. People came with their children and said simply that they wanted to leave – without a visa or anything else. The attempt was not really a criminal offence but just an infringement. At first we reprimanded them and sent them back; later, we had to arrest them for attempted illegal border crossing under § 213 of the Penal Code.
Harald Jäger, lieutenant-colonel, deputy head of the Ministry for Security passport inspection unit at the Bornholmer Strasse border crossing

Grenzübergänge

Die Verantwortung an den Grenzübergängen teilen sich Grenztruppen, Staatssicherheit und Zoll. Für ihre militärische Sicherung, im Besonderen die Verhinderung von Grenzdurchbrüchen, sind die Grenztruppen zuständig. Sie stellen jedoch nur nominal den „Kommandanten“ des Übergangs, denn der grenzüberschreitende Verkehr ist dem SED-Regime zu wichtig, um ihn den Grenztruppen mit ihrem ständig wechselnden Personal zu überlassen. Deshalb obliegt die Sicherung, Kontrolle und Überwachung des gesamten Reiseverkehrs einschließlich der Fahndung sowie der Realisierung von Festnahmen seit 1963 den Passkontrolleinheiten der Staatssicherheit, die jedoch getarnt in Uniformen der Grenztruppen auftreten.

Die reine Sach- und Personenkontrolle schließlich führt die Zollverwaltung durch. Die Volkspolizei ist nicht direkt auf dem Grenzübergang präsent; sie hat aber deren unmittelbares Vorfeld, das sogenannte „freundwärtige Hinterland“, von Störungen des Reiseverkehrs freizuhalten. Aufgrund zahlreicher Fluchtversuche werden die Grenzübergänge nach und nach zu lang gestreckten, beton- und stahlbewehrten Festungen ausgebaut: gleichermaßen gesichert gegen Schnellläufer und Durchbruchversuche mit schwerer Technik.

Border crossing points

The various tasks at the border crossing points are divided up between border troops, Stasi officials and customs officers. The border troops are in charge of military security, particularly the prevention of border breakthroughs. But they only nominally provide the "commander" of the border crossing, as the matter of cross-border traffic is too important to the SED regime for it to leave it up to the border troops, which are made up of conscripts and thus constantly changing. For this reason, the security, control and surveillance of the entire cross-border traffic, including both searches and arrests, are the province of passport control units from the State Security, albeit disguised in the uniform of the border troops.

The customs carry out the inspection of goods and people. The People's Police are not directly present at the border crossing, but have the task of keeping the area just before it, the so-called "freundwärtiges Hinterland" ("friend-wards hinterland"), clear of anything that could disturb the flow of traffic. Owing to the numerous attempts at escape, the border crossings are gradually extended into long fortifications protected by concrete and steel, secured against both fast runners and attempts to break through using heavy equipment.

Grenzübergang Bahnhof Friedrichstraße

Aus dem früheren Berliner Verkehrsknotenpunkt ist seit dem 13. August 1961 ein Grenzbahnhof geworden – mitten in Ost-Berlin. Nur die Eingangshalle und der oberirdische Bahnsteig „C" sind normalen DDR-Bürgern zugänglich. Mauern und Sichtblenden trennen diesen Bahnsteig von den nördlichen Bahnsteigen „A" und „B", zu denen ausschließlich Westreisende Zutritt haben – ebenso wie zu den unterirdischen Nord-Süd-Linien der U- und S-Bahn. Der Zugang erfolgt durch ein Kontrollgebäude, in dem die Pass- und Zollabfertigung stattfindet: den sogenannten Tränenpalast, vor dem sich die West-Besucher von ihren Ost-Verwandten und Freunden verabschieden müssen. Der Bahnhof Friedrichstraße bietet der DDR ideale Bedingungen zur Einschleusung und Rückholung von Agenten. West-Berliner wiederum nutzen beim Aus- und Umsteigen gerne die DDR-Intershops, um sich mit zollfreien Zigaretten und Spirituosen einzudecken – und verhelfen der DDR damit zu dringend benötigten Deviseneinnahmen.

Border railway station Friedrichstrasse

From 13 August 1961, the Friedrichstrasse Railway Station becomes a border railway station – in the middle of East Berlin. Only the entrance hall and the overground platform "C" are accessible to normal GDR citizens. Walls and screens cut this platform off from the northern platforms "A" and "B", to which only travellers from the West have access – as is also the case with the underground north-south train lines. To get to these, travellers have to go through a building in which passport and customs inspections take place: the so-called "Palace of Tears", where visitors from the West have to say farewell to their relatives and friends from the East. The Friedrichstrasse Railway Station provides the GDR with ideal conditions for infiltrating and retrieving agents. West Berliners, for their part, like to use the GDR Intershops when disembarking and changing trains to stock up on duty-free cigarettes and spirits – thus helping the GDR to obtain vital hard currency.

^ Monitor-Überwachungswand in der Stasi-Beobachtungszentrale im Bahnhof Friedrichstraße. Über 100 Fernkameras erfassen jeden Winkel (l.). In den Kontrollboxen wird ein Bild des Reisedokuments über eine Videoleitung in den Fahndungsraum übertragen. Dort werden die Daten per Hand mit der Fahndungskartei abgeglichen: einer maschinell erstellten Handkartei, in der rund 60–70.000 Personen erfasst sind (r.). // Wall of surveillance monitors in the observation headquarters at Friedrichstrasse Station – over 100 TV cameras film every nook and cranny (left). In the inspection traps (right), pictures of passports are sent via video to the records room. There, officers compare the data by hand with the wanted persons files: an automatically collated card index covering some 60–70,000 people.

> Der „Tränenpalast" – Kontrollgebäude für Pass- und Zollabfertigungen am Bahnhof Friedrichstraße. // The "Palace of Tears" – inspection building for passport and customs processing at Friedrichstrasse Station.

Grenzübergang Drewitz/Dreilinden

Seit 1979/80 wird in Drewitz und an allen anderen Grenzübergängen mit radioaktiver Strahlung nach Flüchtlingen gefahndet. PKW und LKW werden mit versteckt installierten Gammastrahlern durchleuchtet. Verbunden mit elektronischen Rechnern erzeugen sie ein Monitorbild, auf dem Insassen – und verborgene Personen – als Schatten sichtbar werden. Nach 1990 wird erregt die Frage diskutiert, ob durch die Strahlen Menschen gefährdet oder geschädigt wurden. Die Strahlenschutzkommission kommt zu dem Ergebnis, dass das Vorgehen der DDR-Behörden zwar Strahlenschutz-Grundsätzen widersprach, die Durchleuchtungen jedoch zu „keiner gesundheitlich bedenklichen Dosis" führten.

Border crossing Drewitz/Dreilinden

From 1979/80, radioactive rays are used to look for escapees in Drewitz and at all other border crossings. Cars and trucks are screened using hidden gamma-ray devices. These are connected with electronic computers and produce a screen image showing passengers – and concealed people – as shadows. After 1990, there is heated discussion about whether the rays endangered or harmed people. The Federal Radiation Protection Commission comes to the conclusion that, although the methods used by the GDR authorities contravened basic guidelines on radiation protection, the screenings did not produce "a harmful dose".

Einfahrt in den Grenzübergang Drewitz in Richtung West-Berlin (o.). Versteckt installierte Gammastrahler (u.). // Vehicle entrance to Drewitz crossing point towards West Berlin (top). Concealed gamma ray devices (below).

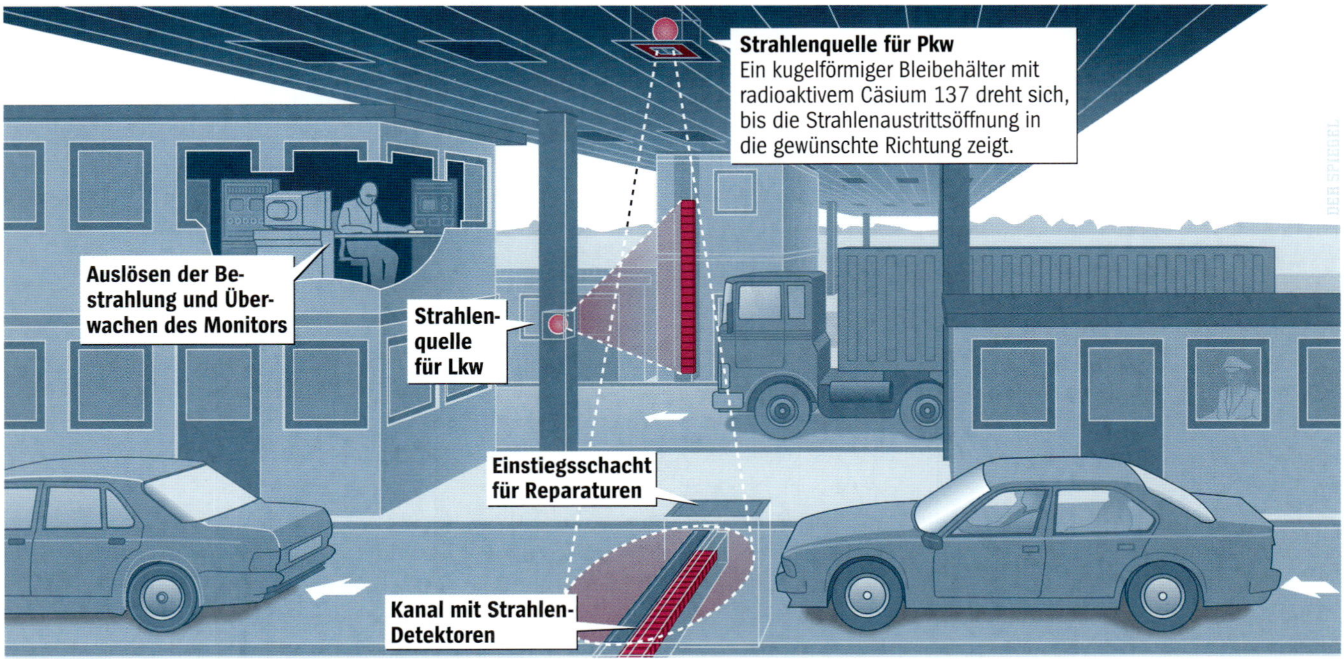

Grenzübergang Bornholmer Straße

Bei dem West-Berliner oder westdeutschen Bürger muss man unterscheiden lernen, ob es einer ist, der uns wirklich feindlich gesonnen ist, oder ob er nur bei uns einreisen will, um Land und Leute kennen zu lernen oder einfach nur seine Verwandten zu besuchen. Und die „Negativen" und die „Feindlichen": Da müssen wir herausfinden, wer das ist. Schließlich stand es keinem auf der Stirn geschrieben, dass er ein Feind der DDR war. Wir versuchten, mit den Menschen, die bei uns einreisten, ins Gespräch zu kommen. Zum einen wollten wir wissen, was drüben los ist, und zum anderen etwas über sie erfahren. Manche waren gesprächig und haben sich mit uns unterhalten. Es gab auch welche, denen wir sympathisch waren. Soweit es die DDR-Bürger betraf, die in den Westteil reisten, handelte es sich in der Regel nur um Rentner. Die sind wegen der Versorgungslage bei uns rübergegangen, das war uns schon bewusst. Und dass die jungen DDR-Bürger nicht reisen durften, war für uns eigentlich auch klar. Erstmal gab es kein Westgeld. Unsere Währung war nicht konvertierbar, und wir hatten als Staat gar nicht das Geld dafür, alle Personen reisen zu lassen. Also war es für uns eine ökonomische Notwendigkeit, dass die nicht reisen dürfen.

Harald Jäger, Oberstleutnant, stellvertretender Leiter der MfS-Passkontrolle am Grenzübergang Bornholmer Straße

Border crossing Bornholmer Straße

In the case of West Berliners or West German citizens, you have to learn to tell whether it is someone who is really hostile towards us, or whether s/he only wants to enter the country to get to know it and its people or just to visit his/her relatives. And the "negative" people and the "hostile" ones: we have to find out who they are. After all, no one had it written on their face that they were an enemy of the GDR. We tried to strike up conversations with the people entering the country. On the one hand, we wanted to know what was going on over there, and on the other we wanted to find out something about them. Some liked to talk and spoke with us. There were also some who liked us. As far as the GDR citizens were concerned who travelled to the Western part, they were mostly only pensioners. They went across because of the supply situation in the GDR: we were aware of that. And it was also clear to us that young GDR citizens were not allowed to travel. Firstly, there was no Western money. Our currency couldn't be exchanged and we as a state didn't have the money to allow everyone to travel. So it was an economic necessity for us that they weren't allowed to travel.

Harald Jäger, lieutenant-colonel, deputy head of the Ministry for Security passport inspection unit at the Bornholmer Strasse border crossing

Grenzübergang Glienicker Brücke

Die Glienicker Brücke verbindet Berlin und Potsdam. Ihr östlicher Teil liegt im Westen und ihr westlicher im Osten; die Grenze verläuft auf der Mitte der Brücke. Als Grenzübergang darf sie nach 1961 nur von alliiertem Militärpersonal oder mit Sondergenehmigung benutzt werden. Weltweite Berühmtheit erlangt die Glienicker Brücke durch den Agentenaustausch zwischen den USA und der Sowjetunion: Am 10. Februar 1962 wird der US-Pilot Francis Gary Powers gegen den sowjetischen Top-Spion Rudolf Iwanowitsch Abel ausgetauscht. Powers war am 1. Mai 1960 mit einem U2-Aufklärungsflugzeug über der Sowjetunion abgeschossen worden; Abel hatte in New York neun Jahre lang für den sowjetischen Geheimdienst spioniert, als er 1957 inhaftiert wurde. Am 12. Juni 1985 überschreiten 23 West- und 4 Ost-Agenten in entgegengesetzter Richtung die Brücke. Am 11. Februar 1986 werden auf westlicher Seite der sowjetische Bürgerrechtler Anatolij Schtscharanski und drei in der DDR bzw. der ČSSR inhaftierte Spione in Empfang genommen; im Gegenzug wechseln fünf im Westen inhaftierte Agenten aus der ČSSR, Polen und der Sowjetunion die Brücke in Richtung DDR.

Border crossing Glienicke Bridge

The Glienecke Bridge connects Berlin and Potsdam. Its eastern part is in the West and its western part in the East; the border runs through the middle of the bridge. After 1961, it can be used as a border crossing point only by Allied military personnel or with special permission. Glienicke Bridge gains worldwide fame because of an exchange of agents between the USA and the Soviet Union: on 10 February 1962, the US pilot Gary Powers is exchanged for the top Soviet spy, Rudolf Ivanovitch Abel. Powers had been shot down over the Soviet Union in a U2 spy plane on 1 May 1960; Abel had spied for the Soviet Union for nine years in New York when he was arrested in 1957. On 12 June 1985, 23 agents from the West and four agents from the East cross over the bridge in opposite directions. On 11 February 1986, the Soviet human rights activist, Anatoli Sharansky, and three spies held in the GDR or Czechoslovakia are received on the Western side; in exchange, five agents from Czechoslovakia, Poland and the Soviet Union who have been detained in the West cross the bridge towards the GDR.

‹ Höhepunkt des Kalten Krieges: In einem Krankenwagen wird der getötete US-Major Arthur D. Nicholson am 25. März 1985 über die Glienicker Brücke nach West-Berlin überführt. Nach amerikanischen Angaben befand er sich auf einer Dienstfahrt von Berlin nach Hamburg; sowjetischen Angaben zufolge wurde Nicholson erschossen, als er sowjetische Militäreinrichtungen fotografierte. // Climax of the Cold War: The body of US Major Arthur D. Nicholson is transported to West Berlin over Glienicke Bridge on 25 March. According to US officials, he was on an official trip from Berlin to Hamburg; Soviet officials say Nicholson was shot dead while he was photographing Soviet military facilities.

Gorbatschow und Reagan – Honecker und Kohl

Mit dem Machtantritt von Michail Gorbatschow als KPdSU-Generalsekretär im März 1985 endet die Eiszeit im Verhältnis zu den USA. Die Sowjetunion befindet sich in einer tiefen wirtschaftlichen und gesellschaftlichen Krise. Gorbatschows neue Außenpolitik ist auf Konfliktreduzierung und den Stopp des Wettrüstens orientiert, um die sowjetischen Militärausgaben zu begrenzen. Ohne eine Reduzierung der Rüstungslasten, so seine Überzeugung, hat die von ihm eingeleitete Politik der Erneuerung in der Sowjetunion („Perestroika") kaum Aussichten auf Erfolg.

Die Reagan-Administration ist zunächst skeptisch, ob sich Gorbatschow tatsächlich nicht nur im Alter von seinen Vorgängern unterscheidet. Doch nach kurzer Zeit kommen die amerikanisch-sowjetischen Abrüstungsverhandlungen in Schwung. Schon bei ihrem zweiten Treffen diskutieren Reagan und Gorbatschow 1986 in Reykjavik, wenn auch noch ohne Einigung,

Gorbachev and Reagan – Honecker and Kohl

The freeze in relations between the Soviet Union and the USA ends when Mikhail Gorbachev comes to power in March 1985 as the Secretary-General of the CPSU. The Soviet Union is in the midst of a severe economic and social crisis. Gorbachev's new foreign policies are geared towards reducing conflict and stopping the arms race in a bid to limit Soviet military spending. He is convinced that the politics of renewal he has introduced in the Soviet Union ("perestroika") have little chance of success unless the burden of military expenditure is reduced.

At first, the Reagan administration is sceptical about whether Gorbachev really differs from his predecessors in anything more than age. But after a short while, US-Soviet disarmament talks gather momentum. At only their second meeting, in Reykjavik in 1986, Reagan and Gorbachev already discuss removing all medium-range atomic missiles from Europe and even largely

über den Abbau aller atomaren Mittelstreckenraketen in Europa, sogar über eine weitgehende Abschaffung aller Nuklearwaffen. Im Dezember 1987 unterzeichnen beide Staatschefs schließlich einen Vertrag zur Beseitigung der Mittelstreckenraketen (INF) innerhalb von drei Jahren. Reagan knüpft die Ratifizierung des Vertrages an den sowjetischen Rückzug aus Afghanistan. 1990 spricht der US-Präsident über seine Beziehung zu Gorbatschow von einer „Freundschaft zwischen zwei Männern".

In Moskau und Washington hat der deutsch-deutsche Sonderweg in der Zeit des Zweiten Kalten Krieges gleichermaßen zu Zweifeln an der Zuverlässigkeit des jeweiligen deutschen Bündnispartners geführt. So zeigt sich die Reagan-Administration 1987 über die deutsch-deutsche Annäherungspolitik besorgt. Sie traut den Westdeutschen offenbar zu, sich selbst für kleinere Zugeständnisse etwa im Besucherverkehr dauerhaft mit der Mauer zu arrangieren und grundlegende Prinzipien wie den Viermächtestatus von Berlin oder freiheitliche Wertvorstellungen bis hin zur Wiedervereinigung zur Disposition zu stellen. Für September 1987 steht ein Staatsbesuch von Erich Honecker in Bonn bevor, selbst nach West-Berlin hat der Regierende Bürgermeister Eberhard Diepgen den SED-Generalsekretär anlässlich des 750. Stadtjubiläums eingeladen. Auffällig hält sich der Senat im Februar 1987 – wie schon einmal Ende 1986 – mit Protesten ge-

abolishing all nuclear weapons, albeit without yet reaching any agreement. In December 1987, both state leaders finally sign a pact on removing the intermediate-range missiles (INF) within three years. Reagan makes the ratification of this pact dependent on the Soviet withdrawal from Afghanistan. In 1990, the US president describes his relationship with Gorbachev as a "friendship between two men".

In Moscow and Washington, the special path taken by the two Germanies during the second Cold War has led to doubts about the reliability of each respective German ally. In 1987, for example, the Reagan administration shows concern about the two Germanies' policy of rapprochement. It obviously thinks the West Germans are capable of coming to terms with the Wall permanently in return for small concessions, for example with regard to travel, letting go of basic principles such as the four-power status of Berlin, moral concepts of freedom and even reunification. A state visit by Erich Honecker in Bonn is scheduled for September 1987, and the Mayor of Berlin, Eberhard Diepgen, has even invited the SED Secretary-General to West Berlin for the city's 750th anniversary. In February 1987 – as once before at the end of 1986 – the Senate is noticeably reticent in its protests against fatal shootings at the Wall – possibly so as not to endanger its policy of gen Todesschüsse an der Mauer zurück; möglicherweise um seine Einladungspolitik nicht zu gefährden. Es sind amerikanische Dienststellen, die im März 1987 die Öffentlichkeit darüber informieren, dass ein DDR-Flüchtling im Februar bei einem Fluchtversuch nach West-Berlin erschossen wurde: der 24-jährige Lutz Schmidt. Im Vorfeld des Reagan-Besuchs in Berlin warnt Washington den Regierenden Bürgermeister, gegenüber der Sowjetunion und der DDR nicht „zu weich“ zu sein.

Gorbatschow wiederum traut Erich Honecker nicht. „Unter dem Druck wirtschaftlicher Probleme“, wirft er am 27. März 1986 im KPdSU-Politbüro ein, „könnte [Ost-]Berlin versucht sein, sich in die Arme der BRD zu werfen.“ Der SED-Generalsekretär geht zunächst versteckt, dann immer offener auf Distanz zur Politik der „Perestroika“. Reformen in der DDR hält er für überflüssig, betrachtet sie vielmehr als Gefahr für den Sozialismus.

Noch zeigt Gorbatschow sein Misstrauen nicht öffentlich. Bei einer Besichtigung der Sperranlagen am Brandenburger Tor im April 1986 hält er im Gästebuch fest: „Am Brandenburger Tor kann man sich anschaulich davon überzeugen, wie viel Kraft und wahren Heldenmut der Schutz des ersten sozialistischen Staates auf deutschem Boden vor den Anschlägen des Klassenfeindes erfordert.“ Doch im Vieraugengespräch äußert sich Gorbatschow kritisch über die „gewisse Zurückhaltung“ Honeckers gegenüber dem sowjetischen Reformkurs, beschwert sich gar, die DDR halte vieles vor der Sowjetunion geheim – vor allem ihre hohe Westverschuldung.

Was Honecker am meisten verstört, sind die neuen Prinzipien für die Zusammenarbeit im Warschauer Pakt, die Gorbatschow Ende 1986 verkündet: „Selbstständigkeit jeder Partei, ihr Recht auf souveräne Entscheidung über die Entwicklungsprobleme ihres Landes, ihre Verantwortung gegenüber dem eigenen Volk.“ Das bedeutet das Ende der Breshnew-Doktrin, mit der sich die Sowjetunion das Recht vorbehielt, militärisch einzugreifen, wenn sie in einem der verbündeten Ostblockstaaten den Sozialismus gefährdet sah. Die SED-Führung kann nicht länger mit der Unterstützung sowjetischer Panzer rechnen, wenn ihre Macht in Frage gestellt wird. Honecker fühlt sich und die DDR zunehmend von der Vormacht verraten. Sein Verhältnis zu Gorbatschow wird immer gespannter.

invitations. In March 1987, it is American authorities that inform the public that a would-be escapee from the GDR has been shot trying to flee to West Berlin: 24-year-old Lutz Schmidt. Ahead of Reagan's visit to Berlin, Washington warns the city's mayor not to be too "soft" towards the Soviet Union and the GDR.

Gorbachev, on the other hand, does not trust Erich Honecker. On 27 March 1986, he tells the CPSU Polibüro that "[East] Berlin could be tempted to throw itself into the arms of West Germany under the pressure of economic problems." The SED Secretary-General dissociates himself from the politics of "perestroika", at first covertly, then more and more openly. He feels that reforms in the GDR are superfluous, and sees them more as a danger for socialism than anything else.

Gorbachev still does not show his mistrust publicly. While visiting the border installations at the Brandenburg Gate in April 1986, he writes in the guest book: "At the Brandenburg Gate, one can clearly see how much strength and true heroism the defence of the first socialist state on German soil requires against the attacks of the class enemy." But in one-on-one conversations, Gorbachev voices criticism of Honecker's "certain reserve" towards the Soviet course of reform and even complains that the GDR is keeping many things secret from the Soviet Union – above all its debts to the West.

What disturbs Honecker the most are the new principles for cooperation in the Warsaw Pact, which Gorbachev announces at the end of 1986: "Independence of each party, its right to take sovereign decisions about the development problems in its country, its responsibility to its own people." This means the end of the Brezhnev doctrine, under which the Soviet Union reserved the right to military intervention if it saw socialism threatened in one of the allied Eastern Bloc states. The SED leadership can no longer bank on the support of Soviet tanks if its power is called into question. Honecker feels himself and the GDR are increasingly betrayed by the supreme power. His relationship to Gorbachev becomes increasingly tense.

^ Vier Staatsmänner – fünf Begegnungen: Zum sechsten Treffen – einem Wunschtraum von Erich Honecker – kommt es nicht. // Four statesmen – five meetings: a sixth meeting – Erich Honecker's dream – is never to take place.

WWW.CHRONIK-DER-MAUER.DE
> Chronik > 1987 > 7.–11.September

^ Michail Gorbatschow am Brandenburger Tor, 16. April 1986: „Ewiges Andenken an die Grenzsoldaten, die ihr Leben für die sozialistische DDR gegeben haben.“ – 18 Jahre später sagt er zu deutschen Schülern: „Wenn ich mich an die Mauer in Berlin erinnere, spüre ich heute noch Entsetzen über dieses Bauwerk.“ // Michail Gorbachev at the Brandenburg Gate, 16 April 1986: “Eternal remembrance of the border soldiers who have given their lives for the socialist GDR.” – Eighteen years later, he tells German school pupils: “When I remember the Wall in Berlin, I still feel horror at this construction.”

^ Panzerglas, schusssichere Weste, 20.000 handverlesene West-Berliner: US-Präsident Ronald Reagan am Brandenburger Tor, 12. Juni 1987. // Bullet-proof glass and vest, 20,000 hand-picked West Berliners: US President Ronald Reagan at the Brandenburg Gate, 12 June 1987.

GENERAL SECRETARY GORBACHEV, IF YOU SEEK PEACE /– IF YOU SEEK PROSPERITY FOR THE SOVIET UNION AND EASTERN EUROPE /– IF YOU SEEK LIBERALIZATION/ COME HERE, TO THIS GATE.

MR. GORBACHEV, OPEN THIS GATE.

MR. GORBACHEV, TEAR DOWN THIS WALL.

> Textkarten der Reagan-Rede mit eigenhändigen Markierungen des Präsidenten: „Generalsekretär Gorbatschow, wenn Sie nach Frieden streben – wenn Sie Wohlstand für die Sowjetunion und für Osteuropa wünschen – wenn Sie die Liberalisierung wollen, dann kommen Sie hierher zu diesem Tor. Herr Gorbatschow, öffnen Sie dieses Tor, reißen Sie diese Mauer nieder.“ // Speech prompts for Reagan's speech with the president's handwritten markings.

Vom 7. bis 11. September 1987 besucht Honecker die Bundesrepublik und wird mit allen Ehren eines Staatsoberhauptes empfangen. Der Höhepunkt der politischen Anerkennung der DDR scheint erreicht. Doch zu einem Durchbruch wird der West-Besuch weder für die SED-Führung noch für die Bevölkerung der DDR. Honecker muss sich anhören – mit versteinerter Miene –, wie Bundeskanzler Helmut Kohl und der bayerische Ministerpräsident Franz Josef Strauß die Verletzung der Menschenrechte in der DDR und vor allem den Schießbefehl anprangern. Veränderungen in der DDR signalisiert der SED-Chef nicht.

Nach dem Treffen reduziert Bonn die Beziehungen zu Ost-Berlin auf das diplomatisch Erforderliche und vor allem Unverbindliche. Die Umsätze im innerdeutschen Handel gehen zurück. Nur das Humanitäts-Geschäft blüht noch: Weitere Reiseerleichte-

From 7 to 11 September 1987, Honecker visits West Germany and is received with all the honour due to a head of state. The political recognition of the GDR would seem to have reached its zenith. But the visit to the West does not bring a breakthrough for the SED leadership or for the people of the GDR. Honecker has to listen on – with stony demeanour – as West German Chancellor Helmut Kohl and the Bavarian Prime Minister Franz Josef Strauss criticise the violation of human rights in the GDR, particularly the “order to shoot”. The SED leader does not indicate any imminent changes in the GDR.

After the meeting, Bonn reduces relations with East Berlin to the diplomatically necessary and, above all, non-committal. The turnover in inner-German trade decreases. Only human business continues to flourish: the West German government responds to further measures to make travel to the West easier for GDR citizens by raising the transit fee from 525 to 860 million DM – for the years 1990 to 1999. The number of trips to the West rises steeply in 1987 and 1988, but every application that is refused –

rungen für DDR-Bürger in den Westen vergilt die Bundesregierung im Mai 1988 mit einer Anhebung der Transitpauschale von 525 auf 860 Millionen DM – für die Jahre von 1990 bis 1999. Die Zahl der Besuchsreisen in den Westen steigt 1987 und 1988 steil an – doch jede Ablehnung – und das betrifft Hunderttausende – vergrößert das Heer der Unzufriedenen in der DDR. Im Rückblick offenbaren die beiden Jahre vor 1989 einen tiefgreifenden Wandel: Die deutsch-deutschen Beziehungen stagnieren, die Kluft zwischen Ost-Berlin und Moskau vertieft sich, das Verhältnis der Sowjetunion zu den USA und zur Bundesrepublik dagegen verbessert sich entscheidend.

Im SED-Politbüro breitet sich Agonie aus: 1988 ist für die Partei- und Staatsführung das Offenbarungsjahr für das Scheitern des Konsumsozialismus. Um die Bevölkerung zu befrieden, wurde zu Lasten der Industrie die Substanz verzehrt: Ganze Industriezweige sind verrottet, der Altbaubestand und die Infrastruktur verfallen, die Umweltschäden unübersehbar, die Westverschuldung nicht mehr beherrschbar – und dennoch ist die Versorgung mit Lebensmitteln und Konsumgütern so unzureichend, dass die Staatssicherheit vor der sich verschlechternden Stimmung der Bevölkerung warnt. „Wir müssen den Zusammenbruch verhindern“, fordert Honecker bereits im Juni 1988 im Politbüro. Und in einem kleinen Kreis von Wirtschaftsexperten orakelt ZK-Wirtschaftssekretär Günter Mittag im November 1988 düster: „So, wie es jetzt ist, geht es an den Baum, Totalschaden!“

and there are a hundred thousand that are – increases the host of unsatisfied people in the GDR. In retrospect, the two years up to 1989 reveal a profound change: German-German relations stagnate and the rift between East Berlin and Moscow deepens, but the relationship of the Soviet Union to the USA and West Germany improves decisively.

In the SED Politbüro, an apocalyptic mood spreads: 1988 is the year in which the failure of consumer socialism becomes clearly evident to the leaders of the party and the state. To keep the people calm, all capital assets have been used up: whole branches of industry have broken down, old buildings and the infrastructure have decayed, damage to the environment is obvious, the debts to the West have spiralled out of control – but the supply of food and consumer goods is still so inadequate that the Stasi warns of a deteriorating mood among the people. “We must prevent the collapse,” Honecker demands in the Politbüro as early as June 1988. And in November 1988 the Central Committee Economics Secretary, Günter Mittag, prophesies to a small group of ecomics experts: “The way things are going now we’ll crash into a tree and be a total write-off!”

Mauer-Graffiti, 1986 „Deutschland, liebe bleiche Mutter, sei unbesorgt. Unsere Liebe ist fester als bleibewehrter Beton“. // Graffiti on the Wall, 1986 (“Germany, dear pale mother, don’t worry. Our love is stronger than leadened concrete”).

1 20. Dezember 1986 // 20 December 1986

Gescheiterte Flucht mit einem Fluggleiter // Failed escape in a powered glider

Mit einem selbstgebauten, motorgetriebenen Fluggleiter startet ein 37-jähriger passionierter Drachenflieger am Abend des 20. Dezember 1986 in der Nähe von Potsdam einen Fluchtversuch. Schlechte Sichtverhältnisse, Orientierungsschwierigkeiten und die Kälte zwingen den Werkzeugmacher zur Landung – zurück auf dem Boden der DDR. Hinweise von Einwohnern mehrerer Orte, die den Flug beobachtet haben, führen zu seiner Verhaftung.

In the evening of 20 December 1986, a 37-year-old hang-gliding enthusiast launches an escape attempt near Potsdam in a homemade, motor-driven glider. Poor visibility, difficulty in getting his bearings and the cold force the man, a toolmaker, to land – back on GDR soil. He is arrested on the basis of information provided by residents from several areas who observed the flight.

2 15. Juli 1987 // 15 July 1987

Gelungene Flucht mit einem Motorflugzeug // Successful escape in a light plane

Der 18-jährige Thomas K. unterfliegt bei seinem zweiten Alleinflug von einem Flugplatz südlich von Potsdam am 15. Juli 1987 sämtliche Radarkontrollen und landet auf dem britischen Militärflughafen in West-Berlin. Sein Motiv: „Unzufriedenheit mit dem politischen System der DDR"; er möchte zu Verwandten in die Bundesrepublik. Britische Militärangehörige übergeben der DDR das zerlegte einmotorige Flugzeug am 5. August 1987 an der Glienicker Brücke.

On his second solo flight, the 18-year-old Thomas K. flies beneath all radar detection to land at the British military airfield in West Berlin. His motive: "dissatifaction with the political system in the GDR"; he wants to join his relatives in the Federal Republic. British military personnel hand over the disassembled single-engine plane to the GDR on 5 August 1987 at Glienicke Bridge.

^ Auf dem Hof des Potsdamer Stasi-Gefängnisses wird der Fluggleiter zusammengebaut und als „Beweismittel" fotografiert. // The glider is assembled in the yard of the Potsdam Stasi prison and photographed as "evidence".

3

9. Dezember 1987 //
9 December 1987

Gescheiterte PKW-Flucht auf der Glienicker Brücke // Failed escape by car on Glienicke Bridge

Der 22-jährige Axel D. und der 27-jährige Bernd S. versuchen am 9. Dezember 1987 mit einem PKW Marke „Wolga M 21" die Sperranlagen auf der Glienicker Brücke zu durchbrechen. Bernd S. hat ohne Erfolg einen Ausreiseantrag gestellt. Der PKW prallt gegen das geschlossene Eingangstor der Militärspur, reißt den Torflügel heraus, wird dabei an den Torpfeiler geschleudert und kommt bereits am ersten Hindernis zum Stehen. Axel D. und Bernd S. werden festgenommen.

On 9 December 1987, 22-year-old Axel D. and 27-year-old Bernd S. try to break through the barriers on Glienicke Bridge in a "Wolga M 21" car. Bernd S. has put in an unsuccessful application to leave the GDR. The car crashes into the closed entrance gate to the lane used by the military and detaches it from its hinges. It then skids into the gatepost, coming to a halt at the very first obstacle. Axel D. and Bernd S. are arrested.

4

10. März 1988 //
10 March 1988

Erste gelungene Flucht über die Glienicker Brücke // First successful escape over Glienicke Bridge

Mit einem Lastwagen gelingt zum ersten Mal drei jungen Männern – Gotthard Ihden, Bernd Puhlmann und Werner Jäger – eine Flucht über die Glienicker Brücke. Der 7,5-Tonnen-Laster, als „Gefahrgut-Transporter" getarnt und mit 92 leeren Gasflaschen beladen, durchbricht vier Hindernisse: das Eingangstor, einen Sperrschwenkbaum, einen Schlagbaum und ein Stahltor. Schüsse fallen nicht. „Ich habe es aus Liebe getan", berichtet einer der Flüchtlinge, der seiner Ehefrau in den Westen folgt. „Das war für mich kein Abenteuer, sondern ein Himmelfahrtskommando. Ich habe mir vorher nur fünf Prozent Überlebenschancen ausgerechnet."

Driving in a truck, three young men – Gotthard Ihden, Bernd Puhlmann and Werner Jäger – make the first successful escape over Glienecke Bridge. The 7.5-tonne truck, disguised as a "dangerous goods transport" and loaded with 92 empty gas canisters, breaks through four obstacles: the entrance gate, a swing-arm barrier, a drop-arm barrier and a steel gate. No shots are fired. "I did it for love," says one of the escapees, who is following his wife to the West. "It was not an adventure for me, but a suicide mission. I had given myself only a five-percent chance of survival."

^ Alle Sperranlagen durchschlagen: Erste erfolgreiche Flucht über die Glienicker Brücke. // Crashed through all the barriers: the first successful escape over Glienicke Bridge.

Kapitel 9 // Chapter 9

Der Fall der Mauer

The Fall of the Wall

„Die Mauer wird ... so lange bleiben, wie die Bedingungen nicht geändert werden, die zu ihrer Errichtung geführt haben", erklärt Erich Honecker Mitte Januar 1989; sie werde „in 50 und auch in 100 Jahren noch bestehen". Doch diese Bedingungen, erfährt die SED-Führung bald, werden zunehmend in Frage gestellt; von außen und innen wächst der Zwang zu Veränderungen.

"The Wall will ... remain as long as the conditions that led to its construction are not changed," says Secretary-General Erich Honecker in mid-January 1989; it will "still exist in 50 or even 100 years." But the SED leadership soon learns that these conditions are being increasingly called into question: the pressure to change is growing, both externally and internally.

Vorherige Seite: Mauerdurchbruch am Grenzübergang Bornholmer Straße, 9. November 1989. // Previous page: crossing the Wall at Bornholmer Strasse crossing point, 9 November 1989.

Gorbatschow entlässt die Warschauer-Pakt-Staaten zunehmend in die Selbstständigkeit. Polen und Ungarn leiten als erste demokratische Reformen ein. Im Januar 1989 unterschreiben mit der Sowjetunion auch alle ihre Verbündeten das Wiener KSZE-Abkommen. Darin verpflichten sie sich, das Recht eines jeden, aus seinem Land aus- und wieder einzureisen, nicht nur zu respektieren, sondern gesetzlich zu garantieren.

Mehr als 100.000 Menschen warten Anfang 1989 in der DDR auf die Genehmigung ihres Ausreiseantrags; immer mehr fordern ihr Recht auf Ausreise jetzt auch öffentlich ein, wie in Leipzig auf Kundgebungen und Demonstrationen. Seit dem Vorjahr hat die Zahl der Fluchtversuche deutlich zugenommen; nach wie vor fallen Schüsse auf wehrlose Flüchtlinge. Am 5. Februar wird der 20-jährige Chris Gueffroy bei einem Fluchtversuch über die Berliner Mauer erschossen. Einen Monat später überwindet der 32-jährige Winfried Freudenberg mit einem selbst gebastelten Heißluftballon die Mauer, stürzt jedoch über West-Berlin ab und kommt zu Tode. Internationale Proteste zeigen endlich Wirkung. „Lieber einen Menschen abhauen lassen, als in der jetzigen politischen Situation die Schusswaffe anzuwenden", gibt Honecker am 3. April als Parole aus – und hebt klammheimlich den Schießbefehl auf.

Am 2. Mai 1989 beginnen ungarische Grenzsoldaten demonstrativ mit dem Abbau des „Eisernen Vorhangs" zu Österreich. Flüchtende DDR-Bürger werden jedoch weiter verhaftet und ausgeliefert. Mit Beginn der Sommerferien besetzen ausreisewillige Ostdeutsche die Ständige Vertretung in Ost-Berlin und die bundesdeutschen Botschaften in Warschau, Prag und Budapest; Tausende, zumeist Jugendliche, treten ihren Urlaub nach Ungarn mit der Absicht an, nicht mehr in die DDR zurückzukehren, sondern über Österreich in die Bundesrepublik auszureisen. Budapest verwandelt sich in ein Flüchtlingslager. Am 10. September kündigt die ungarische Regierung der SED ihre Rolle als Hilfs-Grenzpolizei auf. Sie öffnet nun auch DDR-Bürgern die Grenze zu Österreich. Die Sowjetunion hält still, hilft der DDR nicht mehr.

Glaubte, der Schießbefehl sei aufgehoben: Chris Gueffroy, am 5. Februar 1989 von Grenzsoldaten erschossen. // Thought the guards were no longer ordered to shoot: Chris Gueffroy, shot dead by border soldiers on 5 February 1989.

Gorbachev is giving the Warsaw Pact countries more and more independence. Poland and Hungary are the first to introduce democratic reforms. In January 1989, the Soviet Union and all its allies sign the Vienna CSCE agreement. In it, they commit themselves not only to respect, but to legally guarantee, the right of all individuals to leave and return to their countries.

At the start of 1989, more than 100,000 people in the GDR are waiting for their application to leave the country to be approved; more and more of them also publicly demand their right to leave at protests and demonstrations, as in Leipzig. On February 5, 20-year-old Chris Gueffroy is shot dead while trying to escape over the Berlin Wall. A month later, 32-year-old Winfried Freudenberg crosses the Wall in a home-made hot-air balloon, but crashes to his death in West Berlin. International protests start to show an effect: "It is better to let someone get away than to use firearms in the current political situation," is the slogan issued by Honecker on April 3 – and he secretly revokes the "order to shoot".

On 2 May 1989, Hungarian border troops demonstratively begin to dismantle the "Iron Curtain" to Austria. However, GDR citizens trying to escape continue to be arrested and extradited. At the start of the summer holidays, would-be GDR emigrants occupy the West German Permanent Mission in East Berlin and West German embassies in Warsaw, Prague and Budapest; thousands of GDR citizens, mostly young people, go on holiday to Hungary with the intention of not returning to the GDR and travelling to West Germany via Austria. Budapest turns into a refugee camp. On 10 September, the Hungarian government tells the SED it will no longer act as assistant border police. It now opens the border to Austria for GDR citizens as well. The Soviet Union does nothing – no longer helping the GDR.

Das Signal: Ungarische Grenzsoldaten demontieren den Stacheldrahtzaun zu Österreich, Mai 1989. Die Reaktion: Junges DDR-Paar auf dem Weg in ein Flüchtlingslager in Budapest, September 1989. // The signal: Hungarian border soldiers taking down the barbed wire fence to Austria, May 1989. The reaction: young East German couple on the way to a refugee camp in Budapest, September 1989.

^ Am 8. April 1989, fünf Tage nach der heimlichen Aufhebung des Schießbefehls, vereitelt ein Stasi-Passkontrolleur am Grenzübergang Chausseestraße mit einem Schuss die Flucht von Bert G. und Michael B. Die beiden werden festgenommen und zu 22 bzw. 20 Monaten Haft verurteilt. Erst jetzt wird auch die Stasi instruiert, auf Flüchtlinge nicht mehr zu schießen. // On 8 April 1989, five days after the secret repeal of the order to shoot, a Stasi passport inspector shoots at Bert G. and Michael G. to prevent them escaping at the Chausseestrasse crossing point. The two men are arrested and sentenced to 22 and 20 months' imprisonment. Only then is the Stasi instructed not to shoot at escapees.

WWW.CHRONIK-DER-MAUER.DE
› Chronik › 1989 › Mai

Die Massenausreise wird zur Voraussetzung und Bedingung des sich entfaltenden Massenprotests. Am 18. September sind es in Leipzig bereits Hunderte von Demonstranten, die im Anschluss an ein Friedensgebet in der Nikolaikirche auf die Straße gehen. Oppositionelle, die sich bis dahin im Privaten trafen oder unter dem Schutz der Kirche arbeiteten, wagen es nun, unabhängige politische Gruppen wie das Neue Forum, Demokratie Jetzt und den Demokratischen Aufbruch zu gründen. Für den 7. Oktober wird die Gründung einer Sozialdemokratischen Partei (SDP) vorbereitet. Die Stasi bekämpft die Opposition, die SED schweigt sie tot; über die Westmedien erreicht die Bürgerbewegung mit ihren Forderungen nach Reformen dennoch die Bevölkerung.

Mit der Ausreise über Ungarn bröckelt die Mauer, doch noch findet die SED Unterstützung in Prag. Die tschechoslowakische Regierung verschärft die Kontrollen für DDR-Bürger an ihrer Grenze zu Ungarn. In der Folge halten sich Ende September über 10.000 DDR-Bürger in der Botschaft der Bundesrepublik in Prag auf, um ihre Ausreise in die Bundesrepublik zu erzwingen. Am 30. September gibt Honecker nach und lässt die Botschaftsflüchtlinge ziehen.

The mass exodus engenders growing mass protests. On 18 September, there are already hundreds of demonstrators in Leipzig who take to the streets after a prayer for peace in the Church of St. Nicholas. Dissidents who until then have met privately or worked under the protection of the church now dare to found independent political groups such as Neues Forum, Demokratie Jetzt and Demokratischer Aufbruch. Civil rights activists prepare to found a Social Democratic party (SDP) as of 7 October. The Stasi combats the opposition, the SED pretends it does not exist: however, via Western media, the civil rights movement reaches the people with its demands for reform.

With the exodus of GDR citizens via Hungary, the Wall is beginning to crumble, but the SED still has support from Prague. The Czechoslovakian government tightens the controls for GDR citizens on its border to Hungary. As a result, at the end of September over 10,000 GDR citizens camp out in the West German embassy in Prague in a bid to force their way into West Germany. On 30 September, Honecker yields and lets the refugees in the embassy leave.

‹ Ausreisewillige DDR-Bürger besetzen Ende September 1989 die Botschaft der Bundesrepublik in Prag. // East Germans who want to leave occupy the West German embassy in Prague at the end of September 1989.

⌄ 30. September und 4. Oktober 1989: In verriegelten Zügen werden mehr als 10.000 Prager Botschaftsbesetzer über das Territorium der DDR in die Bundesrepublik transportiert. // 30 September and 4 October 1989: more than 10,000 of those who occupied the Prague embassy are transported through GDR territory to West Germany in locked trains.

Der Handlungsspielraum der SED-Spitze schrumpft immer mehr auf die Alternative, entweder politische Reformen – mit ungewissem Ausgang – einzuleiten oder aber eine „zweite Mauer“ an den Grenzen zur ČSSR und zu Polen zu errichten und Demonstrationen gegebenenfalls gewaltsam niederzuschlagen. Die Schließung der Grenze zur ČSSR am 3. Oktober 1989 und die Gewalteinsätze gegen Demonstranten während der Staatsfeierlichkeiten zum 40. Jahrestag der DDR weisen in die zweite Richtung. Am Abend des 9. Oktober 1989 droht in Leipzig eine „chinesische Lösung“. Honecker und Mielke geben den Befehl, „Zusammenrottungen“ und „Krawalle“ zu unterbinden. Doch zu viele Menschen gehen auf die Straße. Am Ende kapituliert die Staatsmacht vor 70.000 friedlichen Demonstranten.

The options available to the SED leaders are dwindling to two alternatives: either they introduce political reforms – with an uncertain outcome – or they put up a second “Wall” on the borders to Czechoslovakia and Poland and quell demonstrations with force if necessary. The closure of the border to Czechoslovakia on 3 October 1989 and the violent action taken against demonstrators during the state ceremonies marking the 40th anniversary of the GDR would seem to indicate the second course. On the evening of 9 October 1989, a “Chinese solution” seems imminent in Leipzig. Honecker and Mielke give the order to prevent “mobs” and “riots”. But too many people take to the streets. In the end, the state authorities capitulate in the face of 70,000 peaceful demonstrators.

Kerzen gegen Gewalt – und für die Freilassung inhaftierter Demonstranten. // Candles against violence – and for the release of arrested demonstrators.

FDJ-Fackelmarsch zum 40. Jahrestag der DDR, 6. Oktober 1989. // Official youth organisation torch march on the 40th anniversary of the GDR, 6 October 1989.

Die „Wende“

Am 17. Oktober 1989 wird Erich Honecker im Politbüro gestürzt. Sein Nachfolger Egon Krenz kündigt eine „Wende“ an. Hauptproblem der SED-Führung wird immer mehr die wirtschaftliche Situation in der DDR. Zusammen mit Devisenbeschaffer Alexander Schalck-Golodkowski und drei weiteren Ökonomen legt Planungschef Gerhard Schürer dem Politbüro am 31. Oktober eine Analyse zur ökonomischen Lage der DDR vor. Das Ergebnis: Die DDR ist im Westen hoch verschuldet und steht vor dem Bankrott. Eine Senkung des Lebensstandards um 25 bis 30 Prozent wäre erforderlich, wird jedoch als politisch nicht durchführbar betrachtet. Der Lösungsvorschlag: Der Bundesregierung soll für die Gewährung neuer Kredite in einer Höhe von 12 bis 13 Milliarden D-Mark und eine erweiterte wirtschaftliche Kooperation die Mauer als letztes Tauschmittel angeboten werden.

Im Auftrag von Egon Krenz nimmt Schalck darüber Gespräche in Bonn auf. Währenddessen wird die Lage in der DDR explosiv. Demonstrationen gegen die SED breiten sich über das ganze Land aus und erreichen auch die Kleinstädte. Hunderttausende Menschen fordern freie Wahlen, die Zulassung von Oppositionsgruppen und Reisefreiheit.

The “turn around”

On 17 October 1989, Erich Honecker is brought down in the Politbüro. His successor, Egon Krenz, announces a “turn around”. The SED leadership’s main problem, the economic situation of the GDR, is worsening. Together with Alexander Schalck-Golodkowski, the procurer of hard currency, and three other economists, planning chief Gerhard Schuerer presents an analysis of the financial state of the GDR to the Politbüro on October 31. The conclusion: the GDR is heavily in debt to the West and on the brink of bankruptcy. It would be necessary to reduce the standard of living by 25 to 30 percent, but this is considered politically impracticable. The proposed solution: the West German government should be offered the Wall as a last bargaining chip for new loans amounting to 12 to 13 billion DM and enhanced economic cooperation.

On the order of Egon Krenz, Schalck begins negotiations in Bonn on the subject. While the talks are going on, the situation in the GDR becomes explosive. Demonstrations against the SED spread throughout the country and reach even the small towns. Hundreds of thousands of people demand free elections, the authorisation of opposition groups and freedom to travel.

❮ Montagsdemonstration in Leipzig, 9. Oktober 1989: Tag der Entscheidung. // Monday Demonstration in Leipzig, 9 October 1989: the day of the decision.

❯ Demonstration in Ost-Berlin, 4. November 1989. // Demonstration in East Berlin, 4 November 1989.

WWW.CHRONIK-DER-MAUER.DE

> Chronik > 1989 > Oktober > 7./8./9.

„Wir sind das Volk!" // "We are the people!"

Bereits bei seinem Machtantritt hat Egon Krenz versprochen, ein neues Reisegesetz ausarbeiten zu lassen. Doch die Staatssicherheit bremst. Sie befürchtet, dass dann Hunderttausende die DDR verlassen. Und die Plankommission erhebt Einwände, weil kein Geld da ist, um die Reisenden mit Devisen auszustatten. Das Ergebnis ist ein Gesetzentwurf, der den Gesamtreisezeitraum auf dreißig Tage pro Jahr beschränkt. Er enthält „Versagungsgründe", die nicht eindeutig und nachprüfbar definiert sind und der Willkür großen Spielraum lassen. Die Finanzierung der Reisen bleibt ungelöst. Am 6. November veröffentlicht, verschärft der Gesetzentwurf die Proteste.

Streikdrohungen in den südlichen Bezirken haben die SED-Führung veranlasst, seit dem 1. November die Reisesperre in die Tschechoslowakei aufzuheben. Umgehend füllt sich die bundesdeutsche Botschaft in Prag erneut mit ausreisewilligen DDR-Bürgern. Die Prager Innenstadt gleicht einem Durchgangslager für Ostdeutsche. Unter dem Druck der ČSSR-Regierung entschließt sich das SED-Politbüro, DDR-Bürgern vom 4. November an die Ausreise in die Bundesrepublik über die ČSSR zu gestatten. Damit steht die Mauer nicht nur über den Umweg durch Ungarn, sondern auch durch die direkt benachbarte ČSSR

When Egon Krenz came to power, he promised to have a new travel law drawn up. But the State Security puts a brake on this. It is afraid that hundreds of thousands will then leave the GDR. And the Planning Commission objects, because there is no money to provide travellers with foreign currency. The result is a bill that limits the permissible duration of travel to thirty days per year in all. It contains "reasons for refusal" that are not clearly defined or verifiable and leave much room for arbitrary decisions. Published on 6 November, the bill leads to even more vehement protests.

Threats of strike action in the southern districts have caused the SED leadership to lift the ban on travel to Czechoslovakia as of 1 November. Immediately, the West German embassy in Prague is again filled with GDR citizens wanting to leave. The inner city of Prague resembles a transit camp for East Germans. Under the pressure of the Czechoslovakian government, the SED Politbüro decides to allow GDR citizens to leave for West Germany via Czechoslovakia as of 4 November. The Wall is now open not only via the detour through Hungary, but also through neighbouring Czechoslovakia. Within a few days, 50,000 GDR citizens make use of this new route. The Czechoslovakian offen. Innerhalb weniger Tage nehmen 50.000 DDR-Bürger diesen neuen Weg. Die ČSSR erhebt in Ost-Berlin schärfsten Protest gegen die Völkerwanderung durch ihr Land und ersucht die SED förmlich, die Ausreise von DDR-Bürgern in die Bundesrepublik „direkt und nicht über das Territorium der ČSSR" abzuwickeln.

Am 8. November macht sich Bundeskanzler Kohl die Forderungen der Demonstranten zu eigen: Wenn die SED auf ihr Machtmonopol verzichte, unabhängige Parteien zulasse und freie Wahlen verbindlich zusichere, sei er bereit, teilt er Krenz öffentlich mit, „über eine völlig neue Dimension unserer wirtschaftlichen Hilfe zu sprechen". Am Vorabend des 9. November ist die SED-Führung zum Handeln gezwungen, doch: „Was wir auch machen in dieser Situation, wir machen einen falschen Schritt", befürchtet Egon Krenz am nächsten Tag.

government protests sharply in East Berlin against the mass migration through its country and formally requests the SED to regulate the emigration of GDR citizens to West Germany directly and not via Czechoslovakian territory.

On 8 November, West German Chancellor Kohl himself takes up the demands of the demonstrators: he tells Krenz publicly that, if the SED gives up its monopoly on power, allows independent parties and commits itself to holding free elections, he will be prepared "to speak about a completely new dimension of economic aid".

On the evening preceding 9 November, the SED leadership is forced to act; however, as Egon Krenz says the next day, "Whatever we do in this situation, we will be taking a false step."

Schabowskis Zettel

Aufgeschreckt erteilt das Politbüro dem Ministerrat den Auftrag, kurzfristig eine Reiseverordnung auszuarbeiten. Beabsichtigt ist, ständige Ausreisen – also die Übersiedlung in die Bundesrepublik – zu genehmigen, aber erst nach einem entsprechenden Antrag. Besuchsreisen sollen – ebenfalls auf Antrag – bis zu dreißig Tagen pro Jahr genehmigt werden, jedoch an die Erteilung eines Visums und den Besitz eines Reisepasses gekoppelt werden.

Schabowski's announcement

Unsettled, the Politbüro gives the Council of Ministers the task of drawing up a travel regulation at short notice. The intention is to allow permanent departures – that is, emigration to West Germany – but only after a relevant application has been lodged. Visits – again, upon application – are to be permitted for up to thirty days a year, but are to be made contingent on the granting of a visa and the possession of a passport.

Einen Reisepass aber besitzen nur etwa vier Millionen Bürger; alle anderen, so das Kalkül, müssen zunächst einen Pass beantragen und sich dann noch einmal mindestens vier Wochen gedulden. Einem sofortigen Aufbruch aller Bürger, so meint man, ist damit ein Riegel vorgeschoben. Die neue Reiseverordnung soll erst am 10. November ab vier Uhr früh bekannt gegeben werden, um die Mitarbeiter des Pass- und Meldewesens auf den erwarteten Massenansturm vorzubereiten.

Am Nachmittag des 9. November stimmen Politbüro und Zentralkomitee dem Entwurf zu. Egon Krenz übergibt das Papier Günter Schabowski. Er beauftragt ihn, darüber auf einer für 18 Uhr anberaumten Pressekonferenz zu informieren. Schabowski ist nicht dabei gewesen, als das Politbüro die Reiseverordnung in den Mittagsstunden bestätigte. Auch als Krenz die Reiseregelung dem Zentralkomitee vorlas, war er nicht im Saal. Er kennt deshalb weder den Wortlaut des Papiers noch weiß er etwas von einer Sperrfrist.

Am Ende seiner Pressekonferenz, die live vom DDR-Fernsehen übertragen wird, liest er die Reiseregelung von dem Zettel ab, den Krenz ihm übergeben hat. Danach sollen DDR-Bürger nicht nur ständige Ausreisen, sondern auch Privatreisen ohne Vorliegen der bis dahin geforderten Voraussetzungen beantragen können, die Genehmigungen würden kurzfristig erteilt. Ständige Ausreisen könnten über alle Grenzübergänge der DDR zur Bundesrepublik bzw. Berlin-West erfolgen. „Wann tritt das in Kraft?“, fragt ein Journalist. Schabowski wirkt hilflos, denn „diese Frage“, so das Politbüro-Mitglied später, „war mit mir zuvor nie besprochen worden“. Er kratzt sich am Kopf und überfliegt das Papier.

Den letzen Satz des Ministerrats-Beschlusses, der festlegt, dass die Pressemitteilung erst am 10. November bekannt gegeben werden soll, übersieht er. Seine Augen bleiben gleich am Anfang an den Worten „sofort“ und „unverzüglich“ hängen. So formuliert er als knappe Antwort: „Sofort, unverzüglich!“ Wenige Minuten später, um 19.01 Uhr, ist die Pressekonferenz beendet.

However, only around four million citizens have a passport; all others – and this is the calculation behind the plan – will at first need to apply for a passport and then wait at least a further four weeks. This is meant to prevent an immediate exodus by all citizens. The new travel regulation is not to be announced until 10 November at 4 a.m. so that the staff at the passport and registration authorities can prepare for the expected stampede.

In the afternoon of 9 November, the Politbüro and Central Committee approve the regulation. Egon Krenz hands the document to Politbüro spokesman Günter Schabowski. He gives him the task of informing the public about its content at a press conference scheduled for 6 p.m.. Schabowski was not there when the Politbüro approved the travel regulation at midday, nor was he in the room when Krenz read the bill to the Central Committee. For this reason, he does not know the text of the document or anything about any waiting period.

At the end of his press conference, which is broadcast live by GDR state television, he reads out the travel regulation from the document that Krenz has given him. It says that GDR citizens can apply both for permanent exit and for private trips without having to fulfil the previous requirements, and that applications are to be approved quickly. It also states that permanent departures can be made via all border crossing points from the GDR to West Germany or West Berlin. “When does that go into effect?” asks a journalist. Schabowski seems at a loss, for, as he says later, “This question had never been discussed with me beforehand.” He scratches his head and skims quickly through the document.

He overlooks the final sentence in the resolution of the Council of Ministers, which states that the press release is not to be issued until 10 November. His eyes get caught on the words “immediately” and “without delay” at the very beginning of the document. He thus gives the brief answer: “Immediately, without delay!” A few minutes later, at 7.01 p.m., the press conference ends.

„… sofort, unverzüglich … // … immediately, without delay …“

‹ Das zweite Loch in der Mauer: Ausreise aus der ČSSR seit dem 4. November 1989 nur mit dem Personalausweis – Trabi-Schlange von DDR-Flüchtlingen an der tschechoslowakisch-bayerischen Grenze, 5. November 1989. // The second hole in the Wall: exit from Czechoslovakia requires only an ID card as of 4 November 1989 – queue of Trabis with East Germans wanting to leave on the Czechoslovakian-Bavarian border, 5 November 1989.

9. November 1989, 18.57 Uhr: Internationale Pressekonferenz (auf dem Podium v.l.n.r. die ZK-Mitglieder Helga Labs, Manfred Banaschak, Günter Schabowski, Gerhard Beil). // 9 November 1989, 6:57 p.m.: international press conference (on the podium left-right: Central Committee members Helga Labs, Manfred Banaschak, Günther Schabowski, Gerhard Beil).

9.11.1989 – Internationale Pressekonferenz

Günter Schabowski: […] Allerdings ist heute, soviel ich weiß (blickt bei diesen Worten Zustimmung heischend in Richtung Labs und Banaschak), eine Entscheidung getroffen worden. Es ist eine Empfehlung des Politbüros aufgegriffen worden, dass man aus dem Entwurf des Reisegesetzes den Passus herausnimmt und in Kraft treten lässt, der stän… – wie man so schön sagt oder so unschön sagt – die ständige Ausreise regelt, also das Verlassen der Republik. Weil wir es (äh) für einen unmöglichen Zustand halten, dass sich diese Bewegung vollzieht (äh) über einen befreundeten Staat (äh), was ja auch für diesen Staat nicht ganz einfach ist. Und deshalb (äh) haben wir uns dazu entschlossen, heute (äh) eine Regelung zu treffen, die es jedem Bürger der DDR möglich macht (äh), über Grenzübergangspunkte der DDR (äh) auszureisen.

Frage: (Stimmengewirr) Das gilt …? – Ohne Pass? Ohne Pass? (Nein, nein!) – Ab wann tritt das …? (…Stimmengewirr…) Ab wann tritt das in Kraft?

Günter Schabowski: Bitte?

Frage (Peter Brinkmann, Journalist): Ab sofort? Ab …?

Günter Schabowski: … (kratzt sich am Kopf) Also, Genossen, mir ist das hier also mitgeteilt worden (setzt sich, während er weiterspricht, seine Brille auf), dass eine solche Mitteilung heute schon (äh) verbreitet worden ist. Sie müsste eigentlich in Ihrem Besitz sein. Also (liest sehr schnell vom Blatt): „Privatreisen nach dem Ausland können ohne Vorliegen von Voraussetzungen – Reiseanlässe und Verwandtschaftsverhältnisse – beantragt werden. Die Genehmigungen werden kurzfristig erteilt. Die zuständigen Abteilungen Pass- und Meldewesen der VP – der Volkspolizeikreisämter – in der DDR sind angewiesen, Visa zur ständigen Ausreise unverzüglich zu erteilen, ohne dass dafür noch geltende Voraussetzungen für eine ständige Ausreise vorliegen müssen.

Frage (Riccardo Ehrman, Journalist): Mit Pass?

Günter Schabowski: (Äh) (Liest) „Ständige Ausreisen können über alle Grenzübergangsstellen der DDR zur BRD erfolgen. Damit entfällt die vorübergehend ermöglichte Erteilung von entsprechenden Genehmigungen in Auslandsvertretungen der DDR bzw. die ständige Ausreise mit dem Personalausweis der DDR über Drittstaaten." (Blickt auf.) (Äh) Die Passfrage kann ich jetzt nicht beantworten (blickt fragend in Richtung Labs und Banaschak). Das ist auch eine technische Frage. Ich weiß ja nicht, die Pässe müssen ja, … also

9.11.1989 – International press conference

Günter Schabowski: […] A decision was made today, as far as I know (looking toward Labs and Banaschak in hope of confirmation). A recommendation from the Politbüro was taken up that we take a passage from the draft of the travel regulation and put it into effect, that (um) that regulates permanent exit – as it is called, for better or worse – leaving the Republic. Since we find it (um) unacceptable that this movement is taking place (um) across the territory of an allied state, (um) which is not an easy burden for that country to bear. Therefore (um), we have decided today (um) to implement a regulation that allows every citizen of the German Democratic Republic (um) to (um) leave the GDR through any of the border crossings.

Question: (many voices) When does that go into effect?… Without a passport? Without a passport? (No, no) – When is that in effect?… (confusion, voices…) At what point does the regulation take effect?

Günter Schabowski: Pardon?

Question (Peter Brinkmann, Journalist): At once? When …?

Günter Schabowski: (… scratches his head) You see, comrades, I was informed today (puts on his glasses as he speaks further), that such an announcement had been (um) distributed earlier today. You should actually have it already. So, (reading very quickly from the paper): "Applications for travel abroad by private individuals can now be made without the previously existing requirements (of demonstrating a need to travel or proving familial relationships). The travel authorisations will be issued within a short time. The responsible departments of passport and registration control in the People's Police district offices in the GDR are instructed to issue visas for permanent exit without delays and without presentation of the existing requirements for permanent exit."

Question (Riccardo Ehrman, journalist): With a passport?

Günter Schabowski: (um…) (reads:) "Permanent exit is possible via all GDR border crossings to the FRG. These changes replace the temporary practice of issuing [travel] authorisations through GDR consulates and permanent exit with a GDR personal identity card via third countries."

damit jeder im Besitz eines Passes ist, überhaupt erst mal ausgegeben werden. Wir wollten aber ...

Manfred Banaschak: Entscheidend ist ja die inhaltliche Aussage ...

Günter Schabowski: ... ist die ...

Frage: Wann tritt das in Kraft?

Günter Schabowski: (blättert in seinen Papieren) Das tritt nach meiner Kenntnis ist das sofort, unverzüglich (blättert weiter in seinen Unterlagen) ...

Helga Labs: (leise) ... unverzüglich.

Gerhard Beil: (leise) Das muss der Ministerrat beschließen.

Frage: Auch in Berlin? (... Stimmengewirr ...)

Frage (Peter Brinkmann, Journalist): Sie haben nur BRD gesagt, gilt das auch für West-Berlin?

Günter Schabowski: (liest schnell vor) „Wie die Presseabteilung des Ministeriums ..., hat der Ministerrat beschlossen, dass bis zum Inkrafttreten einer entsprechenden gesetzlichen Regelung durch die Volkskammer diese Übergangsregelung in Kraft gesetzt wird."

Frage (Peter Brinkmann, Journalist): Gilt das auch für Berlin-West? Sie hatten nur BRD gesagt.

Günter Schabowski: (Zuckt mit den Schultern, verzieht dazu die Mundwinkel nach unten, schaut in seine Papiere.) Also (Pause), doch, doch (liest vor): „Die ständige Ausreise kann über alle Grenzübergangsstellen der DDR zur BRD bzw. zu Berlin-West erfolgen."

(Looks up) (um) I cannot answer the question about passports at this point. (Looks questioningly at Labs and Banaschak.) That is also a technical question. I don't know, the passports have to ... so that everyone has a passport, they first have to be issued. But we want to...

Manfred Banaschak: The substance of the announcement is decisive...

Günter Schabowski: ... is the ...

Question: When does it come into effect?

Günter Schabowski: (Looks through his papers...) That comes into effect, according to my information, immediately, without delay ... (looking through his papers further).

Helga Labs: (quietly) ...without delay.

Gerhard Beil: (quietly) That has to be decided by the Council of Ministers.

Question: In Berlin as well? (... Many voices ...)

Question (Peter Brinkmann, journalist): You only said the FRG, is the regulation also valid for West Berlin?

Günter Schabowski: (reading aloud quickly) "As the Press Office of the Ministry ... the Council of Ministers has decided that until the parliament implements a corresponding law, this transition regulation will be in effect."

Question (Peter Brinkmann, journalist): Does this also apply for West Berlin? You only mentioned the FRG.

Günter Schabowski: (shrugs his shoulders, frowns, looks at his papers) So ... (pause), um hmmm (reads aloud): "Permanent exit can take place via all border crossings from the GDR to the FRG and West Berlin, respectively."

EIL

DDR ÖFFNET GRENZEN =

OST-BERLIN (AP) DIE DDR ÖFFNET NACH ANGABEN VON SED-POLITBÜROMITGLIED GÜNTER SCHABOWSKI IHRE GRENZEN. DIES SEI EINE ÜBERGANGSREGELUNG BIS ZUM ERLAß EINES

SCHABOWSKI.

091905 NOV 89

WWW.CHRONIK-DER-MAUER.DE

> Chronik > 1989 > November > 9 > 18.53 > Rias-Reportage

In der Hauptnachrichtenzeit bis 20.15 Uhr wird seine Mitteilung zum Spitzenthema. In Ermangelung präziser Informationen beginnen die West-Medien, den von Schabowski eröffneten Interpretationsspielraum zu füllen, die Informationen zu verdichten und einen eigenen Bedeutungszusammenhang zu konstruieren. Sehr schnell interpretieren sie seine widersprüchlichen Äußerungen als „Grenzöffnung": „DDR öffnet Grenzen" schlagzeilt Associated Press bereits um 19.05 Uhr, und DPA verbreitet um 19.41 Uhr die „sensationelle Mitteilung": „Die DDR-Grenze zur Bundesrepublik und nach West-Berlin ist offen." Die ARD-Tagesschau platziert die Reiseregelung als Top-Meldung und blendet dazu als Schrift ein: „DDR öffnet Grenze."

His announcement becomes the top story during prime news time until 8.15 p.m.. Owing to the lack of precise information, Western media begin to fill out the room for interpretation left by Schabowski, piece together what information there is and construct their own meaning. They very quickly interpret his contradictory statements as an "opening of the borders": "GDR opens borders" is already the Associated Press headline at 7.05 p.m., and at 7.41 p.m. DPA makes the "sensational announcement": "The GDR border to the Federal Republic and to West Berlin is open." The ARD news show "Tagesschau" has the new travel regulation as its top story, with the words "GDR opens border" as a background caption.

Der Mauerdurchbruch am 9./10. November 1989

Die Berichte der Westmedien lösen einen Ansturm von Ost- und West-Berlinern auf die Grenzübergänge und auf das Brandenburger Tor aus, der das gemeldete Ereignis – die angeblich „offene Grenze“ – erst herbeiführt. Der Fall der Mauer ist damit das erste welthistorische Ereignis, dem durch seine mediale Verkündung zur Wirklichkeit verholfen wird.

Ohne jegliche Information und ohne Befehle der militärischen Führung stehen die DDR-Grenzposten am Abend des 9. November 1989 konsterniert wachsenden Menschenansammlungen auf beiden Seiten der Grenzübergänge gegenüber, die testen wollen, ob die Nachrichten stimmen. Rückfragen der Grenzwächter bei ihren Vorgesetzten, wie Schabowskis Mitteilungen zu verstehen seien, bleiben ebenso ohne Antwort wie wiederum deren Nachfragen auf der nächst höheren Ebene bis hinauf in die Ministerien. In den Abendstunden sind auf allen Ebenen nur Stellvertreter oder Stellvertreter von Stellvertretern zu erreichen – und keiner weiß Bescheid. Nach ganz oben aber sind die Kommunikationswege versperrt: Kein Stellvertreter kann zunächst seinen Minister erreichen, denn die laufende Tagung des Zentralkomitees ist außerplanmäßig bis 20.45 Uhr verlängert worden. Die gesamte Partei- und Staatsspitze bekommt deshalb vorerst weder die Pressekonferenz noch ihre Resonanz in den Medien noch den einsetzenden Ansturm von Ost und West auf die Übergänge mit.

Breaching the Wall 9/10 November 1989

The reports in the Western media set off a rush on the border crossings and the Brandenburg Gate by East and West Berliners. And it is this rush that actually brings about the event that has already been announced – the “open border”. The fall of the Wall is thus the first event in world history to attain reality because the media had announced it.

On the evening of 9 November 1989, the GDR border guards, who have no information or orders from their military leaders, uneasily face growing crowds of people on both sides of the border crossings, who want to test whether the reports are true. The border guards’ queries to their superiors regarding how Schabowski’s remarks are to be interpreted remain unanswered, as do their superiors’ queries at the next highest level, even those made to the ministries. In the evening hours, only deputies or deputies of deputies can be reached – and no one knows what to do. The communication channels to the very top , however, are closed: at first, no deputy can contact his minister, as the meeting of the Central Committee has been extended until 8.45 p.m.. For this reason, the highest echelons of the party and the government are unaware of the press conference, the media reaction it has engendered and the growing rush on the border crossings from East and West.

> Ost-Berliner fordern: „Lasst uns raus!“
> East Berliners demand: “We want out!”

West-Berliner begehren am Checkpoint Charlie Einlass nach Ost-Berlin: „Lasst uns rein!“ Auf der anderen Seite fordern die Ost-Berliner: „Lasst uns raus!“ (l.). Grenzübergang Sonnenallee, 9./10. November 1989 (r.). // West Berliners clamouring to get into East Berlin at Checkpoint Charlie: "Let us in!" On the other side, East Berliners chant, "Let us out!" (left). Sonnenallee crossing point, 9/10 November 1989 (right).

Am Grenzübergang Bornholmer Straße, im dicht besiedelten Stadtbezirk Prenzlauer Berg gelegen, ist der Ansturm auf der Ostseite am stärksten. Zunächst reagieren die Grenzwächter abwartend, verweisen die Menschen auf den nächsten Tag. Dann erlauben sie einzelnen die Ausreise, stempeln die Ausweise dabei aber ungültig. Ohne es zu wissen, werden die ersten Ost-Berliner, die über die Bornholmer Brücke nach West-Berlin laufen, ausgebürgert.

Doch schließlich wird der Druck vor dem Schlagbaum so stark, dass Passkontrolleure und Grenzsoldaten um ihr Leben fürchten. Auf eigene Entscheidung stellen sie gegen 23.30 Uhr alle Kontrollen ein. „Wir fluten jetzt!“, kündigt der leitende Offizier der Passkontrolle an; dann werden die Schlagbäume geöffnet. An der Invalidenstraße sind die Passkontrolleure zunächst entschlossen, sich die West- und Ost-Berliner vom Halse zu halten. Sie holen Verstärkung heran: 45 Mann mit Maschinenpistolen. Doch als die Lage eskaliert, entscheiden sie: „Auf Unbewaffnete schießen – das machen wir nicht.“ Die Soldaten rücken ab, der Vorgesetzte befiehlt: „Lasst sie laufen!“

In den Mitternachtsstunden stehen alle Grenzübergänge offen; kurze Zeit später feiern Ost- und West-Berliner den Fall der Mauer auch unter dem Brandenburger Tor.

West-Berliner begehren: „Lasst uns rein!“

West Berliners request: “We want in!”

The rush on the Eastern side is strongest at the Bornholmer Strasse border crossing, situated in the densely populated district of Prenzlauer Berg. At first, the border guards play a waiting game and tell the people to come back the next day. They then allow some people to leave the country, but put a stamp in their identity cards to invalidate them. Without knowing it, the first East Berliners to walk over Bornholmer Bridge to West Berlin are deprived of their citizenship.

But in the end, the pressure in front of the barrier becomes so great that passport controllers and border soldiers begin to fear for their lives. At around 11.30 p.m. they decide on their own account to stop all border control. “We’re opening the floodgates now!” the head officer tells the passport controllers; and then the barriers are opened. At Invalidenstrasse, the passport controllers are at first determined to get rid of the West and East Berliners. They call in reinforcements: 45 men with submachine guns. But as the situation escalates, they decide: “We are not going to shoot at unarmed people.” The soldiers withdraw and the commander orders: “Let them go!”

By the early hours, all border crossings are open; a short time later, East and West Berliners celebrate the fall of the Wall under the Brandenburg Gate.

Grenzübergang Bornholmer Straße, 9./10. November 1989 (l). Grenzübergang Invalidenstraße, 9./10. November 1989: Trabis drängen nach West-Berlin, West-Berliner nach Ost-Berlin (r.). // Bornholmer Strasse crossing point, 9/10 November 1989 (left). Invalidenstrasse crossing point, 9/10 November 1989: Trabis heading for West Berlin, West Berliners heading for East Berlin (right).

10. November 1989

Am Vormittag des 10. November kommt Willy Brandt zum Brandenburger Tor. Als die Mauer gebaut wurde, war er Regierender Bürgermeister von Berlin. Hilflos musste er damals mit ansehen, wie Betonpfähle in die Straßen gerammt, Stacheldrahtrollen gespannt, Familien getrennt wurden. Sein Ausspruch „Jetzt wächst zusammen, was zusammengehört“ ist an diesem Tag noch ein politischer Traum – der jedoch bald in Erfüllung gehen wird.

Später am Nachmittag spricht Brandt neben dem Regierenden Bürgermeister Walter Momper und Bundeskanzler Helmut Kohl vor dem Schöneberger Rathaus. Der Bundeskanzler hat für diese Kundgebung seinen Staatsbesuch in Polen unterbrochen. Seine Rede wird von den Anhängern des rot-grünen Senats durch ein Pfeifkonzert gestört. Erst im Nachhinein wird das dramatische Hintergrundgeschehen bekannt: Noch während der Kundgebung wird Kanzlerberater Horst Teltschik im Rathaus ans Telefon gerufen. Der sowjetische Botschafter Julij Kwizinkij übermittelt ihm die Sorge Michail Gorbatschows, es könne in Berlin zu Zusammenstößen kommen und sowjetische Einrichtungen, auch sowjetische Truppen, angegriffen werden. Der Kanzler, verlangt der Kreml-Chef, soll nicht zulassen, dass die Lage unbeherrschbar wird.

Helmut Kohl und Horst Teltschik rätseln: Ist diese Botschaft Gorbatschows eine besorgte Anfrage oder eine versteckte Drohung? Noch in seiner Rede vor dem Rathaus reagiert der Kanzler, fordert zu Vernunft und Besonnenheit auf und spricht sich

10 November 1989

On the morning of 10 November, Willy Brandt comes to the Brandenburg Gate. When the Wall was built, he was Mayor of Berlin. He had to watch on helplessly as concrete posts were rammed into the ground, rolls of barbed wire were laid out and families were separated. His remark, “What belongs together is now growing together” is still a political dream on this day – but one that is soon to be fulfilled.

Later in the afternoon, Brandt speaks in front of Schöneberg Town Hall alongside Mayor Walter Momper and West German Chancellor Helmut Kohl. The Chancellor has interrupted his state visit in Poland for this rally. His speech is disturbed by a barrage of whistling and booing from the supporters of the red-green Senate. Only afterwards do the dramatic events in the background become known: during the rally, Horst Teltschik, an advisor to the Chancellor, is called to the telephone in the Town Hall. The Soviet ambassador, Yuli Kvitsinski, tells him of Mikhail Gorbachev’s concern that there could be violent clashes in Berlin and that Soviet facilities or even Soviet troops could be attacked. Gorbachev calls on the Chancellor not to allow the situation to get out of control.

Helmut Kohl and Horst Teltschik speculate: Is this message from Gorbachev a concerned question or a concealed threat? The Chancellor already responds in his speech in front of the Town Hall, calls for reason and calm, and rejects any form of radicalism. The next day, he reassures the Soviet Secretary-General on the telephone, telling him about the happy and peace-

Glienicker Brücke, 11. November 1989. // Glienicker Bridge, 11 November 1989.

Willy Brandts Ausspruch „Jetzt wächst zusammen, was zusammengehört“ ist an diesem Tag noch ein politischer Traum. // Willy Brandt's statement “What belongs together is now growing together” is still a political dream on that day.

Der Schock: Ein durchschnittliches DDR-Monatsgehalt schmilzt bei diesem Schwarzmarkt-Kurs auf weniger als 100 DM zusammen. // Shock: an average East German wage is cut to less than 100 DM at these black-market exchange rates.

Am Checkpoint Charlie, 10. November 1989. // At Checkpoint Charlie, 10 November 1989.

gegen jegliche Radikalisierung aus. Am nächsten Tag beruhigt er in einem Telefonat den sowjetischen Generalsekretär und informiert ihn über die fröhliche und friedliche Stimmung in Berlin. Erleichtert über die Reaktion aus Moskau notiert Horst Teltschik: „Keine Drohung, keine Warnung, nur die Bitte, Umsicht walten zu lassen.“ Moskau stellt sich der Entwicklung nicht in den Weg, die sowjetischen Truppen in der DDR – 350.000 Mann stark – bleiben in den Kasernen.

ful mood in Berlin. Relieved at the reaction from Moscow, Horst Teltschik notes: “No threat, no warning, just the request to let prudence prevail.” Moscow does not obstruct developments; the Soviet troops in the GDR – 350,000 of them – remain in their barracks.

WWW.CHRONIK-DER-MAUER.DE
> Chronik > 1989 > November > 10

11. November 1989
Konfliktlösung am Brandenburger Tor

Das Brandenburger Tor ist am Morgen des 11. November der letzte Konfliktherd. Seit über 30 Stunden ist dort die Panzermauer besetzt. Übermütige haben während der Nacht begonnen, die Grenzmauer aufzumeißeln und Rohrauflagen zu demontieren; die DDR-Grenztruppen führen Verstärkung heran. Als es einer Gruppe West-Berliner gelingt, ein Segment der Mauer südlich des Brandenburger Tores niederzureißen, steigt die Nervosität.

Auf der Ostseite setzen hektische Aktivitäten ein. Zwei Eliteeinheiten der NVA, insgesamt knapp 10.000 Soldaten, sind bereits am Vortag in erhöhte Gefechtsbereitschaft versetzt worden; jetzt droht die Situation zu eskalieren. Verteidigungsminister Keßler fürchtet offenbar einen Sturm auf das Brandenburger Tor. Er ruft um 10.15 Uhr den Chef der Landstreitkräfte, Generaloberst Horst Stechbarth, an. Ob er bereit sei, mit zwei Regimentern nach Berlin zu marschieren, um die Mauer am Brandenburger Tor zu räumen, hört Stechbarth seinen Minister fragen. Er bittet Keßler, die Sache noch einmal zu überdenken. Ob es wirklich keine anderen Mittel gebe, wendet er ein. Die Folgen einer Truppenbewegung durch Berlin in der gegebenen Situation seien unabsehbar.

11 November 1989: conflict resolution at the Brandenburg Gate

On the morning of 11 November, the Brandenburg Gate is the last centre of conflict. The anti-tank wall there has been occupied for more than 30 hours. During the night, in a mood of high spirits, people have started chiselling away at the Wall and taking down the tubing along the top; the GDR border troops bring in reinforcements. When a group of West Berliners succeeds in tearing down a segment of the Wall to the south of the Brandenburg Gate, nervousness grows.

On the Eastern side, hectic activity begins. Two elite units of the National People's Army, around 10,000 soldiers in total, have already been put on increased alert the day before; the situation now threatens to escalate. Defence Minister Kessler obviously fears that there will be a rush on the Brandenburg Gate. At around 10.15 a.m., he rings up the commander of the land forces, Colonel General Horst Stechbarth. Stechbarth hears his minister ask him whether he is prepared to march to Berlin with two regiments to clear the Wall at the Brandenburg Gate. Stechbarth asks the minister to reassess the situation and consider whether other means can be used, pointing out that the consequences of moving troops to Berlin in the present situation cannot be foreseen.

Tatsächlich finden die Ordnungskräfte in West- und Ost-Berlin ein anderes Mittel: Grenzsoldaten räumen mit friedlichen Mitteln die Mauer und besetzen sie selbst; West-Berliner Polizisten riegeln im Gegenzug mit Mannschaftswagen die Zugänge zum Mauerareal ab. Das ausgehebelte Stück Mauer wird wieder zurückgehoben und festgeschweißt. Es ist das letzte Mal, dass in Berlin ein Stück der Mauer repariert wird. Um 12 Uhr mittags ist die Lage entschärft; die Gefechtsbereitschaft der NVA-Einheiten wird aufgehoben. „Ich glaube, wenn wir mit Kampfeinheiten nach Berlin gefahren wären", so einer der Kommandeure rückblickend, „wäre die Gefahr des Blutvergießens groß gewesen."

And the security forces in West and East Berlin do in fact find other means: border soldiers manage to clear the Wall peacefully and occupy it themselves; West Berlin police block off the access routes to the area near the Wall with police vans. The piece of Wall that has been removed is lifted back and welded on again. It is the last time that a part of the Wall is repaired in Berlin. By midday, the situation is calmer; the alert status of the National People's Army units is lifted. "I think that if we had gone to Berlin with combat units," says one of the commanders afterwards, "there would have been a great danger of bloodshed."

12. November 1989 – Potsdamer Platz

Am 12. November 1989 machte ich alleine einen Spaziergang zum Potsdamer Platz, und zwar aus der Stimmung heraus, dass niemand so genau wusste, was eigentlich gilt und was man darf – und das wussten insbesondere auch die Grenzer nicht so ganz genau. An sich kann man als Bundespräsident nicht so beliebig herumlaufen und die Rolle eines Spähtrupps in einer ungeklärten politischen Lage übernehmen. Aber es trieb mich einfach um.

12 November 1989 – Potsdamer Platz

On 12 November 1989, I took a walk on my own to Potsdamer Platz amid the general feeling that no one really knew what was right and what was allowed – particularly the border soldiers. Strictly speaking, the German president can't really just walk around as he likes and take on the role of a reconnaissance patrol in an uncertain political situation. But I just wanted to go out.

„Herr Bundespräsident, ich melde: Keine besonderen Vorkommnisse!"
"Mr. President, no unusual occurrences to report."

Und so bin ich vom Westen des Potsdamer Platzes über diese weite leere Fläche in Richtung Osten gelaufen. Ich sah, wie ich von den Grenzern durchs Fernglas beobachtet wurde. Dann bewegte sich ein höherer Offizier auf die allervorschriftsmäßigste militärische Weise auf mich zu, machte eine Ehrenbezeugung und sagte: „Herr Bundespräsident, ich melde: Keine besonderen Vorkommnisse!". Ich empfand, dass es wohl keine anderen Worte gab, die in größerem Kontrast zu der Außergewöhnlichkeit dieser Zeit hätten stehen können.
Richard von Weizsäcker, Bundespräsident a. D.

So I walked from the western side of Potsdamer Platz over the broad, empty space towards the east. I saw how I was being watched by the border guards through binoculars. Then a senior officer came towards me with meticulous military demeanour and said: "Mr. President, no unusual occurrences to report." I felt that probably no other words could have been in starker contrast to the remarkable events of this time.
Richard von Weizsäcker, former German President

Bundespräsident Richard von Weizsäcker am Potsdamer Platz, 12. November 1989. // German President Richard von Weizsäcker at Potsdamer Platz, 12 November 1989.

„Wir sind ein Volk!“

Der Mauerdurchbruch vom 9. November 1989 bedeutet mehr als eine „Öffnung der Grenze“: Er ist ein Akt der Selbstbefreiung. Die Wucht des Ereignisses, seine Form und Symbolik, schlägt der SED-Führung die Kontrolle über die Grenze aus der Hand – und damit die Verfügungsgewalt über die nicht länger eingemauerten Bürger. Ohne Mauer sieht sich die SED-Führung zudem gegenüber der Bundesregierung ihres wichtigsten Faustpfandes für Verhandlungen über eine ökonomische Stabilisierung beraubt; das Regime hat die letzte kreditwürdige Immobilie der DDR verloren.

Zugleich nimmt der Druck auf Partei und Staat nach dem Mauerfall weiter zu. Zum einen steigt die Abwanderung in die Bundesrepublik erneut sprunghaft an: Vom 10. November bis zum Jahresende 1989 verlassen über 120.000 Menschen die DDR (1989 insgesamt: 343.854), von Januar bis März 1990 kommen mehr als 180.000 hinzu. Zum anderen aber werden die Massendemonstrationen auch in der zweiten Novemberhälfte fortgesetzt. Schnell wandeln sich die Sprechchöre von „Wir sind das Volk!“ in „Wir sind ein Volk!“; Spruchbänder mit der Parole „Deutschland – einig Vaterland“ sowie schwarz-rot-goldene Fahnen ohne DDR-Emblem bestimmen in kurzer Zeit das Bild der Kundgebungen überall in der DDR.

“We are one people!”

The breach of the Wall on 9 November 1989 means more than just an “opening of the border”: it is an act of self-liberation. The power of the event, its form and symbolism, tears the control of the border – and thus also the control over the no longer imprisoned people of the GDR – out of the hands of the SED. Without the Wall, the SED leadership also sees itself deprived of its most important lever in negotiations with the West German government on economic stabilisation; the regime has lost the last creditworthy property of the GDR.

At the same time, the pressure on the party and the state continues to grow after the fall of the Wall. On the one hand, emigration to West Germany increases again by leaps and bounds: from 10 November to the end of 1989, over 120,000 people leave the GDR (total figure for 1989: 343,854); 180,000 more leave from January to March 1990. On the other hand, however, mass demonstrations continue even in the second half of November. The crowds soon change their chant from “We are the people” to “We are one people”; banners with the words “Germany – United Fatherland” and black, red and gold flags without the GDR emblem soon predominate at demonstrations everywhere in the GDR.

An Runden Tischen begrenzen die neuen demokratischen Bewegungen und Parteien die Macht der SED und erzwingen den Verzicht auf den SED-Führungsanspruch in der DDR-Verfassung sowie die Gewährung freier Wahlen. Innerhalb weniger Wochen zerfallen die zentralen Parteistrukturen; Politbüro, ZK-Sekretariat und Zentralkomitee lösen sich auf. Ohne die Steuerungszentrale der Partei zerbröseln die staatlichen Machtstrukturen; fast unbemerkt hört der Nationale Verteidigungsrat mangels Mitgliedern einfach auf zu existieren. Bürgerkomitees besetzen in den Bezirken die Gebäude der Staatssicherheit und verhindern die Vernichtung der Akten.

Nach dem Mauerfall und dem Ende der alten SED ist die Sowjetunion der letzte Garant für die staatliche Existenz der DDR. Zunächst widersetzt sich die sowjetische Führung allen Tendenzen zur Vereinigung beider deutscher Staaten energisch. Doch ihre inneren Probleme – die zunehmenden Nationalitätenkonflikte, die tief greifende Wirtschafts- und Versorgungskrise, die drohende Zahlungsunfähigkeit gegenüber dem Westen und die Zerfallserscheinungen des Warschauer Paktes – und der unaufhaltsame Machtverfall der SED beschleunigen im Januar 1990 die Erkenntnis, dass die DDR nicht mehr zu halten ist. Michail Gorbatschow gibt den Weg zur deutschen Einheit frei.

Die erste freie Volkskammer-Wahl am 18. März 1990, aus der die CDU-geführte „Allianz für Deutschland" mit 48,1 Prozent der Stimmen als stärkste Kraft hervorgeht, wird zu einem eindeutigen Votum für einen schnellen Weg zur deutschen Einheit.

At round-table conferences, the new democratic movements and parties restrict the power of the SED, make it give up its monopoly on leadership as enshrined in the GDR constitution and force it to agree to free elections. Within a few weeks, the central party structures fall apart; Politbüro, Central Committee Secretariat and Central Committee all disband. Without the control centre of the party, the state power structures crumble; almost unnoticed, the National Defence Council simply ceases to exist for lack of members. Citizens' committees occupy the district State Security buildings and prevent files from being destroyed.

After the fall of the Wall and the end of the old SED, the Soviet Union is the last guarantor for the existence of the GDR as a state. At first, the Soviet leaders vigorously oppose any tendencies towards uniting the two German states. But in January 1990, the Soviet Union's own domestic problems – increasing ethnic conflicts, the serious economic and supply crisis, its looming inability to repay its debts to the West and the disintegration of the Warsaw Pact – and the inexorable decline of the SED's power quickly make it apparent that the GDR cannot be maintained. Mikhail Gorbachev gives the green light for German unification.

The first free parliamentary election on 18 March 1990, from which the CDU-led "Alliance for Germany" (Allianz für Deutschland) emerges as strongest party with 48.1 percent of votes, becomes a clear vote in favour of taking the fast track to German unity.

‹ Verlust der Staatsautorität, Ost-Berlin, Weihnachten 1989. // Losing state authority, East Berlin, Christmas 1989.

› 3. Oktober 1990, Vorplatz des Berliner Reichstagsgebäudes: Tag der deutschen Einheit. // 3 October 1990, at the Reichstag building: Day of German Unity.

Volkskammer und Bundestag stimmen am 21. Juni 1990 mit Zweidrittelmehrheiten dem Staatsvertrag über eine Wirtschafts-, Währungs- und Sozialunion zu, in dessen Folge am 1. Juli die D-Mark als Zahlungsmittel in der DDR eingeführt wird.

Die Verhandlungen über die äußeren Aspekte der Einheit sind Gegenstand von „Zwei-Plus-Vier-Konferenzen“ der beiden deutschen Staaten mit den Siegermächten des Zweiten Weltkriegs und zahlreicher bilateraler Gespräche. Sie werden mit der Unterzeichnung des „Vertrages über die Regelung in Bezug auf Deutschland“ am 12. September zum Abschluss gebracht. Darin verzichten die Besatzungsmächte auf ihre mit dem Zweiten Weltkrieg verbundenen Rechte und Verantwortlichkeiten in Berlin und in Deutschland als Ganzes. Deutschland erhält die souveränen Rechte über seine inneren und äußeren Angelegenheiten, bestätigt den endgültigen Charakter seiner Grenzen und

On 21 June 1990, the GDR parliament and the West German Bundestag approve a treaty on economic, monetary and social union with two-thirds majorities. This results in the DM being introduced in the GDR as the official currency on 1 July 1990.

The negotiations on the external aspects of unity are carried out at “two-plus-four conferences” attended by both Germanies and the four Second World War Allies, as well as in numerous bilateral talks. They are concluded on 12 September with the signing of the “Treaty on the Final Settlement with Respect to Germany”. In this treaty, the occupying powers give up the rights and responsibilities they took on in connection with the Second World War in Berlin and Germany as a whole. Germany is give sovereign rights over its internal and external affairs, confirms the final character of its borders and commits itself to not carry out any wars of aggression and to reducing

REAKTIONEN

George Bush, Präsident der Vereinigten Staaten
Am 10. November schickte mir Gorbatschow ein sehr besorgt klingendes Telegramm. Ich konnte gut verstehen, dass er beunruhigt war und mir nun mitteilen wollte, welche Probleme ihm dieses Ereignis bereiten könnte.

Wir wussten, dass Gorbatschow unter großem Druck stand. Die DDR war schließlich das Kronjuwel des Warschauer Paktes und des sowjetischen Imperiums. Was wir jedoch nicht wussten, war, inwieweit dieses Jahrhundertereignis das Nationalgefühl der Sowjetmacht und den Stolz der sowjetischen Armee verletzen würde. Die Mauer fiel direkt vor ihren Augen in sich zusammen. Wie würden die Militärs reagieren? Niemand wusste das so genau. Was tut man in einer solchen Situation? Man reagiert umsichtig. Man unterstützt die Deutschen, man sagt, es sei alles wunderbar, aber man unternimmt nichts, was zu unvorhersehbaren Problemen führen könnte.

Später traten zwischen mir und François Mitterrand sowie Margaret Thatcher einige Unstimmigkeiten auf, weil ich mich in der Frage der Wiedervereinigung sehr stark auf die Seite von Bundeskanzler Kohl schlug. Aber in diesen kritischen Tagen im November 1989 teilten beide meine Meinung, dass es nicht ratsam sei, überzureagieren und Gorbatschow Probleme zu bereiten, die außer Kontrolle geraten könnten, mit anderen Worten: die die reaktionären Kräfte in seinem Umfeld dazu hätten verleiten können, ihn aus dem Amt zu jagen, mit dem Säbel zu rasseln und Deutschland und Berlin wieder zum Auslöser einer militärischen Konfrontation zu machen.

Michail Gorbatschow, KPdSU-Generalsekretär
Alle – Bush, Mitterrand und Thatcher – erkannten den Ernst der Lage. Möglicherweise dachte sogar jemand daran, diesen Prozess irgendwie zu verlangsamen. Ich verfolgte die Entwicklung genau wie die anderen sehr aufmerksam, mit Verantwortungsbewusstsein und Vorsicht. Wir alle waren vorsichtig. Aber ich denke, dass

REACTIONS

George Bush, President of the United States
On the 10th of November, Gorbachev sent me a telegram of considerable anxiety. I found it understandable that he was worried and now wanted to tell me about the problems that this event was causing to him.

We knew that the pressures on Gorbachev were enormous. Inside the Warsaw Pact and the Soviet hegemonic empire East Germany was the jewel of the crown.

We did not know how far this monumental event would affect the pride of the Soviet military, the nationalist feeling that the Soviet empire had. And here it was crumbling, right in front of their eyes. How would they react? Nobody knew for sure. So what do you do? You act prudently. You support the Germans, you say, this is wonderful, but you don`t do it in a way not to cause problems that you can`t foresee.

Later I had some differences with Margaret Thatcher and François Mitterrand, because I was much more forwardleaning on the side of Chancellor Kohl on German unification. But at the time of these criticals days in November both of them shared my view that we should not overreact and cause problems for Gorbachev that might get out of control, in other words: that might cause his more reactionary elements to kick him out, to start rattling the saber and have Germany and Berlin back in some kind of a military confrontation.

Mikhail Gorbachev, CPSU General Secretary
Everyone – Bush, Mitterrand and Thatcher – recognised the seriousness of the situation. Possibly, someone even thought of somehow slowing down this process. Like the others, I followed the developments very closely, with a sense of responsibility and with caution. We were all cautious. But I think that our caution was

verpflichtet sich, keine Angriffskriege zu führen und die Bundeswehr auf eine Personalstärke von 370.000 Mann zu verringern. Daneben wird der Abzug der 350.000 Soldaten der Westgruppe der sowjetischen Streitkräfte aus der DDR bis 1994 vereinbart.

Die wichtigsten innenpolitischen Etappen auf dem Weg zur Einheit sind der Beschluss der Volkskammer vom 23. August, gemäß Artikel 23 des Grundgesetzes der Bundesrepublik beizutreten, sowie der Einigungsvertrag zwischen beiden deutschen Staaten, der die Rechtsgrundlagen für die staatliche Vereinigung schafft. Beide Parlamente stimmen am 20. September 1990 mit dem Vertragswerk auch dem Ziel zu, nach vierzig Jahren der Trennung einheitliche Lebensverhältnisse in Deutschland zu schaffen. Am 3. Oktober 1990 ist die staatliche Einheit Deutschlands hergestellt.

the Bundeswehr to 370,000 personnel. The withdrawal of the 350,000 soldiers of the Western Group of the Soviet armed forces from the GDR by 1994 is also agreed upon.

On the domestic front, the most important steps on the path to unification are the GDR's resolution of 23 August to join the Federal Republic according to Article 23 of the constitution, and the unification treaty between the two German states that creates the legal foundation for the two countries to unite as one. Both parliaments approve this treaty on 20 September 1990, thus also approving the goal of creating equal living conditions in Germany after forty years of separation. On 3 October 1990, the process of unification is officially concluded.

unsere Vorsicht in diesem Falle begründet war. Und gleichzeitig nahmen alle unterschiedliche Positionen ein, sagen wir es so. Und das ist deshalb umso bedeutender, als wir letzten Endes zu einer gemeinsamen Position fanden. Und wir erreichten deshalb eine einheitliche Position, weil alle trotz ihrer Meinungsunterschiede in diesem Moment nichtsdestoweniger Verständnis hatten: Verständnis für die Sehnsucht der Deutschen, in einem Land zu leben, sich zu vereinigen. Das war meiner Meinung nach sehr wichtig und charakterisiert die Ernsthaftigkeit der beteiligten Politiker an diesem Prozess.

Der 9. November 1989, der deutsche Einigungsprozess, ist schließlich eine der wichtigen Etappen in der deutschen Geschichte, in unserer Geschichte, in der europäischen Geschichte, in der Weltgeschichte. Und in der Geschichte folgt eine Etappe auf die andere. Deshalb müssen wir an die Zukunft denken. Und die Zukunft verlangt von uns, dass wir verantwortungsvoll handeln und das Vertrauenskapital bewahren.

Helmut Kohl, Bundeskanzler
Man musste schnell handeln. Und deswegen war es so wichtig, dass wir die notwendige Unterstützung fanden. Es steht außer Zweifel, dass in dieser Situation mein persönliches Vertrauensverhältnis vor allem zu George Bush, François Mitterrand und schließlich auch zu Michail Gorbatschow eine wichtige Rolle spielte. Wir hatten in dieser Hinsicht eine glückliche Konstellation – die sich allerdings nicht einfach so von selbst ergeben hat, sondern für die wir etwas getan hatten.

Es ist keine Frage: Ohne George Bush und ohne Michail Gorbatschow – das waren die beiden entscheidenden Persönlichkeiten – wäre die deutsche Einheit nicht gekommen. Natürlich hatte das, was wir selbst in Deutschland getan haben – ganz besonders der Protest, die Massenversammlungen unserer Landsleute in Leipzig und anderswo – allergrößte Bedeutung. Aber wenn die beiden Weltmächte nicht in Richtung deutsche Einheit mitgegangen wären, wäre alles ganz anders gekommen. Das ist meine bleibende Überzeugung.

justified in this case. And at the same time everyone took a different position; let's put it like that. And this is all the more important in view of the fact that in the end we reached a common position. And we reached a united position because everyone, despite all differences of opinion, nonetheless had sympathy at this moment: sympathy for the longing of the Germans to live in one land, to unite. In my opinion, that was very important and shows how serious the politicians involved in this process were.

9 November 1989, the German unification process, is one of the most important phases in German history, in our history, in European history, in world history. And in history, one phase follows another. For this reason, we must all think of the future. And the future demands of us that we act responsibly and preserve the trust invested in us.

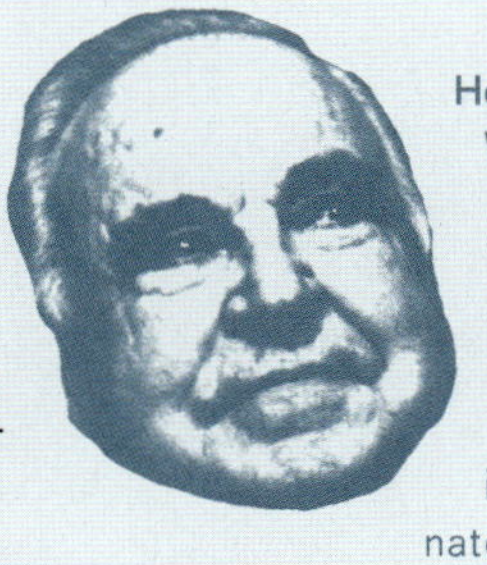

Helmut Kohl, West German Chancellor
We had to act fast. And that was the reason why it was so important to find the necessary support. There is no doubt that my personal relationship of trust above all to George Bush, François Mitterrand and, in the end, to Mikhail Gorbachev played an important role in this situation. In this regard, we had a fortunate configuration – which did not just come about on its own, however, but which we had done something towards.

There is no question: without George Bush and without Mikhail Gorbachev – they were the two decisive personalities – German unification would not have happened. Of course, what we ourselves did in Germany – in particular the protests, the mass gatherings of our compatriots in Leipzig and other places – had a very great significance. But if the two superpowers had not moved with us towards German unification, things would have been very different. That is my lasting conviction.

Mary Mackey Sept. 1990 DENVER, Colorado USA
BERLIN TELE 6224476

DANKE, ANDREJ SACHAROW

East Side Gallery

Zahlreiche in- und ausländische Künstler bemalen im Frühjahr 1990 im Bezirk Friedrichshain die Mauer. An dem für die Kunstaktion ausgewählten Grenzabschnitt zwischen der Schillingbrücke und der Oberbaumbrücke sind mehrere Menschen bei Fluchtversuchen ums Leben gekommen. Die meisten Motive handeln von Freiheit und Menschenrechten. Die „East Side Gallery“ wird 1991 als Gesamtkunstwerk unter Denkmalschutz gestellt. Mit 1,3 Kilometern ist sie der längste erhaltene Abschnitt der Berliner Mauer.

East Side Gallery

In spring 1990, numerous German and foreign artists paint the Wall in the district of Friedrichshain. The section of border between Schilling Bridge and Oberbaum Bridge selected for this art happening is where several people have died while trying to escape. Most of the paintings have to do with freedom and human rights. A preservation order is put on the “East Side Gallery” in 1991 as an art site. At 1.3 kilometres, it is the longest section of the Berlin Wall to be preserved.

WWW.CHRONIK-DER-MAUER.DE
› Grenze › Mauerreste › Station 14

Der Abriss der Mauer

Parallel zur großen Politik verschwindet in Berlin die Mauer. Ihr Abriss beginnt mit der Öffnung neuer Grenzübergänge. Zahllose „Mauerspechte" hämmern und meißeln auf den Betonwall ein, schlagen ihr persönliches Souvenir heraus. Die Grenzsoldaten schauen machtlos zu. Seit dem 14. November 1989 ist der Schießbefehl auch offiziell aufgehoben: Die Ordnung an der Grenze zerfällt, ihre Bewachung wird zunehmend sinnlos. Soldaten verkauften während des Dienstes Teile ihrer Uniform, Offiziere nähmen Geschenke an und wären betrunken, beklagt die militärische Führung.

Ende Dezember werden die ersten Hundelaufanlagen, Suchscheinwerfer und Alarmzäune demontiert. Im Februar folgt der Abriss der Mauer am Potsdamer Platz, im Juni in der Bernauer Straße. Der 1,90 Meter hohe Maschendrahtzaun, der streckenweise an ihre Stelle tritt, verliert bereits am 1. Juli 1990 seine Funktion: Seit diesem Tag entfallen alle Personenkontrollen zwischen den beiden deutschen Staaten. Am 30. September 1990 werden die DDR-Grenztruppen aufgelöst und alle Gewehre und

‹ „Mauerspechte" klopfen Stücke aus der Betonmauer. // "Wallpeckers" chipping away at the concrete.

The demolition of the Wall

At the same time as preparations for German unification are going ahead, the Wall in Berlin disappears. Its dismantling starts with the opening of new border crossings. Countless "Wallpeckers" hammer and chisel away at the concrete barrier and remove their own personal souvenir. The border soldiers look on helplessly. Since 14 November 1989, the "order to shoot" has been officially revoked: order at the Wall disintegrates and guarding it becomes increasingly pointless. Military leaders complain that soldiers are selling parts of their uniform while on duty and that officers are accepting presents and getting drunk.

At the end of December, the first dog runs, spotlights and signal fences are taken down. In February, the Wall is pulled down at

DIE BERLINER MAUER IN TONNEN (1990–1992)

Beton	180.000 Tonnen
Asbest	15.000 Tonnen
Schrott	6.000 Tonnen
Kunststoffe	3.000 Tonnen
Holz, Dämmstoffe u.a.	100 Tonnen

Potsdamer Platz and in June in Bernauer Strasse. The 1.90-metre-high mesh fence that replaces it in some parts already loses its function on 1 July 1990: on this day, all controls on persons between the two German states cease. On 30 September 1990, the GDR border troops are disbanded and all guns and pistols are collected – 54,260 firearms and 3,060 tonnes of ammunition. For their last mission, the border soldiers, who from 3 October 1990 are integrated into the West German Bundeswehr as a "Disbandment and Recultivation Detachment", need no weapons.

Using 65 cranes, 175 trucks and 13 bulldozers, they almost completely remove the barrier system in the inner-city area by the end of 1990. The demolition work finishes at the end of 1992 at the Outer Ring, which now forms the border between the states of Berlin and Brandenburg.

In Berlin, not even a small segment of the death strip, with its walls, signal fences, barriers and watchtowers, can be preserved to commemorate the deadly border regime. The hatred of this

Pistolen eingesammelt – 54.260 Schützenwaffen und 3.060 Tonnen Munition. Für ihre letzte Mission benötigen die Grenzsoldaten, seit dem 3. Oktober 1990 als „Auflösungs- und Rekultivierungskommando“ in die Bundeswehr eingegliedert, keine Waffen.

Mit Hilfe von 65 Kränen, 175 LKW und 13 Planierraupen beseitigen sie die Sperranlagen im innerstädtischen Bereich bis Ende 1990 nahezu restlos. Am Außenring, der nun die Grenze zwischen den Ländern Berlin und Brandenburg bildet, werden die Abrissarbeiten Ende 1992 abgeschlossen. In Berlin gelingt es nicht, auch nur einen kleinen Abschnitt des Todesstreifens mit seinen Mauern, Alarmzäunen, Sperren und Wachtürmen

THE BERLIN WALL IN TONNES (1990–1992)

Cement	180,000 Tonnes
Asbestos	15,000 Tonnes
Scrap	6,000 Tonnes
Plastics	3,000 Tonnes
Wood, insulation materials, etc.	100 Tonnes

zur Erinnerung an das mörderische Grenzregime zu erhalten. Zu groß ist der Hass auf das Bauwerk – und zu schnell das Interesse erwacht, die Mauergrundstücke in Berlins bester Lage profitabel zu vermarkten. Nur in der Bernauer Straße, der Niederkirchner Straße und der Mühlenstraße („East Side Gallery“) bleiben zumindest längere Abschnitte der Mauer stehen. Einige der bemalten Mauersegmente werden in Berlin und Monte Carlo als „zeitgenössische Kunstobjekte“ und „Schlüsselsteine im längsten Kunstwerk der Welt“ versteigert, andere als Denkmal für das Ende des Kalten Krieges an Einrichtungen im In- und Ausland verschenkt. Der amerikanischen Bildhauerin Edwina Sandys, einer Enkelin Winston Churchills, übereignet noch der DDR-Ministerrat acht Mauersegmente: zur Erinnerung an die berühmte Rede ihres Großvaters in Fulton/USA.

Mehr als 40.000 Mauersegmente finden – zertrümmert und zermahlen – als Granulat im Straßenbau Verwendung. Einige Segmente bleiben in Betonwerken erhalten und trennen nun Kiessorten voneinander – statt Menschen.

construction is too great – and the interest in capitalising on the real estate in the best area of Berlin awakens too quickly. Only in Bernauer Strasse, Niederkirchner Strasse and Mühlenstrasse (“East Side Gallery”) do some fairly long segments of the Wall remain standing.

Some of the segments of the Wall that have been painted on are auctioned in Berlin and Monte Carlo as “contemporary art objects” and “keystones in the longest art work of the world”, while others are given away to institutions in Germany and abroad as memorials to the end of the Cold War. The GDR Council of Ministers even makes over eight segments of the Wall to the American sculptor Edwina Sandys, a granddaughter of Winston Churchill, to commemorate the famous speech by her grandfather in Fulton, USA.

More than 40,000 segments of the Wall are crushed for use as granules in road building. Some segments are still to be found in cement works where they now separate different sorts of gravel from one another – instead of people.

Die strafrechtliche Aufarbeitung der Todesschüsse an der Berliner Mauer

Wegen der Gewalttaten an der Berliner Mauer erhebt die Berliner Staatsanwaltschaft in den Jahren nach 1990 insgesamt 112 Anklagen gegen 246 Personen: gegen „Mauerschützen" und gegen ihre militärischen und politischen Befehlsgeber. Alle Verfahren sind abgeschlossen. Knapp die Hälfte der Angeklagten wird freigesprochen: In manchen Fällen ist der Todesschütze nicht mehr zu ermitteln, in anderen ein Tötungsvorsatz nicht nachzuweisen. Schüsse auf bewaffnete Deserteure werden durch höchstrichterliche Rechtsprechung sogar legitimiert: Nach dem DDR-Militärstrafgesetz von 1962, so der Bundesgerichtshof, stellte Fahnenflucht ein Verbrechen dar. Die Tötung von Deserteuren sei deshalb entschuldigt, weil den Todesschützen in diesem „Spezialfall" die Rechtswidrigkeit ihres Tuns nicht offensichtlich sein konnte.

Insgesamt 132 Angeklagte werden wegen verschiedener Totschlagsdelikte – als unmittelbare oder mittelbare Täter, als Gehilfen, Anstifter oder wegen Beihilfe – rechtskräftig verurteilt, darunter
› zehn Mitglieder der SED-Führung,
› 42 Mitglieder der militärischen Führung und
› 80 Grenzsoldaten.

Zu den Berliner Verfahren kommen 21 Anklagen gegen 39 Todesschützen sowie 10 Anklagen gegen 12 Offiziere der Grenztruppen als deren Vorgesetzte durch die Staatsanwaltschaft Neuruppin hinzu; der Tatort liegt in diesen 31 Verfahren am Außenring um West-Berlin.

Neunzehn der angeklagten Todesschützen werden wegen Totschlags zu Freiheitsstrafen auf Bewährung, ein Grenzsoldat wird wegen Mordes an Walter Kittel zu 10 Jahren Freiheitsstrafe verurteilt. Siebzehn Angeklagte werden freigesprochen; gegen zwei Grenzsoldaten können die Prozesse wegen Verhandlungsunfähigkeit nicht eröffnet werden. Alle 12 angeklagten Grenztruppen-Offiziere werden zu Freiheitsstrafen auf Bewährung verurteilt.

The legal prosecution of the fatal shootings at the Berlin Wall

In the years after 1990, the Berlin State Prosecutor brings 112 charges against 246 people in connection with the acts of violence at the Berlin Wall: against "Wall snipers" and their military and political superiors. All trials have been concluded. More than half of the accused are acquitted: in many cases, the person who fired the fatal shot(s) can no longer be established; in others, no intent to kill can be proven. Shots fired at armed military deserters are even legitimated by a decision of the supreme court: the Federal High Court rules that desertion is a crime according to the GDR military penal law of 1962. The killing of deserters, it says, is excused because, in this "special case", the unlawfulness of the deed could not be apparent to those who carried out the shootings.

A total of 132 of the accused have final sentences passed on them for various manslaughter offences – as direct or indirect offenders, as accessories, instigators or for aiding and abetting – including
› 10 members of the SED leadership
› 42 members of the military leadership and
› 80 border soldiers.

As well as the cases in Berlin, the Neuruppin State Prosecutor brings 21 charges against 39 border soldiers who fired fatal shots and 12 commanding officers; in these 31 cases, the shots were fired on the Outer Ring around West Berlin.

19 of the accused soldiers are given suspended sentences for manslaughter, and one border soldier is convicted to ten years' imprisonment for the murder of Walter Kittel. 17 of the accused are found not guilty; the cases against two soldiers cannot be opened for health reasons. All 12 commanding officers are given suspended sentences.

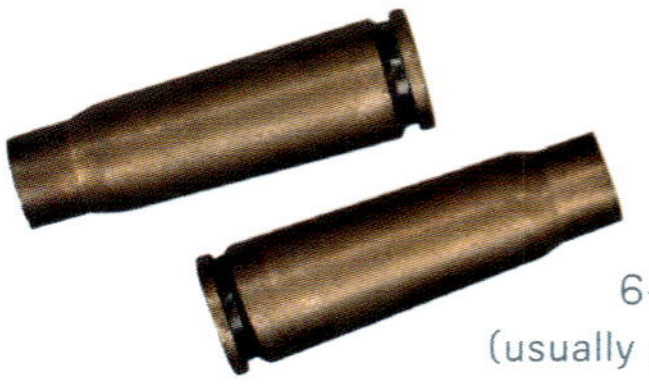

ANGEKLAGTE UND IHRE STRAFEN // ACCUSED AND THEIR SENTENCES

Todesschützen /Grenzposten	6–24 Monate (i.d.R. auf Bewährung)	Border guards	6–24 months (usually suspended)
Regimentskommandeure	20–30 Monate	Regiment commanders	20–30 months
Chefs (und deren Stellvertreter) einer Grenzbrigade bzw. des Grenzkommandos Mitte	6–39 Monate	Commanders-in-chief (and their deputies) of a border brigade or Centre Border Command	6–39 months
Chef der Grenztruppen (und dessen Stellvertreter) sowie Mitglieder der NVA-Führung	12–78 Monate	Commander-in-chief of the border troops (and his deputies) and members of the NVA leadership	2–78 months
Mitglieder der SED-Führung	36–78 Monate	Members of the SED leadership	36–78 months
Mitglieder des Nationalen Verteidigungsrates	60–90 Monate	Members of the National Defence Council	60–90 months

Zugunsten der Angeklagten berücksichtigen die Gerichte bei der Feststellung der individuellen Schuld und der Strafzumessung in hohem Maße subjektive Entlastungsfaktoren wie

> die Einbindung in die Hierarchie eines totalitären Systems,
> die Unterdrückung berechtigter Zweifel an staatlichen Anordnungen,
> die ständige politische Indoktrination mit der Folge der Deformation des Rechtsbewusstseins,
> den seit der Tat verstrichenen Zeitraum,
> ein jugendliches Alter zur Tatzeit und
> ein hohes Alter mit der Folge erhöhter Strafempfindlichkeit zum Zeitpunkt der Aburteilung.

Die Strafen sind gestaffelt nach der Stellung der Angeklagten in der militärischen und politischen Hierarchie und fallen insgesamt überraschend niedrig aus.

When establishing the guilt of a person and handing down punishments, the courts take subjective extenuating factors in favour of the accused into great account, such as

> their integration into the hierarchy of a totalitarian system,
> the repression of justified doubts regarding state-given orders
> the constant political indoctrination with the resultant deformation of the sense of what is right
> the time that has passed since the crime
> the young age of the accused at the time of the crime and
> the advanced age of the accused at the time of sentencing, with the resultant increase in sensitivity to punishment.

The prison sentences are graded according to the position of the accused in the military and political hierarchy, and on the whole are surprisingly short.

Nach der Vorabprüfung und -feststellung, dass die Tötung eines Menschen auch in der DDR strafbar war, wenden die bundesdeutschen Gerichte für Schuldspruch und konkretes Strafmaß im Einzelfall das für den Angeklagten – mit wenigen Ausnahmen – günstigere, da mildere bundesdeutsche Strafrecht an. Ihre Urteile folgen der Rechtsprechung des Bundesgerichtshofs, nach der die vorsätzliche Tötung von unbewaffneten Flüchtlingen „wegen offensichtlichen, unerträglichen Verstoßes gegen elementare Gebote der Gerechtigkeit und gegen völkerrechtlich geschützte Menschenrechte" nicht zu rechtfertigen ist. Befehle, Dienstvorschriften und Gesetze, die den Einsatz von Schusswaffen zur Fluchtvereitelung und in letzter Konsequenz zur Tötung von Flüchtlingen erlaubten, werden deshalb nicht als Rechtfertigungsgrund anerkannt.

^ An DDR-Grenzsoldaten gerichtete Mahnung aus West-Berlin nach dem Mord an Peter Fechter am 17. August 1962. // Warning to GDR border soldiers from West Berlin after the murder of Peter Fechter on 17 August 1962.

Following the preliminary examination and after it has been established that the killing of a person was also a punishable offence in the GDR, the German federal courts apply West German law when giving verdicts and fixing sentences. This law is – with a few exceptions – more favourable to the accused than GDR law, because it is more lenient. The courts' verdicts follow the jurisdiction of the Federal High Court, according to which the deliberate killing of unarmed escapees cannot be justified, as it is "an obvious, unbearable offence against fundamental dictates of justice and against human rights that are protected under international law." Orders, regulations and laws that allowed the use of firearms to prevent escapes and thus, ultimately, to kill escapees, are therefore not recognised as sufficient justification.

Angesichts der Einmauerung der gesamten Bevölkerung, der Tötung, Verletzung, Kriminalisierung und Diskriminierung einer großen Zahl von Menschen erscheinen vielen die Zahl der Freisprüche zu hoch und die verhängten Strafen zu niedrig. Das Leid vieler Familien und das Unrecht, das mehreren Generationen in der DDR angetan worden ist, bleiben strafrechtlich weitgehend ungesühnt.

In view of the way an entire people was imprisoned and the killing, wounding, criminalisation of and discrimination against a large number of people, many find the number of acquittals too high and the punishments that are given too lenient. The suffering of many families and the injustice done to several generations in the GDR remain largely unatoned for.

Verdienst der Strafjustiz jedoch bleibt, durch die Ermittlungen und Prozesse die Menschenrechtsverletzungen in der DDR und das SED-Unrecht umfassend dokumentiert zu haben.

However, we do owe it to the criminal justice system that, because of the investigations and trials, the human rights violations in the GDR and the crimes committed by the SED have been comprehensively documented.

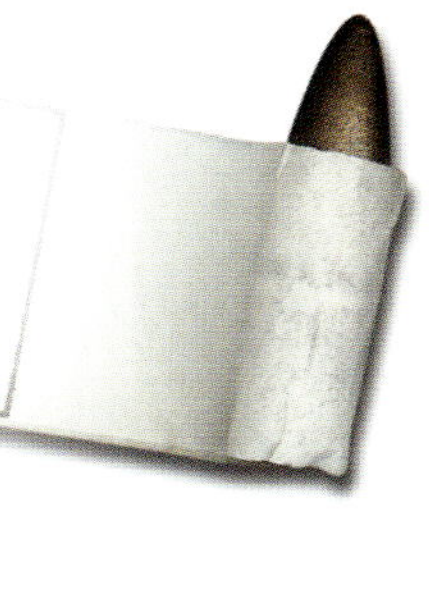

Kapitel 10 // Chapter 10

Mauerreste

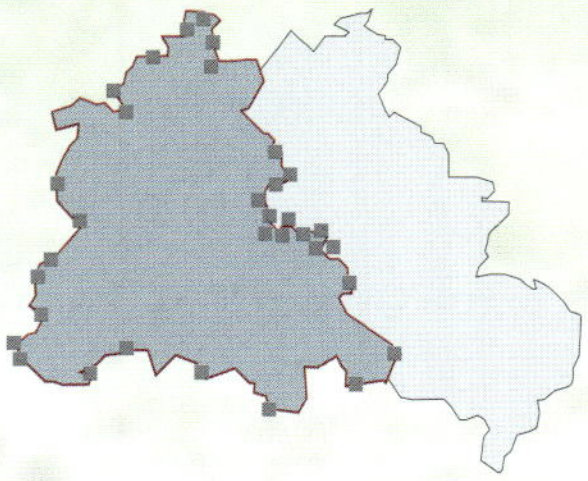

Remnants of the Wall

Im Herbst 1989 fällt die Berliner Mauer.

Nur ein Jahr später sind die Sperranlagen im innerstädtischen Bereich, bis 1992 auch im Berliner Umland, fast vollständig abgebaut. Was erinnert fast 20 Jahre später noch an Mauer und Todesstreifen?

In the autumn of 1989, the Berlin Wall falls.

Just one year later, the border barriers in the inner city have been almost completely demolished, and by 1992 those in the area surrounding Berlin have also all but disappeared. Nearly 20 years on, what is there to remind us of the Wall and death strip?

Vorherige Seite: Mauer der 3. Generation mit Rohrauflage, nach dem Mauerabriss als Denkmal nördlich des Glienicker Sees neu errichtet. // Previous page: Third generation Wall with tubing on top, rebuilt to the north of Lake Glienicke as a monument after the demolition of the Wall.

Sägezähne als Übersteigsicherung auf einem Grenztorpfosten zwischen Berlin-Lichtenrade und Waldblick. // "Saw teeth" as climbing deterrent on a border gatepost between the Berlin districts of Lichtenrade and Waldblick.

^ Vogelkasten auf einem Hinterlandzaunpfosten zwischen Berlin-Lichtenrade und Waldblick (o.). Kolonnenweg und aufgeforsteter Todesstreifen zwischen Berlin-Lichtenrade und Mahlow (u.). // Bird house on a post from the "hinterland" fence between the Berlin districts of Lichtenrade and Waldblick (top). Patrol route and reforested death strip between the Berlin districts of Lichtenrade and Mahlow (bottom).

› Segmente der Mauer der 4. Generation („Grenzmauer-75") am Griebnitzsee in Potsdam – die einzigen, die am gesamten Außenring als geschütztes Denkmal am Originalstandort erhalten blieben (o.). Hinterlandsperrzaun aus Streckmetallgitterplatten am Griebnitzsee in Potsdam(m. /u.). // Segments of the 4th-generation Wall ("Border Wall 75") at Lake Griebnitz in Potsdam – the only segments that have been preserved in the original location as a protected monument (top). "Hinterland" mesh fence at Lake Griebnitz in Potsdam (middle /bottom).

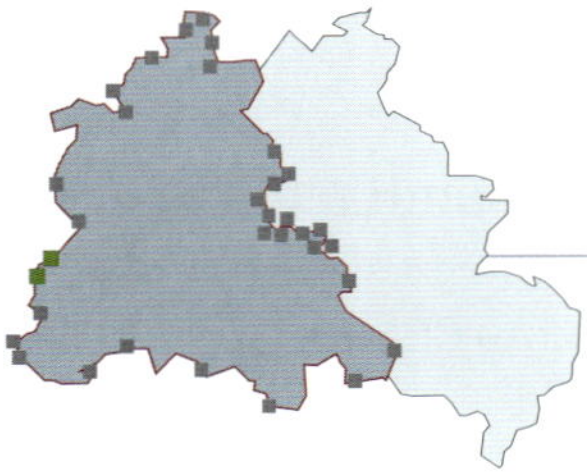

Groß Glienicke/„Mauerfriedhof“

Gross Glienicke/"Wall Cemetery“

^ Grenzsignalzaunpfosten nördlich von Groß Glienicke (o.). Grenzzaunpfosten, Grenzsignalzaunpfosten und Reste eines Erdbunkers der DDR-Grenztruppen nördlich von Groß Glienicke (u.l.). Drei Meter hoher Sperrzaun aus Streckmetallgitterplatten als vorderes Sperrelement am Groß Glienicker See (u.r.). // Post from border signal fence north of Groß Glienicke (top). Posts from the border fence and border signal fence, and remnants of a bunker used by GDR border troops north of Gross Glienicke (bottom left). Three-metre-high fence of mesh elements as the first barrier element at Gross Glienicke Lake (bottom right).

^ Trägerpfahl einer Nachrichtenverteilersprechstelle bzw. einer Sprechstelle der DDR-Grenztruppen bei Niederneuendorf (o.). Führungsstelle der DDR-Grenztruppen in Niederneuendorf (u.). // Support post for a communications station of the GDR border troops near Niederneuendorf (top). Command tower of the GDR border troops at Niederneuendorf (bottom).

> Kabelschächte als Komposthaufen-Begrenzung, Niederneuendorf (o.). Grenzsignalzaunpfahl mit Befestigungsankern für elektrische Drähte im Grenzgebiet bei Niederneuendorf (u.). // Cable ducts as border for compost heap, Niederneuendorf (top). Post of a border signal fence with connectors for electrical wires in the border area near Niederneuendorf (bottom).

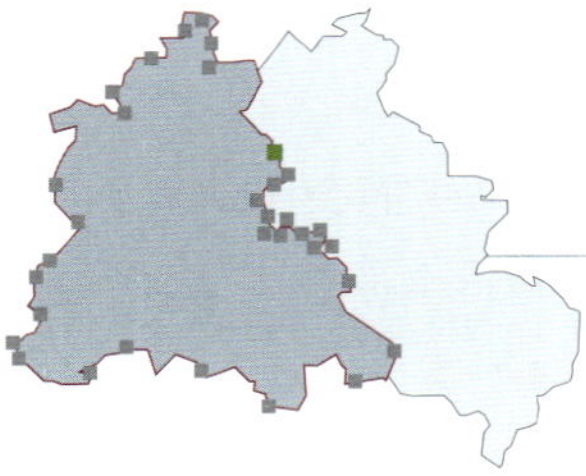

^ Hinterlandsicherungsmauer am Grenzübergang Bornholmer Straße (o.). Grenzsignalzaun- und Elektroschaltkasten am Rand des Grenzübergangs Bornholmer Straße (u.). // "Hinterland" security fence at the Bornholmer Strasse border crossing point (top). Switchboxes for the border signal fence and electricity at the edge of the Bornholmer Strasse border crossing point (bottom).

> Fahrbahnmarkierungen („Spur 10", „Spur 8") des Grenzübergangs Bornholmer Straße. // Lane markings ("Lane 10", "Lane 8") at the Bornholmer Strasse border crossing.

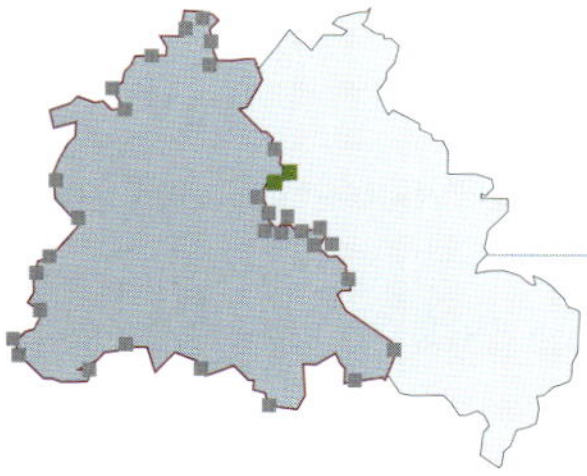

Bernauer Straße/Nordbahnhof

Bernauer Strasse/Nordbahnhof

Mauerdenkmal („Gedenkstätte Berliner Mauer") an der Bernauer Straße (o.). Mauer der 4. Generation („Grenzmauer-75") an der Bernauer Straße, West-Berlin zugewandte Seite, von Mauerspechten bearbeitet, (u.). // Wall memorial ("Berlin Wall Memorial") on Bernauer Strasse (top). Wall of the 4th generation type ("Border Wall-75") on Bernauer Strasse, side towards West Berlin, with damage by "Wallpeckers" (bottom).

„Kapelle der Versöhnung" an der Bernauer Straße, auf den Fundamenten der 1985 gesprengten Versöhnungskirche errichtet (o.). Hinterlandmauer auf dem Alten Domfriedhof St. Hedwig an der Liesenstraße (m.). Blick durch die Hinterlandmauer in der Nähe des Nordbahnhofs auf die Neuapostolische Kirche an der Hussitenstraße (u.). // "Chapel of Reconciliation" on Bernauer Strasse, built on the foundations of the Church of Reconciliation, demolished in 1985 (top). "Hinterland" wall on the St. Hedwig Old Cathedral Cemetery on Liesenstrasse (middle). View through the "hinterland" wall near the Nordbahnhof railway station of the New Apostolic Church on Hussitenstrasse (bottom).

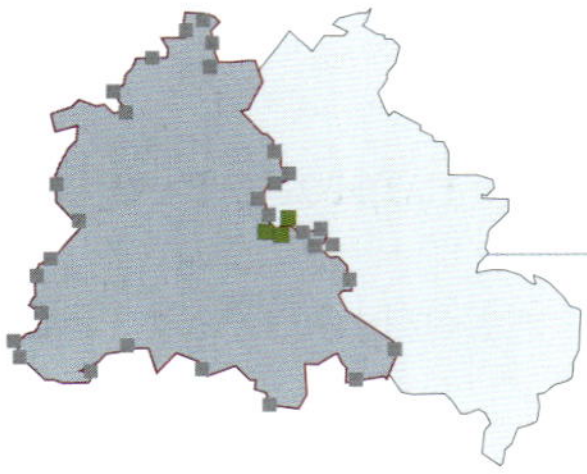

IBIS HOTEL
BERLIN
POTSDAMER
PLATZ

YOU ARE LEAVING
THE AMERICAN SECTOR
ВЫ ВЫЕЗЖАЕТЕ ИЗ
АМЕРИКАНСКОГО СЕКТОРА
VOUS SORTEZ
DU SECTEUR AMÉRICAIN
SIE VERLASSEN DEN AMERIKANISCHEN SEKTOR
US ARMY

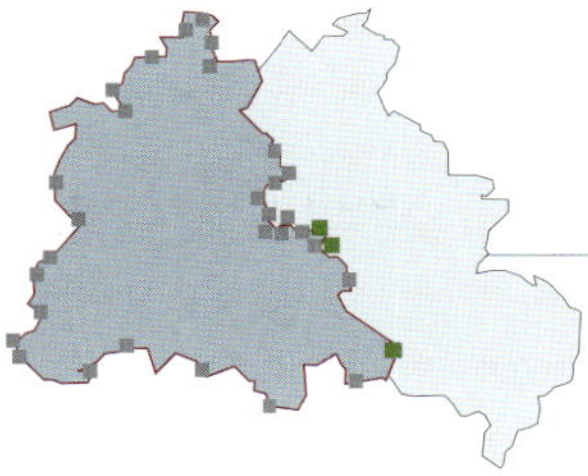

Friedrichshain/Treptow/Rudow

Friedrichshain/Treptow/Rudow

^ Hinterlandmauer an der Holzmarktstraße (o.). Hinterlandmauer und Lichttrasse der Vorfeldsicherung an der Puschkinallee in Berlin-Treptow, nach dem Mauerfall bemalt (u.). // Hinterlandmauer near Holzmarktstrasse (top). "Hinterland" wall and illuminated security zone on Puschkinallee in the Berlin district of Treptow, painted on after the Wall fell (bottom).

< Versetztes Segment der Mauer der 4. Generation („Grenzmauer-75") am Potsdamer Platz (o.). Westseite der Mauer der 4. Generation („Grenzmauer-75") in der Niederkirchnerstraße, von Mauerspechten bearbeitet (u.l.). Grenzschild am Checkpoint Charlie (u.r.). // Relocated segment of the 4th-generation Wall ("Border Wall-75") at Potsdamer Platz (top). West side of the Wall of the 4th generation type ("Border Wall-75") on Niederkirchnerstrasse, damaged by "Wallpeckers" (bottom left). Border sign at Checkpoint Charlie (bottom right).

^ Hinterlandsicherungsmauer zwischen Rudower Straße und Glashütter Weg (unweit der Rudower Höhe). // "Hinterland" security wall between Rudower Strasse and Glashütter Weg (not far from Rudower Hoehe).

WWW.CHRONIK-DER-MAUER.DE

> Grenze > Mauerreste

AlliiertenMuseum
Allied Museum

Mit einer Dauerausstellung und wechselnden Sonderausstellungen erinnert das AlliiertenMuseum an die Präsenz der westlichen Siegermächte des Zweiten Weltkrieges und den Kalten Krieg in Berlin. Neben zahlreichen Exponaten, darunter zur „Luftbrücke" 1948/49 bis hin zum weltberühmten Wachhäuschen am Checkpoint Charlie, werden detaillierte Informationen zu den historischen Ereignissen aus nahezu fünf Jahrzehnten angeboten – bis zum Abzug der West-Alliierten aus Berlin 1990. // The Allied Museum presents a permanent collection and special exhibitions documenting the presence of the Western victorious powers of the Second World War and the Cold War in Berlin. The museum contains numerous exhibits, ranging from items connected with the "Berlin Air Lift" in 1948/49 to the world-famous sentry box at Checkpoint Charlie. It also provides detailed information on events spanning nearly five decades – up to the time when the Western Allies pulled out of Berlin in 1990.

Clayallee 135 | 14195 Berlin-Zehlendorf
☎ +49 (0)30-818199-0
@ info@AlliiertenMuseum.de

Öffnungszeiten // Opening hours:
täglich außer Mittwoch 10 – 18 Uhr // Daily except Wednesdays 10 a.m. – 6 p.m.

Eintritt frei // Free admission

Führungen // Guided Tours
in deutscher, englischer und französischer Sprache nach Vereinbarung // In German, English and French by appointment.

S1 bis „Zehlendorf", weiter mit Bus 115 bis „AlliiertenMuseum"

U3 bis „Oskar-Helene-Heim"

Linie 115 oder 183 bis „AlliiertenMuseum"

www.alliiertenmuseum.de

Deutsch-Russisches Museum Berlin-Karlshorst
German-Russian Museum Berlin-Karlshorst

Das Museum erinnert an die Geschichte des Zweiten Weltkrieges, insbesondere auf seinem blutigsten und verlustreichsten Schauplatz im Osten, sowie an die Nachkriegsgeschichte bis 1991. Im großen Saal des Museums, einem ehemaligen Offizierskasino, wurde am 8. Mai 1945 die bedingungslose Kapitulation der deutschen Wehrmacht unterzeichnet und damit Deutschland und Europa von der nationalsozialistischen Herrschaft befreit. Anschließend beherbergte das Gebäude die Zentrale der Sowjetischen Militäradministration in Deutschland. Als Ort vielfältiger Begegnungen von Deutschen und Russen präsentiert das Museum vertiefende Informationen zur Geschichte der deutsch-russischen Beziehungen im 20. Jahrhundert. // This museum chronicles the history of the Second World War – particularly in the East, where the conflict was at its bloodiest – and postwar history up to 1991. On May 8, the unconditional surrender of the German Wehrmacht was signed in the museum's large hall, a former officers' mess, putting an end to Nazi rule in Germany and Europe. Subsequently, the building housed the headquarters of the Soviet Military Administration in Germany. The museum is a place for many different kinds of encounter between Germans and Russians, and presents in-depth information on the history of German-Russian relations in the 20th century.

Zwieseler Straße 4 (Ecke // Corner of Rheinsteinstraße) | 10318 Berlin
☎ +49 (0)30-50150810
@ kontakt@museum-karlshorst.de

Öffnungszeiten // Opening hours:
Dienstag bis Sonntag 10 – 18 Uhr // Tuesday to Sunday 10 a.m. – 6 p.m.

Eintritt frei // Free admission

Gruppenführungen nach Vereinbarung // Guided group tours by appointment

S3 bis „Bahnhof Karlshorst" (Ausgang // exit Treskowallee), dann Bus 396

www.museum-karlshorst.de

Gedenkstätte und Dokumentationszentrum Berliner Mauer
Berlin Wall Memorial and Documentation Center

Die Gedenkstätte Berliner Mauer umfasst das Denkmal zur Erinnerung an die Teilung der Stadt und die Opfer kommunistischer Gewaltherrschaft, die Kapelle der Versöhnung und ein Dokumentationszentrum. Bis zum Jahr 2011 wird eine mehr als 40.000 m² umfassende Open-Air-Ausstellung fertig gestellt. Am authentischen Ort werden umfassende Informationen über die Berliner Mauer vermittelt: Vom Mauerbau 1961 über die unmittelbaren Auswirkungen auf das Alltagsleben bis hin zum Fall der Mauer 1989. Die Geschichte der Bernauer Straße spiegelt die gesamte Tragik der Berliner Mauer wider: die Trennung von Straßenzügen, Fluchtsprünge von Häuserdächern, Zwangsräumungen von Wohnungen und Häuserblocks, Tunnelgrabungen, gelungene und gescheiterte Fluchten. Neben einem historischen Überblick werden vertiefende Informationen in deutscher und englischer Sprache angeboten. Gruppenführungen, Veranstaltungen und Seminare ergänzen das Angebot. // The Berlin Wall memorial site consists of a memorial commemorating the division of the city and the victims of the communist tyranny, the Chapel of Reconciliation and the Documentation Center. An open-air exhibition covering more than 40,000 m² is to be completed by 2011. The Documentation Center provides comprehensive information on the Berlin Wall, from its construction in 1961 and its direct effects on everyday life, to its fall in 1989. The history of Bernauer Strasse, where the Center is situated, encapsulates the overall tragedy of the Berlin Wall: the division of streets, people jumping from roofs to escape, evictions from apartments and blocks of houses, tunnels, and successful and failed escape attempts. In addition to an overview of the history of the Wall, the Center presents in-depth information in German and English. It also organises guided group tours, events and seminars.

Bernauer Straße 111 | 13355 Berlin
☎ +49 (0)30-4641030
@ info@berliner-mauer-gedenkstaette.de

Öffnungszeiten // Opening hours:
täglich außer Montag – April bis Oktober 10 – 18 Uhr, November bis März 10 – 17 Uhr
Daily except Mondays – April to October: 10 a.m. – 6 p.m, November to March: 10 a.m. – 5 p.m.

Eintritt frei // Free admission

Führungen nach Vereinbarung in deutscher, englischer, italienischer, portugiesischer und spanischer Sprache // Guided tours: in German, English, Italian, Portuguese and Spanish, by appointment

S1 oder S2 bis „Nordbahnhof", weiter mit 245 bis „Bernauer Straße"

U8 bis „Bernauer Straße"

M 10 bis „Gedenkstätte Berliner Mauer"

www.berliner-mauer-gedenkstaette.de

Kapelle der Versöhnung
Chapel of Reconciliation

Als Kirche der Versöhnungsgemeinde und Teil der Gedenkstätte Berliner Mauer ist die Kapelle der Versöhnung ein Ort des Erinnerns und der Andacht. Seit dem Mauerbau 1961 lag die Kirche der Evangelischen Versöhnungsgemeinde unerreichbar im Todesstreifen. Im Jahr 1985 wurde sie auf Befehl der DDR-Regierung gesprengt. Am 9. November 1999, zehn Jahre nach dem Fall der Mauer, wurde auf dem Fundament der Versöhnungskirche das Richtfest der Kapelle gefeiert und genau ein Jahr darauf die Einweihung vorgenommen. Dienstag bis Freitag wird von 12.00 – 12.15 Uhr mit einer öffentlichen Andacht an je einen Menschen erinnert, der an der Berliner Mauer zu Tode kam. // The Chapel of Reconciliation, a part of the Berlin Wall Memorial, is a site of commemoration as well as a place of worship and prayer. When the Wall was put up in 1961, this Protestant church ended up in the "death strip", inaccessible to its congregation. In 1985 the East German government ordered it to be blown up. On November 9th 1999, ten years after the Wall came down, the topping-out ceremony of the Chapel was celebrated on the foundations of the Reconciliation Church, and the building was consecrated exactly one year later. A prayer service, open to the public, is held Tuesdays to Fridays from 12 midday to 12.15 p.m. to remember a person who died at the Berlin Wall.

Öffnungszeiten // Opening hours:
Dienstag bis Sonntag 10 – 17 Uhr
Tuesday to Sunday 10 a.m. – 5 p.m.

Gottesdienst: Sonntag 10 Uhr
Service of Worship: Sunday 10 a.m.

Andachten und Gebete // Prayers:
Montag und Samstag 7.30 Uhr // Monday and Saturday: 7.30 a.m., Freitag 18 Uhr, Samstag 12 Uhr // Friday: 6 p.m., Saturday 12 midday

Eintritt frei // Free admission

S1 oder S2 bis „Nordbahnhof", weiter mit 245 bis „Bernauer Straße"

U8 bis „Bernauer Straße"

M 10 bis „Gedenkstätte Berliner Mauer"

www.kapelle-versoehnung.de

Erinnerungsstätte Notaufnahmelager Marienfelde e.V.

The Marienfelde Refugee Center Museum Association

Im ehemaligen Notaufnahmelager Marienfelde wird an die Geschichte der deutsch-deutschen Fluchtbewegung von 1949 bis 1990 erinnert. Auf 500 m² Ausstellungsfläche werden die Fluchtgründe und Fluchtwege aus der DDR, das Notaufnahmeverfahren und die Aufnahme der Flüchtlinge in West-Berlin und in der Bundesrepublik umfassend erklärt und Flüchtlingsschicksale dargestellt. // In the former Marienfelde Refugee Center, the history of East German refugees from 1949 to 1990 is commemorated. It documents the reasons why people fled the GDR and the routes they took, the procedures they went through to be admitted to West Germany and what happened to them afterwards.

Marienfelder Allee 66 – 80 | 12277 Berlin

☎ +49 (0)30-75008400
@ enm-berlin@gmx.de

Öffnungszeiten // Opening hours:
Dienstag bis Sonntag 10 – 18 Uhr
Tuesday to Sunday 10 a.m. – 6 p.m.

Eintritt frei // Free admission

Führungen // Guided tours:
Mittwoch und Sonntag 15 Uhr // Wednesday and Sunday 3 p.m.

Führungsentgelt: 2.50 €, ermäßigt 1,50 €
Gruppenführungen nach Vereinbarung //
Fee: € 2.50, concession € 1.50
Group tours by appointment

S2 bis „Marienfelde"

M77 und M277 bis „Stegerwaldstraße"

www.enm-berlin.de

Informations- und Dokumentationszentrum Berlin der Bundesbeauftragten für die Stasi-Unterlagen (IDZ)

Information and Documentation Center of the Federal Commissioner for the Files of the State Security Service of the Former GDR (IDZ)

Das IDZ informiert über den DDR-Geheimdienst. Präsentiert werden neben wechselnden Sonderausstellungen die ständigen Ausstellungen „Staatssicherheit – Machtinstrument der DDR-Diktatur" sowie „Ein offenes Geheimnis – Post- und Telefonkontrolle in der DDR". // The IDZ provides information on the State Security Service (Stasi) of the former GDR. The centre presents two permanent exhibitions – "Staatssicherheit – Machtinstrument der DDR-Diktatur" (State Security – An instrument of power of the GDR dictatorship) and "Ein offenes Geheimnis – Post- und Telefonkontrolle in der GDR" (An Open Secret – Postal and telephone surveillance in the GDR).

Mauerstraße 38 | 10117 Berlin

☎ +49 (0)30-23247951
@ infozentrum@bstu.de

Öffnungszeiten // Opening hours:
Montag bis Samstag 10 – 18 Uhr
Monday to Saturday: 10 a.m. – 6 p.m.

Eintritt frei // Free admission

Führungen in deutscher und englischer Sprache nach Vereinbarung // Guided tours in German and English by appointment.

S1, S2, S25 bis „Unter den Linden"

U1 bis „Mohrenstraße", U6 bis „Französische Straße"

100 bis „Unter den Linden",
200 bis „Behren- /Wilhelmstraße"

www.bstu.de

Gedenkstätte Berlin-Hohenschönhausen

Berlin-Hohenschönhausen Memorial

Die Gedenkstätte repräsentiert die 44-jährige Geschichte politischer Verfolgung in der Sowjetischen Besatzungszone und der DDR. Die sowjetische Besatzungsmacht errichtete auf dem Gelände ein „Speziallager" und betrieb nach dessen Schließung im Oktober 1946 im Keller des Gebäudes das zentrale sowjetische Untersuchungsgefängnis für Deutschland. 1952 übernahm das Ministerium für Staatssicherheit das Gefängnis und führte es bis 1989 als zentrale Stasi-Untersuchungshaftanstalt der DDR weiter. // This memorial commemorates the 44-year history of political persecution in the Soviet occupation zone and the GDR. The Soviet occupying power first built a "special camp" here. After it was closed in October 1946, the main Soviet remand prison for Germany was housed in the basement of the building. In 1952 the GDR'S Ministry of State Security took over the prison, using it as its main detention centre until 1989.

Genslerstraße 66 | 13055 Berlin

☎ +49 (0)30-98608230
@ info@stiftung-hsh.de

Die Besichtigung des ehemaligen Gefängnisses ist nur im Rahmen von Führungen möglich. // The former prison can be visited only on guided tours.

Führungen für Einzelbesucher // Guided tours for individual visitors: Montag bis Freitag 11 Uhr und 13 Uhr // Monday to Friday: 11 a.m. and 1 p.m.

Samstag und Sonntag stündlich zwischen 10 Uhr und 16 Uhr // Saturday and Sunday hourly between 10 a.m. and 4 p.m.

Gruppenführungen // Group tours:
täglich 9 – 16 Uhr nach telefonischer Voranmeldung // Daily from 9 a.m. to 4 p.m. by advance booking.

Eintritt: 3,00 €, ermäßigt 1,50 €, Schüler frei; jeden Mittwoch Eintritt frei // Admission: € 3.00, concession € 1.50, school pupils free; free admission every Wednesday

Ausstellungen // Exhibitions: täglich 9 – 17 Uhr, Eintritt frei // Daily from 9 a.m. – 5 p.m., admission free

M5 ab „Alexanderplatz" /S-Bahnhof „Landsberger Allee" bis „Freienwalder Straße"

M6 ab S-Bahnhof „Hackescher Markt" bis „Genslerstraße /Freienwalder Straße"

www.stiftung-hsh.de

Forschungs- und Gedenkstätte Normannenstraße

Normannenstrasse Research and Memorial Center

Die Forschungs- und Gedenkstätte ist im ehemaligen Amtssitz von Stasi-Minister Erich Mielke in Berlin-Lichtenberg eingerichtet. Träger ist der 1990 von Mitgliedern des Bürgerkomitees und Bürgerrechtlern gegründete Verein „Antistalinistische Aktion Berlin-Normannenstraße" (ASTAK). Zu besichtigen sind neben den im Originalzustand erhaltenen Amtsräumen des Stasi-Ministers eine Dauerausstellung sowie Sonderausstellungen über das Ministerium für Staatssicherheit und das politische System der DDR. // The Research and Memorial Center is housed in the former offices of State Security Minister Erich Mielke in the Berlin district of Lichtenberg. The Center is run by members of the organisation Anti-Stalinist Action Berlin-Normannenstrasse (ASTAK), founded in 1990. In addition to Mielke's offices, which have been preserved in their original condition, the Center presents a permanent exhibition as well as special displays about the Ministry of State Security and the political system in the GDR.

Ruschestraße 103 | Haus I | 10365 Berlin

☎ +49 (0)30-5536854
@ info@stasimuseum.de

Öffnungszeiten // Opening hours:
Montag bis Freitag 11 – 18 Uhr
Samstag und Sonntag 14 – 18 Uhr
Monday to Friday 11 a.m. – 6 p.m.
Saturday and Sunday 2 p.m. – 6 p.m.

Führungen nach Vereinbarung
Guided tours by appointment

Eintritt // Admission:
3,50 €, ermäßigt 3,00 €, Schüler 2,50 €
3.50 €, concession 3.00 €, school pupils 2.50 €

Gruppenermäßigungen ab 10 Personen //
Concessions for groups of more than 10 people

U 5 bis „Magdalenenstraße", Ausgang Ruschestraße

www.stasimuseum.de

Polizeihistorische Sammlung des Polizeipräsidenten in Berlin

The Berlin Police President's Police Historical Collection

Neben wechselnden Sonderausstellungen informiert eine ständige Ausstellung im Polizeipräsidium über acht Jahrhunderte Berliner Polizeigeschichte. Die Bandbreite der Schau erstreckt sich vom polizeilichen Arbeitsalltag in Vergangenheit und Gegenwart bis hin zur Präsentation von Uniformen, Waffen und Tatwerkzeugen aus diversen Kriminalfällen. Zu den Exponaten des Museums gehört das Wachhäuschen des West-Berliner Zolls an der Glienicker Brücke. // In addition to a range of different special exhibitions, the Berlin Police Headquarters presents a permanent collection documenting eight decades of police history in Berlin. The exhibition covers many facets of police activity, from everyday policing in the past and present, to a display of uniforms, weapons and implements used in various criminal cases. Among the museum's exhibits is the sentry box used by the West Berlin Customs Office at Glienicke Bridge.

Platz der Luftbrücke 6 | 12101 Berlin

☎ +49 (0)30-4664994762
@ phs@polizei.verwalt-berlin.de

Öffnungszeiten // Opening hours:
Montag bis Mittwoch 9 – 15 Uhr
// Monday to Wednesday 9 a.m. – 3 p.m.

Eintritt // Admission:
2,00 €, ermäßigt // concession 1,00 €,

Führungen // Guided tours:
2,00 € plus 1,00 € pro Person

Führungen // Guided tours:
Montag bis Freitag nach Vereinbarung
Monday to Friday by appointment

U U6 bis „Platz der Luftbrücke"

104, 248 bis „Flughafen Tempelhof"
104, 248, N42, N6 bis „U-Bahnhof Platz der Luftbrücke"

www.berlin.de /polizei /wir-ueber-uns /historie

Berliner S-Bahn-Museum

Berliner S-Bahn-Museum

Im ehemaligen Umspannwerk Griebnitzsee, an der Stadtgrenze Berlin-Potsdam, informiert das ehrenamtlich geführte Museum über die Geschichte der Berliner S-Bahn, besonders auch während der Teilung der Stadt. Die Präsentation zahlreicher technischer Exponate, vom Fahrkartenautomaten aus Uromas Zeiten bis hin zum Stellwerksignal, wird durch eine Schautafel-Dokumentation ergänzt. // This museum, run by volunteers, is situated in the former Griebnitzsee transformer station on the border between Berlin and Potsdam. It chronicles the history of the Berlin "S-Bahn" (suburban railway), especially during the period when the city was divided. There are numerous exhibits, from ticket vending machines of yesteryear to railway signals, as well as explanatory information boards.

Rudolf-Breitscheid-Straße 203 | 14482 Potsdam

☎ +49 (0)30-63497076
@ info@s-bahn-museum.de

S S7 bis S-Bahnhof „Griebnitzsee"

RegionalBahn // RegionalTrain:
RB 21 bis S-Bahnhof „Griebnitzsee"

694 und 696 bis S-Bahnhof „Griebnitzsee"

Öffnungszeiten // Opening hours:
April bis November an jedem zweiten Wochenende im Monat 11 – 17 Uhr // April to November on every second weekend in the month 11 a.m. – 5 p.m.

Eintritt // Admission:
1,50 €, Kinder und Jugendliche bis 18 Jahre 0,50 €
// 1.50 €, children up to 18 0.50 €

www.s-bahn-museum.de

Mauermuseum – Museum Haus am Checkpoint Charlie

Berlin Wall Museum

In deutscher, englischer, französischer und russischer Sprache informiert das Museum am einstigen alliierten Sektorenübergang über die Geschichte der Berliner Mauer. Das am 14. Juni 1963 von Rainer Hildebrandt eröffnete Haus am Checkpoint Charlie präsentiert mehrere Ausstellungsbereiche, darunter „Die Mauer – Geschichte und Geschehnisse", „Originale Objekte gelungener Fluchten unter, auf und über der Erde" und „Es geschah am Checkpoint Charlie". // This museum, situated at the former Allied sector crossing point, documents the history of the Berlin Wall in German, English, French and Russian. The "Haus am Checkpoint Charlie", opened on 14 June 1963 by Rainer Hildebrandt, has several themed exhibition areas, including "The Wall – history and occurrences", "Original artefacts from successful escapes under, on and over the ground" and "It happened at Checkpoint Charlie".

Friedrichstraße 43 – 45 | 10969 Berlin

☎ +49 (0)30-2537250
@ info@mauermuseum.de

Öffnungszeiten // Opening hours:
täglich 9 – 22 Uhr // Daily 9 a.m. – 10 p.m.

Eintritt // Admission:
Erwachsene // Adults 9,50 €, Schüler und Studenten // School pupils and students 5,50 €, Gruppen ab 10 Personen // Groups of over 10 people 5,50 €

U U6 bis „Kochstraße", U2 bis „Stadtmitte"

M29

Für Reisebusse stehen am Museum Parkplätze zur Verfügung. // Parking spaces for coaches are available at the museum.

www.mauermuseum.de

Gedenkstätte „Lindenstraße 54 /55", Potsdam

"Lindenstrasse 54 /55" Memorial, Potsdam

Im früheren Potsdamer Amtsgerichtsgefängnis befand sich während der kommunistischen Diktatur ein Geheimdienstgefängnis. Von 1945 bis 1952 betrieb der sowjetische Geheimdienst an diesem Ort sein Untersuchungsgefängnis für das Land Brandenburg. Sowjetische Militärtribunale verurteilten die Inhaftierten zu langjährigen Haftstrafen oder zum Tod. Nach der Übergabe an den DDR-Staatssicherheitsdienst 1952 befand sich hier bis 1989 ein Stasi-Untersuchungsgefängnis für politische Häftlinge. Nahezu 7.000 Menschen wurden in dieser Zeit im Potsdamer Stasi-Gefängnis inhaftiert, darunter fast 2.000 unter dem Vorwurf, einen Fluchtversuch aus der DDR geplant oder durchgeführt zu haben. // During the communist dictatorship in the GDR, there was a secret service prison housed in the former Potsdam District Court prison. The Soviet secret service used the building as a remand centre for the state of Brandenburg from 1945 to 1952. Soviet military tribunals sentenced the detainees to long prison sentences or death. After the building was taken over by the GDR State Security Service in 1952, it was used as a remand prison for political prisoners until 1989. Nearly 7,000 people were detained in the prison during this period. Two thousand of them were charged with having planned or carried out an escape attempt from the GDR.

Lindenstraße 54 – 55 | 14467 Potsdam

☎ +49 (0)331-2896803

Öffnungszeiten // Opening hours:
Dienstag bis Samstag 10 – 18 Uhr
Tuesday to Saturday 10 a.m. – 6 p.m.

Eintritt // Admission:
1,50 €, ermäßigt 1,00 €; bei Gruppenführungen 3,00 € pro Person // 1.50 €, concession 1.00 €; guided tours 3.00 € per person

Gruppenführungen nach Vereinbarung
Group guided tours by appointment

X98 und 91 von Potsdam-Hauptbahnhof bis „Dortustraße", dann 5 Min. Fußweg zur Lindenstraße // No. X98 and 91 from Potsdam-Hauptbahnhof to "Dortusstrasse", then 5 minutes on foot to Lindenstrasse

Deutsches Historisches Museum

German Historical Museum

In den Räumen des historischen Zeughauses Unter den Linden gibt das Museum einen Überblick über 2.000 Jahre deutsche Geschichte. Auf 7.500 Quadratmetern Ausstellungsfläche vermitteln 8.000 ausgewählte Exponate, ergänzt durch multimediale Elemente, ein anschauliches Bild der Vergangenheit. Die umfangreiche Schau führt im Obergeschoss vom 1. Jahrhundert nach Christus bis zum Ende des Kaiserreiches 1918, im Erdgeschoss durch die Geschichte der Weimarer Republik, des NS-Regimes, der Nachkriegszeit und der beiden deutschen Staaten bis hin zum Abzug der Alliierten 1994. Wechselnde Sonderausstellungen, auch zu Themen der Zeitgeschichte, ergänzen die ständige Ausstellung. // This museum, housed in the historic "Zeughaus" (Arsenal) on Unter den Linden, looks back over 2,000 years of German history. Its 7,500 square metres of exhibition space contain 8,000 selected exhibits and multi-media presentations that provide a vivid picture of the past. On the first floor, the comprehensive display takes visitors from the first century to the end of the empire in 1918, while on the ground floor it ranges from the history of the Weimar Republic, the Nazi regime, the post-war era and the two German states to the withdrawal of the Allies in 1994. The museum's permanent collection is supplemented by changing special exhibitions that often focus on contemporary history.

Unter den Linden 2 | 10117 Berlin

☎ +49 (0)30-203040
Anmeldungen für Gruppenbesuche // Bookings for group visits:
☎ +49 (0)30-20304-750 oder ☎ -751

Öffnungszeiten // Opening hours:
täglich 10 – 18 Uhr // Daily 10 a.m. – 6 p.m.

Eintritt // Admission:
4,00 €, Kinder und Jugendliche unter 18 Jahren Eintritt frei // children under 18 years of age are admitted free of charge

S5, S7, S75, S9 bis „Hackescher Markt“
S1, S2, S25, S5, S7, S75, S9 bis „Friedrichstraße“

U6 bis „Französische Straße“ oder „Friedrichstraße“, U2 bis „Hausvogteiplatz“

www.dhm.de

The Story Of Berlin

Die privat organisierte Ausstellung nimmt eine Zeitreise durch 800 Jahre Berliner Geschichte vor, von der ersten Erwähnung als Handelsplatz im 13. Jahrhundert bis in die Gegenwart. In begehbaren Kulissen, ausgestattet mit Licht- und Toninszenierungen, Dia- und Videoprojektionen sowie Touchscreens ist die Berlin-Geschichte zu hören, zu sehen, zu riechen und zu fühlen. // This privately-run exhibition takes visitors on a journey through 800 years of Berlin history: from the first mention as a trading centre in the 13th century to the present day. The history of Berlin can be heard, seen, smelt and felt in walk-through displays featuring light-and-sound shows, slide and video projections and touchscreens.

Kurfürstendamm 207 – 208 | 10719 Berlin
(im Ku' Damm Karree)

+49 (0)30-88720100
info@story-of-berlin.de

Öffnungszeiten // Opening hours:
täglich von 10 – 20 Uhr (Einlass bis 18 Uhr)
Daily from 10 a.m. – 8 p.m. (last entry 6 p.m.)

S3, S5, S7, S8, S9, S75 bis „Savignyplatz“ oder „Zoologischer Garten“

U15 bis „Uhlandstraße“, U9 bis „Kurfürstendamm“, U2 bis „Zoologischer Garten“

X10, 109, 110, 119, 129, 219 bis „Uhlandstraße“, 249 bis „Lietzenburger Straße /Uhlandstraße“

Eintritt // Admission:
Normalpreis // Normal price 9,30 €, ermäßigt // concession 7,50 €, Gruppen ab 10 Personen // Groups of 10 or more 7,50 €, Schülergruppen pro Person // School groups per person 4,00 €, Kinder von 6 bis 14 Jahren // Chirldren from 6 to 14 3,50 €, Familienkarte (2 Erwachsene und bis zu 3 Kinder) // Family ticket (2 adults and up to 3 children) 21,00 €

www.story-of-berlin.de

DDR Museum Berlin
GDR Museum Berlin

Das private Museum erzählt vom Alltag in der DDR. Die in 17 Themenbereiche gegliederte Sammlung präsentiert Alltagsgegenstände zum Anfassen und Nacherleben: Ein Trabi lädt zum Einsteigen ein, eine Plattenbausiedlung kann durch eine simulierte Fahrt nachempfunden werden, in der DDR-Wohnzimmer-Schrankwand Karat darf gestöbert werden. // This private museum looks back at everyday life in the former East Germany. The collection, divided into 17 different themed sections, presents everyday objects that can be touched and handled: visitors can take the driver's seat in a "Trabi", experience a simulated ride through an East German prefab housing estate and rummage in a Carat wall unit of the kind typically found in living rooms in the former GDR.

Karl-Liebknecht-Straße 1 | 10178 Berlin
(direkt an der Spree, gegenüber dem Berliner Dom // right near the Spree River, opposite the Berlin Cathedral)

+49 (0)30-847123731
post@ddr-museum.de

Öffnungszeiten // Opening hours:
täglich 10 – 20 Uhr, Samstag bis 22 Uhr
Daily 10 a.m. – 8 p.m., Saturday till 10 p.m.

Eintritt // Admission:
5,00 €, ermäßigt // concession 3,00 €

www.ddr-museum.de

Weitere Gedenk- und Erinnerungsorte
Further memorial sites

Wachturm Kieler Eck – Gedenkstätte Günter Litfin e.V. // The Watchtower at Kieler Eck – Memorial for Guenter Litfin

Die Gedenk- und Dokumentationsstätte erinnert an Günter Litfin, den ersten Erschossenen an der Berliner Mauer. Sie präsentiert Original-Dokumente sowie multimediale Informationen und stellt Seminarräume zur Verfügung. // This memorial and documentation centre commemorates Guenter Litfin, the first person to be shot dead at the Berlin Wall. It presents original documents and multi-media information, as well as providing seminar facilities.

Kieler Straße 2 | 10115 Berlin

Kontakt // Contact: Jürgen Litfin
+49 (0)30-23626183
Mobile +49 (0) 163-3797290

Öffnungszeiten // Opening hours:
Montag bis Donnerstag 12 – 17 Uhr, Sonntag 14 – 17 Uhr // Monday to Thursday 12 midday – 5 p.m., Sunday 2 p.m. – 5 p.m.

U6 bis „Schwartzkopffstraße“

147 von „Bahnhof Friedrichstraße“ bis „Bundeswehrkrankenhaus“

Checkpoint Bravo – Erinnerungs- und Begegnungsstätte – Grenzkontrollpunkt Dreilinden /Drewitz // Checkpoint Bravo – Memorial site and meeting place – Dreilinden /Drewitz border control point

„Checkpoint Bravo“ nannten die West-Alliierten die Kontrollstelle Dreilinden auf West-Berliner Seite. Von der DDR-Grenzübergangsstelle Drewitz auf der anderen Seite ist heute nur noch der Kommandantenturm der Grenztruppen erhalten. Der Wachturm soll ab 2008 als Veranstaltungsort der politischen Bildung sowie als Begegnungsstätte dienen. Eine Dauerausstellung wird über die Geschichte des Ortes informieren. // "Checkpoint Bravo" was the name given by the Western allies to the Dreilinden border control point on the West Berlin side. Of the DDR Drewitz border crossing point on the other side, only the watchtower of the border troops command is still preserved. As of 2008, the watchtower is to be a political education venue as well as a meeting place. A permanent exhibition is to provide information on the history of the site.

Albert-Einstein-Ring 45 | 14532 Kleinmachnow

Kontakt // Contact: Dr. Peter Boeger
+49 (0)33203-70768
peter.boeger@bstu.bund.de

Anfahrt // How to get there by car:
A 115, Europarc, zwischen Wannsee und Kleinmachnow // A 115 motorway, between Wannsee and Kleinmachnow

www.checkpoint-bravo.de

Wachturm Bergfelde – Naturschutzzentrum der Deutschen Waldjugend // Bergfelde Watchtower – Nature Conservation Centre of the Deutsche Waldjugend

Der ehemalige Grenzturm zwischen Berlin-Frohnau und dem Hohen Neuendorfer Ortsteil Bergfelde ist seit 1990 ein Naturschutz-Zentrum der Deutschen Waldjugend mit vielfältigen Angeboten, insbesondere für Jugendliche. // This former border watchtower between the Berlin district of Frohnau and the district of Bergfelde in Hohen Neuendorf has been a nature conservation centre of the Deutsche Waldjugend since 1990. It offers a wide range of activities, especially for young people.

Kontakt // Contact: Helga Garduhn
Deutsche Waldjugend Naturschutzturm Berliner Nordrand e.V. | Postfach 100 133 | 16535 Hohen Neuendorf

+49 (0)30-4063121

Öffnungszeiten // Opening hours:
Freitag von 15 – 18 Uhr und nach Vereinbarung
Friday 3 p.m. – 6 p.m. and by appointment

S1 bis S-Bahnhof „Hohen Neuendorf“, dann Fußweg über Bahnstraße, Hainweg, Parkstraße und den anschließenden Waldweg // S1 to Hohen Neuendorf S-Bahn station, then by foot along Bahnstrasse, Hainweg, Parkstrasse and the forest path that joins onto it

Bus 125 vom S-Bahnhof „Berlin-Frohnau“ bis „Hubertusweg“, dann Fußweg über Klarastraße // Bus No. 125 from Berlin-Frohnau S-Bahn station to "Hubertusweg", then by foot along Klarastrasse

www.naturschutzturm.de

Wachturm Niederneuendorf
// Niederneuendorf Watchtower

In der gut erhaltenen früheren Führungsstelle der DDR-Grenztruppen informiert eine Ausstellung über das Grenzregime und seine Opfer. // In this well-preserved former command centre of the GDR border troops, an exhibition provides information about the border regime and its victims.

Dorfstraße | Niederneuendorf

Kontakt // Contact: Stadtarchiv Hennigsdorf | Hauptstraße 3 | 16761 Hennigsdorf

+49 (0)3302-877311

Öffnungszeiten // Opening hours:
im Sommerhalbjahr Di – Sa und an Feiertagen 10 – 18 Uhr // In the summer months Tuesday-Saturday and on public holidays from 10 a.m.– 6 p.m.

Bus 136 (Hennigsdorf-Spandau) bis Niederneuendorf „Am Dorfanger“

www.hennigsdorf.de

Wachturm Schlesischer Busch – Museum der verbotenen Kunst // Schlesischer Busch Watchtower – Museum of Forbidden Art

Neben Wechselausstellungen über die künstlerische Auseinandersetzung mit dem Thema Grenze wird im ehemaligen Grenzturm eine Dokumentation zur Geschichte des Ortes gezeigt. // As well as changing exhibitions on how the theme of "border" is reflected in art, this former border watchtower also presents documentation on the history of the site.

Kunstfabrik am Flutgraben e.V. | Am Flutgraben 3
12435 Berlin

☎ +49 (0)30-53219658
@ lue@kunstfabrik.org

Öffnungszeiten // Opening hours:
Mai bis Oktober, Do bis Sa 11 – 19 Uhr //
May to October, Thursday to Saturday
11 a.m. – 7 p.m.

S S41, S42, S8, S85, S9 bis „Treptower Park"

U U1 bis „Schlesisches Tor"

www.kunstfabrik.org

„Parlament der Bäume" / Mauermahnmal im Marie-Elisabeth-Lüders-Haus // "Parliament of Trees" / Wall memorial in the Marie-Elisabeth Lüders-Haus

Das „Parlament der Bäume" liegt gegenüber dem Reichstag am Schiffbauerdamm. Der Gedenkort gegen Krieg und Gewalt wurde 1990 von dem Berliner Künstler Ben Wagin auf dem ehemaligen Grenzstreifen angelegt und von verschiedenen Künstlern ausgestaltet. Die Installation aus Bäumen, Gedenksteinen, Skulpturen und Mauersegmenten erstreckt sich bis ins Marie-Elisabeth-Lüders-Haus, in dem die Bibliothek des Deutschen Bundestages untergebracht ist. // The "Parliament of Trees" is situated opposite the Reichstag on Schiffbauerdamm. This memorial against war and violence was set up in the border strip in 1990 by the Berlin artist Ben Wagin and is the work of several artists. The installation, consisting of trees, memorial stones, sculptures and segments of Wall, extends into the Marie-Elisabeth Lüders House, in which the Bundestag library is housed.

Promenade Schiffbauerdamm | 10117 Berlin

S S2 bis „Unter den Linden" S25, S26, S3, S5, S7 (S-Bahnhof Friedrichstraße)

Busse 200, 347 bis Friedrichstraße

U U6 bis Friedrichstraße

Öffnungszeiten // Opening hours:
Freitag bis Sonntag 13 – 19 Uhr, der Eintritt ist frei.
Friday to Sunday 1 p.m. – 7 p.m.
Admission is free

www.berlin.de/mauer/gedenkstaetten/parlament_der_baeume

East Side Gallery

Als East-Side-Gallery präsentiert sich ein 1.300 Meter langes Stück der östlichen Seite der Mauer zwischen der Oberbaumbrücke und dem Ostbahnhof in Friedrichshain. Unter Beteiligung von über einhundert internationalen Künstlern entstand 1990 die größte 'Open Air'-Galerie der Welt. // The East Side Gallery is a 1,300-metre-long segment of the eastern side of the Wall between Oberbaum Bridge and the Ostbahnhof in Friedrichshain. The largest open-air gallery in the world, it was created in 1990 by over one hundred international artists.

Mühlenstraße | 10243 Berlin

Kontakt // Contact:
Künstlerinitiative East Side Gallery e.V.
c/o Kani Alavi
Friedrichstraße 206 | 10969 Berlin

☎ +49 (0)30-251 7159
@ eastsidegallery@eastsidegallery.com

S S3, S5, S75, S9 bis Ostbahnhof

U U1 bis Warschauer Straße

www.eastsidegallery.com

Berliner Mauerweg
Berlin Wall Trail

Der insgesamt 160 km lange Berliner Mauerweg erschließt den Verlauf der ehemaligen Sperranlagen rund um West-Berlin. Die Rad- und Wanderroute verläuft zumeist auf dem ehemaligen Zollweg (West-Berlin) oder auf dem sogenannten Kolonnenweg, den die DDR-Grenztruppen für ihre Kontrollfahrten anlegten. // The Berlin Wall Trail runs for altogether 160 kilometres along the course of the former barrier system around West Berlin. The trail, which can be done by bike or on foot, mostly follows the former customs path (West Berlin) or the so-called "convoy route" that the GDR border troops built for their patrols.

www.berlin.de/mauer/mauerweg/index/index.de.php

Anmerkungen // Notes

Kapitel 1: Wo die Mauer stand

S. 18 f. Zahlenangaben zur Berliner Mauer siehe: „Auskunft zum Grenzkommando-Mitte und der Staatsgrenze der DDR zu Westberlin", Streng Geheim (März 1989) sowie „Sicherung der Staatsgrenze im Bezirk Potsdam", 12. Mai 1989, in: BStU, MfS, Büro Neiber Nr. 60; Der Polizeipräsident in Berlin [PHS].

Kapitel 2: Vor dem Mauerbau

S. 23 Zitat Churchill: siehe Robert R. James, Winston S. Churchill: His Complete Speeches 1897-1963, Vol. VII: 1943-1949, New York/London 1974, S. 7285-7293. S. 28 Flucht-Statistik: Monatsmeldungen des Bundesministeriums für Vertriebene, Flüchtlinge und Kriegsgeschädigte, dok. in: Rühle/Holzweißig 1988, S. 154. S. 28 Flüchtlingsberichte: BMiB 1986, S. 64. S. 29 f. Zur Berlin-Krise 1958-1963 siehe: Lemke 1995, Ausland 1996, Steininger 2001, Eisenfeld/Engelmann 2001, Harrison 2003, Uhl/Wagner 2003, Wettig 2006. S. 30 Zitat Mikojan in: SAPMO-BA, DY 30/J IV 2/2/766. S. 31 Flucht-Statistik: Monatsmeldungen des Bundesministeriums für Vertriebene, Flüchtlinge und Kriegsgeschädigte, dok. in: Rühle/Holzweißig 1988, S. 154. S. 31 Zitat Chruschtschow in: Hans Kroll, Lebenserinnerungen eines Botschafters, Berlin 1967, S. 512.

Kapitel 3: Der Bau der Mauer

S. 34 Zitat Ost-Berliner Arzt in: BA, B 285/389, Nr. 17503 vom 22.8.1961. S. 35 Zitat DDR-Ministerrat in: Rühle/Holzweißig 1988, S. 95. S. 36 Zitat Senats-Kommuniqué: Bulletin des Presse- und Informationsamtes der Bundesregierung Nr. 150, 15. August 1961, S. 1455. Zitat Kissinger: Interview des Autors mit Henry Kissinger, 20. April 2001 (TNM-Dokumentarfilm Mauerbau). S. 39 Zu Conrad Schumann: Der Polizeipräsident in Berlin, Vermerk über gesprächsweise Abhörung eines Überläufers der Bereitschaftspolizei am 15.8.1961 bei der Polizeiinspektion Wedding, Berlin, den 16.8.1961 [PHS]; Süddeutsche Zeitung, 14./15.8.1991; WDR 5, Bilder im Kopf, 5.2.2007. S. 41 Zitat Wesner: Interview des Autors mit Lothar Wesner, 2. April 2001 (TNM-Dokumentarfilm Mauerbau). S. 42 Zitat Brandt: Rede des Regierenden Bürgermeisters von Berlin, Brandt, auf einer Kundgebung in Berlin, 16. August 1961, in: DzD, IV. Reihe, Bd. 7, 1. Halbband, Frankfurt a. M. 1976, S. 53. S. 42 Zitat Kennedy an Brandt, 18. August 1961: U.S. Department of State (Hg.), 1994: Foreign Relations of the United States, Vol. XV: Berlin Crisis, 1962-1963, Washington, S. 345 f. S. 42 Zitat Kennedy an Johnson: Brief von US-Präsident Kennedy an Vizepräsident Johnson, 18. August 1961, zit. nach: Petschull 1990, Dok. 11, S. 233. S. 43 Zitat Johnson, 19. August 1961: Rede des US-Vizepräsidenten Johnson auf einer Kundgebung in Berlin, 19. August 1961, in: DzD, IV. Reihe, Bd. 7, 1. Halbband, Frankfurt a. M. 1976, S. 150. S. 43 Zitat Johnson, 21.8.1961: Memorandum von Vizepräsident Johnson an US-Präsident Kennedy, 21. August 1961, zit. nach: Petschull 1990, Dok. 16, S. 249. S. 44 Zum Mord an Günter Litfin siehe: Jürgen Litfin, Tod durch fremde Hand. Das erste Maueropfer in Berlin und die Geschichte einer Familie, Husum 2006. S. 45 Zitat Schaar: Interview von Ulrich Kasten mit Monika Schaar, 11. März 2001 (TNM-Dokumentarfilm Mauerbau). S. 49 Zitat Gribkow: Interview des Autors mit Anatolij Gribkow, 28. März 2001 (TNM-Dokumentarfilm Mauerbau). S. 49 Zitat Mapother: Interview des Autors mit John Mapother, 24. April 2001 (TNM-Dokumentarfilm Mauerbau). S. 52 Zu „Letzter Zug in die Freiheit" siehe: Tätigkeitsbericht des S für den Monat Dezember 1961, Berlin, den 5.1.1962 [PHS]; Kuhlmann 1998, S. 16-22; Müller 2001, S. 10-27. S. 53 Zitat Laetsch: Interview von Ullrich Kasten mit Helmut Laetsch, 26. Februar 2001 (TNM-Dokumentarfilm Mauerbau).

Kapitel 4: Flucht – Fluchthilfe - Widerstand

S. 56 f. Zur Fluchthilfe grundlegend: Detjen 2005. S. 57 „Gelungene Fluchten": Ritter/Lapp 2006, S. 176 und 180 sowie: Flüchtlinge seit dem 13.8.1961 gemäß polizeilicher Feststellungen (Jahresangaben nach der „Mauerstatistik" der Berliner Polizei), 28.10.1986 [PHS]. S. 58 Dieter Wohlfahrt: BStU, Ast. Potsdam, AU 1753/62 sowie Der Spiegel Nr. 13, 28.3.1962, S. 54 f.; S. 60 Tunnelflucht unter der Friedhofsmauer: Gespräch von Kathrin Elsner mit Waltraud Niebank, 13.11.2000; BZ, 13.8.2006; Eisenfeld/Engelmann 2001, S. 100 f. S. 62 „Seniorentunnel": Der Tagesspiegel, 19.5.1962. S. 64 „Tunnel 29": Sesta 2001. S. 65 „Tunnel 57": Müller 2001, S. 75-102. S. 66 Zitat Lazai: Hans-Joachim Lazai, Widerstand gegen die Mauer. Der Anschlag vom 26. Mai 1962, in: Hinckeldey-Stiftung (Hg.), Berliner Polizei. Von 1945 bis zur Gegenwart, Berlin 1998, S. 80 f.; „Die Gewalt der anderen Seite hat mich sehr getroffen". Gespräch von Doris Liebermann mit Hans-Joachim Lazai, in: Deutschland Archiv 4/2006, S. 596-607. S. 68 Zur Flucht des Fahrgastschiffes „Friedrich Wolf" siehe den ARD-Dokumentarfilm von Inga Wolfram/Helge Trimpert, „Letzte Ausfahrt West-berlin" – 138 Schüsse auf die „Friedrich Wolf", WDR Köln 2006 sowie Müller 2001, S. 28-40. S. 70 Zur Rekonstruktion des Todes von Peter Fechter siehe den investigativen Fernsehbeitrag von Heribert Schwan „Ein gewisser Peter Fechter", ARD-Dokumentarfilm, WDR Köln 1997. S. 72 Zitat Engels: Gespräch des Autors mit Wolfgang Engels, dok. in: Jürgen Wetzel (Hg.), Berlin in Geschichte und Gegenwart. Jahrbuch des Landesarchivs Berlin 2003, Berlin 2003, S. 164. S. 73 Bus-Flucht: Hans-Hermann Hertle/Sven-Felix Kellerhoff, Ein Meter fehlte bis zur Freiheit, in: Berliner Morgenpost, 13.8.2007. S. 74 Seilflucht: Berliner Morgenpost, 4. März 1965. S. 75 Flucht mit der Planierraupe: Lagemeldung der West-Berliner Polizei, 12. September 1966 [PHS]; Die Welt, 12. September 1966; BZ, 12. September 1966; Der Tagesspiegel, 13. September 1966. S. 76 „Trojanische Kuh": Interview von Peter Böger mit Angelika B. und ihrem Ehemann, 15. November 2004 (Name geändert); BStU, Ast. Potsdam, AU 493/70.

Kap. 5: Konfrontation und Entspannung

S. 79 Konzeptionelle Vordenker der „Politik der kleinen Schritte" und des „Wandels durch Annäherung" waren Willy Brandt und Egon Bahr. Siehe dazu aus der Sicht des Beteiligten: Egon Bahr, Zu meiner Zeit, München 1996. S. 80 f. Zitat Chruschtschow: Rede des Ministerpräsidenten Chruschtschow auf dem VI. Parteitag der SED, 16. Januar 1963, in: DzD, IV. Reihe, Bd. 9, 1. Halbband, S. 41. S. 81 Zitat Kennedy: Rede des Präsidenten Kennedy in der Freien Universität, 26. Juni 1963, in: DzD, IV. Reihe, Bd. 9, 1. Halbband, S. 465. S. 81 Speech-Card Kennedy: Abdruck mit freundlicher Genehmigung der John F. Kennedy Presidential Library.

S. 84 f. Zum Häftlingsfreikauf grundlegend: Rehlinger 1991, Whitney 1993. S. 86 Zur Aushandlung der Passierscheinabkommen siehe: Kunze 1999. S. 88 Zitat Brandt: Willy Brandt, Erinnerungen, 4. Aufl., Berlin / Frankfurt a.M. 1990, S. 226. S. 88 Breshnew zitiert nach: Hertle /Wolle 2004, S. 162; Honecker zitiert nach: Hertle 1999, S. 26.

Kapitel 6: Die Perfektionierung des Sperrsystems
S. 92 f. Zum Ausbau der Sperranlagen siehe: Rathje 2001. S. 97 Kosten der Sperranlagen bis 1970: siehe Stadtkommandant der Hauptstadt der DDR /Generalmajor Poppe, „Kostenberechnung für den Ausbau des Grenzsicherungsstreifens entlang der Staatsgrenze zu Westberlin in der Zeit von 1966-1970", Anlage 3 zur Vorlage Nr. 14 /65, dok. in Rathje 2001, S. 1394 f. S. 97 Preisliste ausgewählter Sperrelemente: BA-MA, GTÜ AZN 16642, Bl. 384. S. 97 Zur personellen Stärke der bewaffneten Organe in der DDR siehe die Beiträge in: Diedrich /Ehlert / Wenzke 1998. S. 98 f. Angaben zum Grenzkommando Mitte: siehe „Auskunft zum Grenzkommando-Mitte (GK-Mitte) und der Staatsgrenze der DDR zu Westberlin", Streng Geheim (März 1989) sowie „Sicherung der Staatsgrenze im Bezirk Potsdam", 12. Mai 1989, in: BStU, MfS, Büro Neiber Nr. 60; zur Geschichte der Grenztruppen: Lapp 1999; Schultke 2000. S. 99 Zur „Berliner Gruppierung" und ihrer Aufgabe, West-Berlin zu erobern, siehe: Oberst i.G. Hoffmann, Korps- und Territorialkommando Ost /IV. Korps, Die Besetzung West-Berlins, Manuskript, o. J. (1993), S. 2 sowie Wenzel 1995. S. 100 f. Zum Schusswaffeneinsatz im Grenzgebiet siehe: Anklageschrift der Staatsanwaltschaft bei dem Kammergericht Berlin gegen Erich Honecker u.a., 12. Mai 1992 (2 Js 26 /90), insbes. S. 298-330. S. 100 Zitat Hoffmann 1966: Armeefilmschau 7 /1966 [IMZBW]. S. 101 Zitat Honecker 1974: Protokoll der 45. Sitzung des NVR der DDR am 3. Mai 1974, dok. in Filmer/ Schwan 1991, S. 393. S. 101 Zitat Honecker 1989: „Niederschrift über die Rücksprache beim Minister für Nationale Verteidigung, i.V. Generaloberst Streletz, am 3. April 1989" [BStU, MfS, HA I Nr. 5753].

Kapitel 7: Die Todesopfer an der Berliner Mauer
S. 104 f. Die Zahlenangaben und die Aufstellung der Todesopfer an der Berliner Mauer beruhen auf dem Zwischenstand eines gemeinsamen Forschungsprojektes des Zentrums für Zeithistorische Forschung Potsdam und der Gedenkstätte Berliner Mauer. Es handelt sich um Mindestzahlen, da das Projekt zum Zeitpunkt dieser Veröffentlichung noch nicht abgeschlossen war. Im Rahmen der Studie wurden mehr als 350 Verdachtsfälle überprüft. In mehr als 150 Fällen ließ sich der Verdacht nicht bestätigen, dass der Tod in direktem Zusammenhang mit einer Flucht oder dem DDR-Grenzregime stand. Zum Problem und zur Erklärung der in der Literatur kursierenden unterschiedlich hohen Zahlenangaben siehe: Hans-Hermann Hertle /Gerhard Sälter, Die Todesopfer an Mauer und Grenze. Probleme einer Bilanz des DDR-Grenzregimes, in Deutschland Archiv 4 /2006, S. 667-676.

Kapitel 8: Die Mauer in der Ära Honecker (1971-1989)
S. 113 Zur Expansion des MfS in der Ära Honecker siehe: Gieseke 2001, S. 69 ff. Gieseke zufolge kam 1989 auf 180 DDR-Bürger ein MfS-Mitarbeiter. In der Sowjetunion lag das entsprechende Verhältnis bei 595 zu 1, in der ČSSR bei 867 zu 1 und in Polen bei 1.574 zu 1. S. 115 Besuchsreisen und ständige Ausreise: siehe Hertle 2006, S. 45-60. S. 115 Fluchthilfe in den 1970er- und 1980er-Jahren: siehe Detjen 2005, S. 270 f. S. 116 f. Hartmut Richter: Text von Gabriele Schnell (von Hartmut Richter autorisiert) auf der Grundlage folgender Darstellungen: Ausstellung der Erinnerungsstätte Notaufnahmelager Marienfelde; Stiftung Gedenkstätte Berlin-Hohenschönhausen 2003, S. 49-51; Matthias Bath, Die Fluchthelfer Rainer Schubert und Hartmut Richter, in: Wege nach Bautzen II. Biographische und autobiographische Porträts, eingeleitet von Silke Klewin und Kirsten Wenzel, Dresden 1998. S. 117 Tabelle „Zahlungen ... für den Freikauf" siehe: Whitney 1993, S. 400. S. 118 f. Texte von Ellen Thiemann und Matthias Storck: Jürgen Ast (Buch und Regie), Die gekaufte Freiheit. Häftlingsfreikauf im geteilten Deutschland, ARD-Dokumentarfilm, RBB 2004; Nachdruck der Texte mit freundlicher Genehmigung der Jürgen Ast Film & Videoproduktion und des RBB. S. 122 Zu den Beziehungen zwischen der DDR und der Sowjetunion bis 1982: siehe Hertle /Jarausch 2006. S. 123 Zur Ausreisebewegung: siehe Eisenfeld 1999, S. 381-421 sowie Hertle 1999, S. 80-91; dort auch die Zitate und ihre Nachweise. S. 124 Tabelle Ausreiseanträge: siehe Bernd Eisenfeld, Flucht und Ausreise – Macht und Ohnmacht, in: Eberhard Kuhrt /Hansjörg F. Buck / Gunter Holzweißig (Hg.), Opposition in der DDR von den 70er Jahren bis zum Zusammenbruch der SED-Herrschaft, Opladen 1999, S. 400; Craig R. Whitney, Advocatus Diaboli. Wolfgang Vogel – Anwalt zwischen Ost und West, Berlin 1993, S. 400. S. 125 Gisela Lotz: Text von Gabriele Schnell, siehe auch: Gabriele Schnell, Das „Lindenhotel". Berichte aus dem Potsdamer Geheimdienstgefängnis, 2. Aufl., Berlin 2006, S. 108-119. S. 126 Zitate Jäger: Hertle 1999, S. 380 f. S. 129 Radioaktive Grenzkontrollen: siehe Hans Halter, Es gibt kein Entrinnen, in: Der Spiegel Nr. 51, 10. Dezember 1994, S. 176-180; Strahlenrisiko durch ehemalige DDR-Grenzkontrollen mittels Cs-137-Strahlung. Stellungnahme der Strahlenschutzkommission, 17. Februar 1995. S. 131 Grenzübergang Glienicker Brücke: siehe Kunze 1999, Blees 1996, Behrendt 2003. S. 133 Zitat Gorbatschow vom 27. März 1986: „Im Politbüro des ZK der KPdSU ..." 2006. S. 133 Zitat Gorbatschow Ende 1986: siehe SAPMO-BA, DY 30 /IV 2 /1 /658. S. 134 Zitat Reagan 12. Juni 1987: Ansprache des US-Präsidenten Reagan vor dem Brandenburger Tor, 12. Juni 1987, in: Helmut Trotnow / Florian Weiß (Hg.), Tear Down this Wall. US-Präsident Ronald Reagan vor dem Brandenburger Tor, 12. Juni 1987, Berlin 2007, S. 218. S. 134 Speech-Card Reagan: Abdruck mit freundlicher Genehmigung der Ronald Reagan Library. S. 135 Zitat Honecker Juni 1988: siehe HA XVIII /4, Information [über die Beratung im Politbüro am 14. Juni 1988] von Major Friedrich an Generalmajor Alfred Kleine, 16. Juni 1988 [BStU, MfS, HA XVIII Nr. 3376, Bl. 47]; Zitat Mittag, November 1988: siehe Heinz Klopfer, Persönliche Notizen über ein Gespräch beim Mitglied des Politbüros und Sekretär des ZK der SED, Genossen Dr. Günter Mittag, 23. November 1988 [BStU, MfS, HA XVIII Nr. 3374, Bl. 118]. S. 136 Motorisierter Drachenfluggleiter, 20. Dezember 1986: BStU, MfS, AGM Nr. 480, Bl. 267-269. S. 136 Motorflugzeug, 15. Juli 1987: Der Tagesspiegel, 16. Juli 1987; Die Welt, 16. Juli 1987. S. 137 Gescheiterte PKW-Flucht, 9. Dezember 1987: BStU, MfS, HA VI 158. S. 137 Gelungene LKW-Flucht, 10. März 1988: siehe Strehlow 2004, S. 68-75; BStU, MfS, HA VI Nr. 158, Nr. 10101; BStU, Ast. Potsdam, AKG Nr. 868; BStU, Ast. Potsdam, Abt. IX Nr. 122; Der Tagesspiegel, 11. März 1988; Die Welt, 11. März 1988; Berliner Morgenpost, 11. März 1988.

Kapitel 9: Der Fall der Mauer
S. 139 Zitat Honecker: Neues Deutschland, 20. Januar 1989. S. 140 f. Grundlegend zur Vorgeschichte und zum Hintergrund des Mauerfalls sowie zur deutschen Einheit: Beschloss /Talbott 1993; Biermann 1995; Hertle 1999, S. 87 f.; Hertle 2006, S. 61 f.; Hollitzer /Bohse 2000; Jarausch 1994; von Plato 2002; Stephan 1994; Süß 1999; Szabo 1992; Weidenfeld 1998; Zelikow /Rice 1995. S. 140 Chris Gueffroy: siehe Grafe 2004, S. 12-14; zu den Protesten gegen den Mord siehe: Der Tagesspiegel, 23. und 25. Februar 1989. S. 140 Winfried Freudenberg: Der Tagesspiegel, 9., 10. und 11. März 1989; Die Welt, 10. März 1989; Der Spiegel Nr. 32, 6. August 2001, S. 74. S. 141 Gescheiterte Flucht am Grenzübergang Chausseestraße: BStU, MfS, HA VI Nr. 10101; Die Welt, 10. April 1989; Der Tagesspiegel, 11. April 1989; Berliner Morgenpost, 3. Januar 1993. S. 140 Zitat Honecker zur Aufhebung des Schießbefehls, 3. April 1989: siehe BStU, MfS, HA I Nr. 5753. S. 144 „Analyse zur ökonomischen Lage der DDR": dok. in: Hertle 1999, S. 448 f. S. 146 Zitat Kohl: Deutscher Bundestag, 11. Wahlperiode, 173. Sitzung, 8. November 1989, Stenographischer Bericht, S. 13017. S. 147 Zitat Schabowski: Hertle 2006, S. 135. S. 148 f. Text der Pressekonferenz: Vom Verfasser angefertigte wörtliche Niederschrift einer Bild-Ton-Aufzeichnung der Pressekonferenz vom 9. November 1989 [DRA]. S. 151 „Wir fluten jetzt" zit. nach: Hertle 2006, S. 166. S. 151 Zitat Invalidenstraße: Hertle /Elsner 1999, S. 150-152. S. 155 Zitat Teltschik: Horst Teltschik, 329 Tage. Innenansichten der Einigung, Berlin 1991, S. 23. S. 155 Zitat NVA-Kommandeur: Hertle 2006, S. 262. S. 158 Zitat Weizsäcker: Hertle /Elsner 1999, S. 261. S. 158 f. Zitat George Bush: Hertle /Elsner 1999, S. 238. S. 159 Zitat Michail Gorbatschow: Hertle /Elsner 1999, S. 246 f. S. 159 Zitat Helmut Kohl: Hertle /Elsner 1999, S. 245 f. S. 162 Zum Mauerabriss siehe auch: Sälter 2004. S. 162 Berliner Mauer in Tonnen: Peter Thomsen, Der Abbau der Sperranlagen an der ehemaligen Berliner Grenze, in: Vom Mauerbau zum Mauerfall, Teil 1, Brandenburger Verein für politische Bildung „Rosa Luxemburg" e.V. (Hg.), Potsdam 1997, S. 31 f. S. 164 Zur strafrechtlichen Aufarbeitung siehe: Bernhard Jahntz, Die Bilanz der Strafverfolgung des SED-Unrechts, Vortragsmanuskript, Wustrau 2007; Schwerpunktabteilung der Staatsanwaltschaft Neuruppin für Bezirkskriminalität und DDR-Justizunrecht, Bilanz 2006; siehe auch: Rummler 2000, Marxen /Werle 2002, Grafe 2004, Marxen /Werle / Schäfter 2007.

Kapitel 10: Mauer-Spuren
S. 166 f. Als Standardwerk, in dem die Reste und Spuren der 43,7 km langen innerstädtischen Sektorengrenze umfassend verzeichnet sind, siehe: Klausmeier / Schmidt 2004; vgl. auch Peter Trzeciok 2004.

Anhang /Service
S. 176 Nach Angaben der Einrichtungen; bearbeitet von Gabriele Schnell. Zu Museen, Gedenkstätten sowie weiteren Erinnerungsorten und Gedenkzeichen siehe ausführlich die Websites der Berliner Senatsverwaltung (www.berlin.de /mauer /index.de.html) und der Bundesstiftung zur Aufarbeitung der SED-Diktatur (www.stiftung-aufarbeitung.de).

Dank an die Transfer Film Neue Medien GmbH (TNM) sowie an die Cine Impuls Film und Video KG für die Erlaubnis zur Verwendung von Interviews, die für zwei ARD-Dokumentarfilme durchgeführt wurden: „Es geschah im August. Der Bau der Berliner Mauer." (TNM, 2001) und „Als die Mauer fiel – 50 Stunden, die die Welt veränderten" (Cine Impuls, 1999).

Literaturverzeichnis (Auswahl) // Selected Bibliography

1. In deutscher Sprache // in German

Aanderud, Kai-Axel /Knopp Guido (Hg.), 1991: Die eingemauerte Stadt. Die Geschichte der Berliner Mauer, Recklinghausen.

Bahrmann, Hannes /Links, Christoph, 1999: Chronik der Wende, Berlin.

Behrendt, Hans-Dieter, 2003: Im Schatten der „Agentenbrücke". Die Glienicker Brücke – Symbol der deutschen Teilung, Schkeuditz.

Biermann, Rafael, 1995: Zwischen Kreml und Kanzleramt. Wie Moskau mit der deutschen Einheit rang, Paderborn /München /Wien /Zürich.

Blees, Thomas, 1996: Glienicker Brücke. Ausufernde Geschichten, Berlin.

Bundesministerium für innerdeutsche Beziehungen (Hg.), 1986: Der Bau der Mauer durch Berlin. Faksimilierter Nachdruck der Denkschrift von 1961, Bonn.

Cramer, Michael, 2004: Berliner Mauer-Radweg, Rodingersdorf.

Detjen, Marion, 2005: Ein Loch in der Mauer. Die Geschichte der Fluchthilfe im geteilten Deutschland 1961-1989, München.

Diedrich, Torsten /Ehlert, Hans /Wenzke, Rüdiger (Hg.), 1998: Im Dienste der Partei. Handbuch der bewaffneten Organe der DDR, Berlin.

Effner, Bettina /Heidemeyer, Helge (Hg.), 2005: Flucht im geteilten Deutschland. Erinnerungsstätte Notaufnahmelager Marienfelde, Berlin.

Eisenfeld, Bernd, 1995: Die Zentrale Koordinierungsgruppe. Bekämpfung von Flucht und Ausreise, Berlin.

Eisenfeld, Bernd /Engelmann, Roger, 2001: 13.8.1961. Mauerbau. Fluchtbewegung und Machtsicherung, Bremen.

Filmer, Werner /Schwan, Heribert, 1991: Opfer der Mauer. Die geheimen Protokolle des Todes, München.

Flemming, Thomas /Koch, Hagen, 1999: Die Berliner Mauer. Geschichte eines politischen Bauwerks, Berlin.

Gieseke, Jens, 2001: Mielke-Konzern. Die Geschichte der Stasi 1945–1990, Stuttgart /München.

Grafe, Roman, 2002: Die Grenze durch Deutschland. Eine Chronik von 1945 bis 1990, Berlin.

Grafe, Roman, 2004: Deutsche Gerechtigkeit. Prozesse gegen DDR-Grenzschützen und ihre Befehlsgeber, München.

Grosser, Dieter, 1998: Das Wagnis der Wirtschafts-, Währungs- und Sozialunion: Politische Zwänge im Konflikt mit ökonomischen Regeln, Stuttgart.

Gründer, Ralf, 2007: Verboten: Berliner Mauerkunst, Köln-Weimar-Wien.

Hauswald, Harald /Rathenow, Lutz, 2005: Ost-Berlin. Leben vor dem Mauerfall, Berlin.

Heidemeyer, Helge, 1994: Flucht und Zuwanderung aus der SBZ /DDR 1945 /1949-1961, Düsseldorf.

Hertle, Hans-Hermann, 1999: Der Fall der Mauer. Die unbeabsichtigte Selbstauflösung des SED-Staates, 2. Aufl., Opladen /Wiesbaden.

Hertle, Hans-Hermann, 2006: Chronik des Mauerfalls. Die dramatischen Ereignisse um den 9. November 1989, 10. Aufl., Berlin.

Hertle, Hans-Hermann /Elsner, Kathrin, 1999: Mein 9. November. Der Tag, an dem die Mauer fiel, Berlin.

Hertle, Hans-Hermann /Jarausch, Konrad H. /Kleßmann, Christoph (Hg.), 2002: Vom Mauerbau zum Mauerfall. Ursachen – Verlauf – Auswirkungen, Berlin.

Hertle, Hans-Hermann /Wolle, Stefan, 2004: Damals in der DDR. Der Alltag im Arbeiter- und Bauernstaat, München.

Hertle, Hans-Hermann /Jarausch Konrad H. (Hg.), 2006: Risse im Bruderbund. Die Gespräche Honecker – Breshnew, Berlin.

Hildebrandt, Alexandra, 2001: Die Mauer. Zahlen, Daten, Berlin.

Hollitzer, Tobias /Bohse, Reinhard (Hg.), 2000: Heute vor 10 Jahren. Leipzig auf dem Weg zur friedlichen Revolution, Fribourg.

„Im Politbüro des ZK der KPdSU ...", 2006: Nach Aufzeichnungen Anatolij Tschernajews, Wadim Medwedews und Georgij Schachnasarows, Moskau (in russischer Sprache).

Jander, Martin, 2003: Berlin (DDR). Ein politischer Stadtspaziergang, Berlin.

Jankowski, Martin, 2007: Der Tag, der Deutschland veränderte. 9. Oktober 1989, Leipzig.

Jeschonnek, Friedrich /Riedel, Dieter /Durie, William, 2002: Alliierte in Berlin: 1945-1994. Ein Handbuch zur Geschichte der militärischen Präsenz der Westmächte, Berlin.

Koop, Volker, 1996: „Den Gegner vernichten". Die Grenzsicherung der DDR, Bonn.

Korte, Karl-Rudolf, 1998: Deutschlandpolitik in Helmut Kohls Kanzlerschaft. Regierungsstil und Entscheidungen 1982-1989, Stuttgart.

Küchenmeister, Daniel (Hg.), 1993: Honecker – Gorbatschow. Vieraugengespräche, Berlin.

Kuhlmann, Bernd, 1998: Züge durch Mauer und Stacheldraht, Berlin.

Kunze, Gerhard, 1999: Grenzerfahrungen. Kontakte und Verhandlungen zwischen dem Land Berlin und der DDR 1949-1989, Berlin.

Landgrebe, Christiane, 1999: Der Tag, an dem die Mauer fiel: Prominente Zeitzeugen erinnern sich, Berlin.

Lapp, Peter Joachim, 1999: Gefechtsdienst im Frieden. Das Grenzregime der DDR 1945-1990, Bonn.

Lapp, Peter Joachim /Ritter, Jürgen, 2006: Die Grenze. Ein deutsches Bauwerk, 5. Aufl., Berlin.

Lemke, Michael, 1995: Die Berlinkrise 1958-1963, Berlin.

Mann, Ulf, 2005: Tunnelfluchten. Grenzgänger, Wühlmäuse, Verräter, Berlin.

Marxen, Klaus /Werle, Gerhard (Hg.), 2002: Strafjustiz und DDR-Unrecht. Dokumentation, 2 Bde., 2. Teilband: Gewalttaten an der deutsch-deutschen Grenze, Berlin.

Marxen, Klaus /Werle, Gerhard /Schäfter, Petra, 2007: Die Strafverfolgung von DDR-Unrecht. Fakten und Zahlen, Berlin.

Melis, Damian von /Bispinck, Henrik, 2006: „Republikflucht". Flucht und Abwanderung aus der SBZ /DDR 1945-1961, München.

Müller, Bodo, 2001: Faszination Freiheit. Die spektakulärsten Fluchtgeschichten, 4. Aufl., Berlin.

Neubert, Ehrhart, 2000: Geschichte der Opposition in der DDR 1949-1989, 2. erw. Aufl., Berlin.

Nooke, Maria, 2002: Der verratene Tunnel. Geschichte einer verhinderten Flucht im geteilten Berlin, Bremen.

Petschull, Jürgen, 1990: Die Mauer. August 1961. Zwölf Tage zwischen Krieg und Frieden, 3. Aufl., Hamburg.

Plato, Alexander von, 2002: Die Vereinigung Deutschlands – ein weltpolitisches Machtspiel, Berlin.

Rathje, Wolfgang, 2001: „Mauer-Marketing" unter Erich Honecker, Kiel.

Rehlinger, Ludwig A., 1991: Freikauf. Die Geschäfte der DDR mit politisch Verfolgten 1963-1989, Berlin / Frankfurt a. M.

Richter, Hans W. (Hg.), 1961: Die Mauer oder der 13. August, Reinbek.

Rühle, Jürgen /Holzweißig Gunter (Hg.), 1988: 13. August 1961. Die Mauer von Berlin, 3. Aufl., Köln.

Rummler, Thoralf, 2000: Die Gewalttaten an der deutsch-deutschen Grenze vor Gericht, Baden-Baden.

Sälter, Gerhard, 2004: Der Abbau der Berliner Mauer und noch sichtbare Reste in der Berliner Innenstadt, Berlin.

Sauer, Heiner /Plumeyer, Hans-Otto, 1991: Der Salzgitter Report. Die Zentrale Erfassungsstelle berichtet über Verbrechen im SED-Staat, München.

Scholze, Thomas /Blask, Falk, 1992: Halt! Grenzgebiet! Leben im Schatten der Mauer, Berlin.

Schroeder, Klaus, 1998: Der SED-Staat. Partei, Staat und Gesellschaft 1949-1990, München.

Schultke, Dietmar, 2000: „Keiner kommt durch". Die Geschichte der innerdeutschen Grenze 1945-1990, 2. Aufl., Berlin.

Schumann, Karl F. u. a., 1996: Private Wege der Wiedervereinigung. Die deutsche Ost-West-Migration vor der Wende, Weinheim.

Sesta, Ellen, 2001: Der Tunnel in die Freiheit, München.

Steiner, André, 2004: Von Plan zu Plan. Eine Wirtschaftsgeschichte der DDR, München.

Steininger, Rolf, 2001: Der Mauerbau. Die Westmächte und Adenauer in der Berlin-Krise 1958-1963, München.

Stephan, Gerd-Rüdiger (Hg.), 1994: „Vorwärts immer, rückwärts nimmer!" Interne Dokumente zum Zerfall von SED und DDR 1988 /89, Berlin.

Stiftung Gedenkstätte Berlin-Hohenschönhausen (Hg.), 2003: Die vergessenen Opfer der Mauer. Flucht und Inhaftierung in Deutschland 1961-1989, Berlin.

Stöver, Bernd, 2007: Der Kalte Krieg 1947-1991. Geschichte eines radikalen Zeitalters, München.

Strehlow, Hannelore, 2004: Der gefährliche Weg in die Freiheit. Fluchtversuche aus dem ehemaligen Bezirk Potsdam, Potsdam.

Süß, Walter, 1999: Staatssicherheit am Ende. Warum es den Mächtigen nicht gelang, 1989 eine Revolution zu verhindern, Berlin.

Trzeciok, Peter, 2004: Die Mauer um West-Berlin. Grenzerkundungen 1986-2003, Berlin.

Uhl, Matthias /Wagner, Armin (Hg.), 2003: Ulbricht, Chruschtschow und die Mauer. Eine Dokumentation, München.

Ulrich, Maren, 2006: Geteilte Ansichten. Erinnerungslandschaft deutsch-deutsche Grenze, Berlin.

Wagner, Armin, 2002: Walter Ulbricht und die geheime Sicherheitspolitik der SED, Berlin.

Weidenfeld, Werner (mit Peter Wagner und Elke Bruck), 1998: Außenpolitik für die deutsche Einheit: Die Entscheidungsjahre 1989 /90, Stuttgart.

Wenzel, Otto, 1995: Kriegsbereit. Der Nationale Verteidigungsrat der DDR 1960-1989, Köln.

Wettig, Gerhard, 2006: Chruschtschows Berlin-Krise, 1958-1963, München.

Wetzlaugk, Udo, 1988: Die Alliierten in Berlin, Berlin.

Whitney, Craig R., 1993: Advocatus Diaboli: Wolfgang Vogel - Anwalt zwischen Ost und West, Berlin.

Wolle, Stefan, 1998: Die heile Welt der Diktatur. Alltag und Herrschaft in der DDR 1971-1989, Berlin.

2. In englischer Sprache // In English

Ausland, John C., 1996: Kennedy, Khrushchev, and the Berlin-Cuba-Crisis, 1961-1964, Oslo /Boston.

Bahr, Christian, 2005: Divided City: The Berlin Wall. Photos and Facts – Personal Accounts – Traces Today, Berlin.

Bahrmann, Hannes /Links, Christoph, 1999: The Fall of the Wall. The Path to German Reunification, Berlin.

Ball, Simon J., 1998: The Cold War: An International History 1947-1991, London [u.a.].

Beschloss, Michael R., 1991: The Crisis Years: Kennedy and Khrushchev, 1960-1963, New York.

Buckley, William F., 2004: The Fall of the Berlin Wall, New York.

Epler, Doris, 1992: The Berlin Wall: How It Rose and Why It Fell, Brookfield.

Flemming, Thomas /Koch, Hagen, 2000: The Berlin Wall. Division of a City, Berlin.

Garthoff, Raymond L., 1985: Detente and Confrontation: American-Soviet Relations from Nixon to Reagan, Washington, D.C.

Garthoff, Raymond L., 1994: The Great Transition: American-Soviet Relations and the End of the Cold War, Washington, D.C.

Gelb, Norman, 1986: The Berlin Wall. Kennedy, Krushchev and a Showdown in the Heart of Europe, New York.

Görtemaker, Manfred, 1994: Unifying Germany 1989-1990, London.

Harrison, Hope M., 2003: Driving the Soviets up the Wall. Soviet-East German Relations, 1953-1961, Princeton, N.J.

Hilton, Christopher, 2002: The Wall. The People's Story, Stroud.

Kelly, Nigel, 2006: The Fall of the Berlin Wall: The Cold War Ends, Oxford.

Levy, Debbie, 2004: The Berlin Wall, Detroit.

McAdams, James A., 1993: Germany Divided: From the Wall to Reunification, Princeton.

Pond, Elizabeth, 1993: Beyond the Wall. Germany's Road to Unification, Washington, D.C.

Ross Range, Peter, 1991: When Walls Come Tumbling Down: Covering The East German Revolution, Washington, D.C.

Schmemann, Serge, 2006: When the Wall Came down: The Berlin Wall and the Fall of Communism, London.

Szabo, Stephen, 1992: The Diplomacy of German Unification, New York.

Taylor, Frederick, 2006: The Berlin Wall: 13 August 1961 - 9 November 1989, London.

Turner, Henry A. jr., 1992: Germany from Partition to Reunification, New Haven.

Tusa, Ann, 1996: The Last Division. Berlin and the Wall, London.

3. In deutscher und englischer Sprache // In German and English

Beschloss, Michael R. /Talbott, Strobe, 1993: At the Highest Levels: The Inside Story of the End of the Cold War, Boston /Toronto /London [Auf höchster Ebene. Das Ende des Kalten Krieges und die Geheimdiplomatie der Supermächte 1989-1991, Düsseldorf].

Cate, Curtis, 1978: The Ides of August: The Berlin Wall Crisis, 1961, New York [Riss durch Berlin. Der 13. August 1961, Hamburg 1980].

Feversham, Polly /Schmidt, Leo, 1999: Die Berliner Mauer heute. Denkmalwert und Umgang [The Berlin Wall Today, Berlin].

Gaddis, John Lewis, 2005: The Cold War: A New History, Penguin Press [Der Kalte Krieg. Eine neue Geschichte, Berlin 2007].

Garton Ash, Timothy, 1993: In Europe's Name, New York [Im Namen Europas. Deutschland und der geteilte Kontinent, München-Wien].

Isaacs, Jeremy /Downing, Taylor, 1998: Cold War. An Illustrated History, 1945-1991, Boston [Der Kalte Krieg. Eine illustrierte Geschichte 1945-1991, München 1999].

Jarausch, Konrad H., 1994: The Rush to German Unity, New York [Die unverhoffte Einheit 1989 /90, Frankfurt am Main 1995].

Klausmeier, Axel /Schmidt, Leo, 2004: Mauerreste – Mauerspuren. Der umfassende Führer zur Berliner Mauer, Berlin [Wall Remnants - Wall Traces. The Comprehensive Guide to the Berlin Wall, Berlin-Bonn].

Laabs, Rainer /Sikorski, Werner, 1997: Checkpoint Charlie und die Mauer. Ein geteiltes Volk wehrt sich, Berlin [Checkpoint Charlie and the Wall. A Divided People Rebel, Berlin].

Schneider, Peter, 1990: Der Mauerspringer, 7. Aufl., Frankfurt a. M. [The Wall Jumper, London 2005].

Wyden, Peter, 1989: Wall. The Inside Story of Divided Berlin, New York 1989 [Die Mauer war unser Schicksal, Berlin 1995].

Zelikow, Philip /Rice, Condoleezza, 1995: Germany Unified and Europe Transformed, Boston [Sternstunde der Diplomatie. Die deutsche Einheit und das Ende der Spaltung Europas, Berlin 1997].

4. Zweisprachig // bilingual

Camphausen, Gabriele /Nooke, Maria (Hg.), 2002: Die Berliner Mauer /The Berlin Wall. Ausstellungskatalog, Dokumentationszentrum Berliner Mauer, Dresden.

Friedrich, Thomas /Hampel, Harry, 2003: Wo die Mauer war /Where the Wall stood, 4. Aufl., Berlin.

Hildebrandt, Rainer, 1985: Die Mauer spricht /The Wall speaks, 4. erg. Aufl., Berlin.

Hildebrandt, Rainer, 2004: Es geschah an der Mauer / It happened at the Wall /Cela s'est passe au mur, 21. Aufl., Berlin.

Hoffmann, Matthias, 2002: Leben mit der Mauer / Living with the Wall, Berlin.

Kopleck, Maik, 2006: Pastfinder Berlin 1945-1989. Stadtführer zu den Spuren der Vergangenheit /Traces of German History – A Guidebook, Berlin.

Preuschen, Henriette von /Schmidt, Leo, 2005: On Both Sides of the Wall. Preserving Monuments and Sites of the Cold Wall Era /Auf beiden Seiten der Mauer. Denkmalpflege an Objekten aus der Zeit des Kalten Krieges, Bad Münstereifel.]

Abkürzungsverzeichnis

Abt.	Abteilung
AGM	Arbeitsgruppe des Ministers
AKG	Auswertungs- und Kontrollgruppe
AP	Associated Press
ARD	Arbeitsgemeinschaft der öffentlich-rechtlichen Rundfunkanstalten der Bundesrepublik Deutschland
ASt.	Außenstelle
AZN	Archiv-Zugangsnummer
BA	Bundesarchiv
BMiB	Bundesministerium für innerdeutsche Beziehungen
BRD	Bundesrepublik Deutschland
BStU	Der /Die Bundesbeauftragte für die Unterlagen des Ministeriums für Staatssicherheit der ehemaligen DDR
BV /BVfS	Bezirksverwaltung für Staatssicherheit
CDU	Christlich-Demokratische Union Deutschlands
CIA	Central Intelligence Agency
Cs	Cäsium
ČSSR	Tschechoslowakische Volksrepublik
DDR	Deutsche Demokratische Republik
Dok.	Dokument
DPA	Deutsche Presse Agentur
DRA	Deutsches Rundfunkarchiv
DzD	Dokumente zur Deutschlandpolitik
GK	Grenzkommando
GR	Grenzregiment
GT	Grenztruppen
GTÜ	Grenztruppen-Überlieferung
GÜST	Grenzübergangsstelle
GVS	Geheime Verschlusssache
HA	Hauptabteilung
IMZBW	Informations- und Medienzentrale der Bundeswehr
KGB	Komitet Gossudarstwenoi Besopasnosti (sowjet. Geheimdienst)
KPdSU	Kommunistische Partei der Sowjetunion
KSZE	Konferenz für Sicherheit und Zusammenarbeit in Europa
LKW	Lastkraftwagen
LPG	Landwirtschaftliche Produktionsgenossenschaft
MA	Militärarchiv
MdI	Ministerium des Innern
MfNV	Ministerium für Nationale Verteidigung
MfS	Ministerium für Staatssicherheit
NATO	North Atlantic Treaty Organization
NVA	Nationale Volksarmee
NVR	Nationaler Verteidigungsrat
PHS	Polizeihistorische Sammlung des Polizeipräsidenten in Berlin
PKW	Personenkraftwagen
PM	Pass- und Meldewesen
RIAS	Rundfunk im Amerikanischen Sektor (Berlins)
SAPMO	Stiftung Archiv der Parteien und Massenorganisationen der DD
SBZ	Sowjetische Besatzungszone
SdM	Sekretariat des Ministers
SED	Sozialistische Einheitspartei Deutschlands
SPD	Sozialdemokratische Partei Deutschlands
SPK	Staatliche Plankommission
StGB	Strafgesetzbuch
SU	Sowjetunion
UdSSR	Union der Sozialistischen Sowjetrepubliken
UNO	United Nations Organization
USA	United States of America
VEB	Volkseigener Betrieb
Vopo	Volkspolizei /Volkspolizist
VPKA	Volkspolizei-Kreisamt
VR Polen	Volksrepublik Polen
VVS	Vertrauliche Verschlusssache
WDR	Westdeutscher Rundfunk
ZK	Zentralkomitee

Danksagung

Für die fachkundige und engagierte Unterstützung bei der Bild- und Dokumentenrecherche sowie für hilfreiche Anregungen und kritische Hinweise danke ich sehr herzlich: Jürgen Ast, Peter Böger, Ch. Bartzsch, Arvid Brunnemann, Wolfgang Borkmann, Christine Brecht, Gabriele Camphausen, Klaus Deutschländer, Bettina Effner, Bärbel Fest, Sylvia Gräfe, Lucia Halder, Bernhard Jahntz, Hagen Koch, Hilde Kroll, Christoph Links, Maria Nooke, Berit Pistora, Claudia Promnitz, Wolfgang Rathje, Gerhard Sälter, Hannelore Strehlow und Hannes Wittenberg.

Mein herzlicher Dank gilt darüber hinaus Birte Lock, Egbert Meyer, Michael Schultheiß und Thorsten Schilling für die exzellente Zusammenarbeit in der Redaktionsgruppe der Website „www.chronik-der-mauer.de" und in diesem Projektzusammenhang ganz besonders Sabine Berthold, die den Band initiiert und befördert und seine Realisierung fachlich mit großem Engagement unterstützt hat.

Acknowledgements

For their expert and dedicated support for my picture and document research and their helpful suggestions and critical advice, I would like to thank: Jürgen Ast, Peter Böger, Arvid Brunnemann, Wolfgang Borkmann, Christine Brecht, Gabriele Camphausen, Klaus Deutschländer, Bettina Effner, Bärbel Fest, Sylvia Gräfe, Lucia Halder, Bernhard Jahntz, Hagen Koch, Hilde Kroll, Christoph Links, Maria Nooke, Berit Pistora, Wolfgang Rathje, Gerhard Sälter, Hannelore Strehlow and Hannes Wittenberg.

I'd also like to thank Birte Lock, Egbert Meyer, Michael Schultheiß and Thorsten Schilling for their excellent work on the editorial team for the website www.chronik-der-mauer.de, and for this project in particular Sabine Berthold, who has promoted the book and supported its content and editing with great dedication.

Bildnachweis

AKG: 132 m., 141 u.r.
AP: 141 o., 141 u.l.
Archiv der Gemeinde der Versöhnungskirche: 176
Jürgen Ast Film- und Videoproduktion: 120
Hans-Dieter Behrendt: 129 o., 131 u., 136 r., 138
Johannes Beleites: 139 l.
Berliner Mauer-Archiv Hagen Koch: 9, 10 r., 11 u., 12 u., 13 r., 14 r., 15 u., 18 /19 (in Leserichtung Nr. 1-11, 13-17, 19, 20, 22, 23, 27), 93 o., 94 u., 98, 99
Berliner S-Bahn Museum: 178
Bildarchiv Preußischer Kulturbesitz: 48
BStU: 26 o., 51 r., 57, 58, 59,61, 62 r., 71, 76, 77, 100, 101, 102, 103, 116, 127, 128, 130, 131 o., 136 l., 137, 165
Bundesarchiv: 17 (Bild 146-1997-016-31), 30 (Bild 183-57000-0138 /Sturm), 31 (Bild 183-83494-0010), 44 l. (Bild 183-85708-0002 /Brüggmann), 46 l. (Bild 146-1994-025-03), 56 (Bild 183-1990-0720-302 /Kull), 81 r. (Bild 146-2006-0069 /Jurisch), 83 m. (Bild 183-K1102-032 /Franke), 83 u. (Bild 183-L0614-040 /Koard), 84 (Bild 183-1989-1206-410 /Settnik), 86 (Bild 183-B1217-0015-001), 93 r.u. (B 145 Bild-P091010), 96 (GTÜ AZN 17130, Bl. 205), 111 (Bild 183-P0801-026 /Sturm), 118 (DO 1 Bild-F011687-29 /Herrmann), 121 l. (Bild 183-1982-1115-024), 121 m. (Bild 183-1984-0212-022), 121 r. (Bild 183-1985-0313-026), 132 l. (Bild 183-1986-1012-009 /Koard), 134 l. (Bild 183-1986-0416-418 / Reiche), 143 r. (Bild 183-1989-1006-439 /Roeske), 145 (Bild 183-1989-1104-426 /Bauer), 148 (Bild 183-1989-1109-030 /Lehmann), 160 o. (B 145 Bild-F088803-0035 /Thurn), 160 u. (B 145 Bild-F088809-0001 / Thurn), 161 o. (B 145 Bild-F086696-0021 /Lemmerz), 161 u. (B 145 Bild-F088807-0038 /Thurn), 162 u. (Bild 183-1990-0508-421 /Kull)
Deutsches Historisches Museum: 20 /21, 23, 24, 25, 178
DPA-Alliance: 146
Erinnerungsstätte Notaufnahmelager Marienfelde: 115, 177
Gerhard Gäbler: 144
Gedenkstätte Berliner Mauer: 65, 176
Hans-Hermann Hertle: 6 /7, 16, 85, 171 u.l., 174 u., 175 l.
John F. Kennedy Library: 81
Hilde Kroll: 163, 168, 169 l., 173, 174, 175 r.
Landesarchiv Berlin: 26 u. (Horst Siegmann), 27 (Horst Siegmann), 44 r., 45 l. (Horst Siegmann), 45 u. (Horst Siegmann), 49 (W. Schäfer), 73 u., 78 (Bert Sass), 114 (Vera und Dieter Breitenborn), 123 (Günter Schneider), 135 (Ingeborg Lommatzsch)
Klaus Lehnartz: 153 o.
Gisela Lotz: 125
Dajana Marquardt: 8, 10 l., 11 o., 12 o., 13 l., 14 l., 15 o., 166 /67, 169 r., 170, 171 o.l., 171 r., 172, 174 o.
Ostkreuz /Harald Hauswald: 126
Polizeihistorische Sammlung des Polizeipräsidenten in Berlin: 18 /19 (in Leserichtung Nr. 18, 21, 26, 28), 37, 38, 39 l., 42 r., 43, 50, 51 l., 52, 53, 55 m., 55 u., 63, 64, 66, 67, 69, 70, 73 o., 74, 75, 82 m., 83 o., 92, 94 o., 95
Potsdam-Museum: 18 /19 (in Leserichtung Nr. 12, 24, 25), 22
Presse- und Informationsamt der Bundesregierung: 29, 35 o.r., 40, 41 r., 80, 81 l., 82 o., 82 u., 88, 89, 90 /91, 110 /111, 122, 132 r., 133, 139 r., 142, 151 l., 155, 157, 162 o.
Private Leihgaben: 102 /103 (Portraits von Günter Litfin, Udo Düllick, Dorit Schmiel, Philipp Held, Hans Räwel, Dieter Berger, Norbert Wolscht, Wernhard Mispelhorn, Hermann Döbler, Klaus Kratzel, Lothar Schleusener, Eduard Wroblewski, Horst Kullack, Lutz Schmidt, Chris Gueffroy), 140
Ronald Reagan Library: 134 r.
Andreas Schoelzel: 138 /139, 143 l.
Spiegel-Verlag: 129
Spiegel-TV: 138 o.
Staatsarchiv Hamburg: 39 r. (Sign.: STAH CP 32512)
Hans-Peter Stiebing: 156
The Story of Berlin: 179
Ullstein Bild: 32 /33, 34, 35, 36, 41 l., 42 l., 45 o.r., 46 r., 47, 54 /55, 55 o., 62 l., 72, 87, 93 l., 150, 151 r., 152, 153 m., 154, 162

Wir danken allen Lizenzträgern für die freundlich erteilte Abdruckgenehmigung. In Fällen, in denen es nicht gelang, Rechteinhaber an Abbildungen zu ermitteln, bleiben Honoraransprüche gewahrt.

BERLIN & POTSDAM

Informationen für Berlin-Besucher
Information for visitors to Berlin

Berlin Tourismus Marketing GmbH
Am Karlsbad 11, D-10785 Berlin-Mitte
☎ +49 (0)30-264748-0
@ information@btm.de
www.visitBerlin.de

Informations- und Reservierungs-Service
// Information and reservation service:
☎ 030-250025

Informationen für Potsdam-Besucher
Information for visitors to Potsdam

Potsdam Tourismus Service
Am Neuen Markt 1, D-14467 Potsdam
☎ +49 (0)331-275580
@ tourismus-service@potsdam.de
www.potsdamtourismus.de

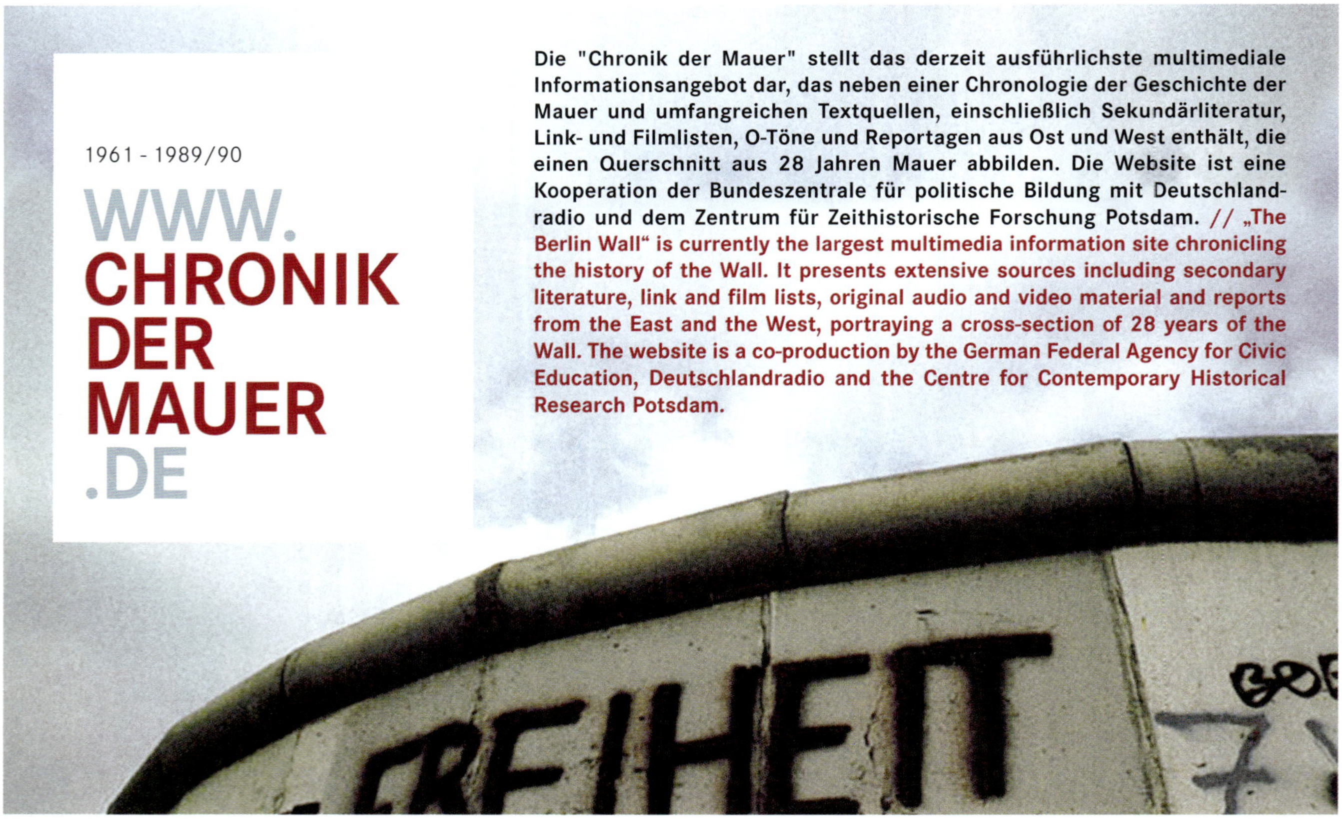